Franz Lehner

Software-Dokumentation und Messung der Dokumentationsqualität

Franz Lehner

Software-Dokumentation und Messung der Dokumentationsqualität

Mit 55 Abbildungen

HANSER

Carl Hanser Verlag München

Der Autor:
Professor Dipl.-Ing. Dr. Franz Lehner
Wissenschaftliche Hochschule für Unternehmensführung, Koblenz,
Lehrstuhl für BWL, Vallendar

Die Deutsche Bibliothek – CIP-Einheitsaufnahme

Lehner, Franz:
Software-Dokumentation und Messung der
Dokumentationsqualität / Franz Lehner. –
München ; Wien : Hanser, 1994
ISBN 3-446-17657-8

Druck und Bindung: C.H. Beck'sche Buchdruckerei, Nördlingen
Printed in Germany

If you do not understand a particular word in a piece of technical writing, ignore it. The piece will make perfect sense without it.

Mr. Cooper's Law (aus Murphy's Law, 1977)

Was sich überhaupt sagen läßt, läßt sich klar sagen; und wovon man nicht reden kann, darüber muß man schweigen.

L. Wittgenstein (Tractatus logico-philosophicus, 1921)

Halte die Sache fest, die Worte werden sich dann schon einstellen.

Cato, 234-169 v. Chr.

Vorwort

Die Software-Dokumentation - als Tätigkeit und als Ergebnis dieser Tätigkeit - ist seit einigen Jahren starken Veränderungen ausgesetzt. Die Veränderungen ergeben sich durch verbesserte Techniken und Werkzeuge zur Dokumentation, durch Entwicklungen in der Informatik, aber auch durch die allmähliche Aufnahme des Wissens aus anderen Disziplinen (z.B. Linguistik, Psychologie, Lernforschung). Die Gründe für Mängel bei der Dokumentation, für ihren unzureichenden Stellenwert und für die geringe wissenschaftliche Auseinandersetzung mit dem Thema sind vielfältig: die Tätigkeit der Software-Entwicklung wird höher eingeschätzt, Ausbildungsdefizit der Software-Entwickler, der interdisziplinäre Charakter der Dokumentation, Personalmangel usw. Ziel des Buchs ist es, vor diesem Hintergrund Hilfestellung und Orientierung bei den Aufgaben der Software-Dokumentation sowie bei der Beurteilung und Verbesserung der Dokumentationsqualität zu geben.

In der englischsprachigen Literatur ist eine größere Anzahl an Büchern vorhanden, in welchen dem Praktiker, dem Studierenden und dem wissenschaftlich interessierten Leser ein umfassendes und fundiertes Verständnis vermittelt wird. Dazu zählen auch die Berücksichtigung neuer Techniken und Anforderungen (z.B. Online-Dokumentation, Helpfunktionen), die Verwendung neuer Methoden bei der Programmierung und bei der Dokumentation (z.B. Prototyping, Hypertext) sowie der Einsatz neuer Medien. Im deutschsprachigen Raum ist hier ein Defizit festzustellen, das nicht nur durch die Marktgröße erklärt werden kann. Der unterschiedliche Stellenwert zeigt sich u.a. auch im Angebot an Tagungen zum Thema Dokumentation, in der Verfügbarkeit spezialisierter Zeitschriften (z.B. The Journal of Computer Documentation, Journal of Documentation Project Management, Technical Communication) sowie in der Anzahl der Beiträge zu diesem Thema in anderen einschlägigen Fachzeitschriften. Im deutschsprachigen Raum sind hier lediglich die tekom-Nachrichten zu erwähnen, die periodisch von der Gesellschaft für technische Kommunikation (Stuttgart) herausgegeben werden.

Englischsprachige Bücher können aber nicht generell als Ersatz für fehlende deutschsprachige Werke empfohlen werden. Am ehesten ist dies dort möglich, wo es um die Darstellung technischer Inhalte, Techniken, Methoden usw. geht. Mit dem vorliegenden Buch wird der Versuch unternommen, eine bestehende Lücke zu schließen und insbesondere eine Brücke zwischen Theorie und Praxis zu schlagen. Das Buch kann als Quelle für die neuere Literatur über Software-Dokumentation verwendet werden. Es soll Studierenden der Wirtschaftsinformatik, der Informatik, aber auch der Betriebswirtschaftslehre einen umfassenden Überblick geben. Interessierte Praktiker sollen zu einer intensiven und kritischen Beschäftigung mit diesem wichtigen Thema angeregt werden und eine Nachschlagehilfe erhalten. Inhaltlich wird ein besonderer Schwerpunkt im Bereich der Qualität und Qualitätssicherung gesetzt.

Mein besonderer Dank gilt allen Unternehmen und Organisationen, die durch ihre Kooperationsbereitschaft sowie durch die Unterstützung mit Datenmaterial und Dokumenten wesentlich zum Gelingen dieses Buchs beigetragen haben. Frau Braun danke ich für ihre engagierte Hilfe bei der Erstellung des Manuskripts, Evi Halbich für die Unterstützung bei der Erstellung von Abbildungen.

Vallendar, im Juni 1994 Franz Lehner

Inhaltsverzeichnis

Vorwort V

1 Einführung und Grundlagen 1

1.1 Begriffsklärung und Überblick 2
1.1.1 Dokumentationsbegriff(e) 3
1.1.2 Arten der Software-Dokumentation 6
1.1.3 Allgemeine Bedeutung der Dokumentation 11
1.1.4 Dokumentation und Softwarewartung 12

1.2 Methodisches Vorgehen bei der Software-Dokumentation 14
1.2.1 Dokumentationsprozeß und Dokumentationsprinzipien 14
1.2.2 Darstellungsarten und Darstellungstechniken 16
1.2.3 Verfahren zur Software-Dokumentation 18
1.2.4 Dokumentationsmedien 21

1.3 Hilfsmittel und Werkzeuge 22
1.3.1 Überblick und Klassifikation 22
1.3.2 PC-gestützte Dokumentationssoftware 24
1.3.3 Automatische Übersetzung 26
1.3.4 Projektmanagement-Software 27
1.3.5 Konfigurationsmanagement 30
1.3.6 Data Dictionaries 31
1.3.7 Dokumentationswerkzeuge für die Softwareentwicklung 33
1.3.8 Sonstige Hilfsmittel und Werkzeuge 36

1.4 Software-Handbücher 37
1.4.1 Zielgruppen und Zielgruppenanalyse 38
1.4.2 Elemente einer Benutzerdokumentation 43
1.4.3 Struktur und Gliederung 44
1.4.4 Layout und Gestaltung von Handbüchern 48
1.4.5 Sprache und Stil 50

1.5 Online-Dokumentation 53
1.5.1 Funktionsweise und Anforderungen an Onlinehilfen 54
1.5.2 Merkmale der Online-Dokumentation 55
1.5.3 Beurteilung der Online-Dokumentation 56

1.6 Projektmanagement-Dokumentation 58
1.6.1 Projekthandbuch 59
1.6.2 Projektberichte 61
1.6.3 Projektdokumentation 63

1.6.4 Projektbibliothek 65

2 Umfeld der Software-Dokumentation 67

2.1 Problemfelder der Software-Dokumentation 67
2.1.1 Problemfelder und Mängel bei der Software-Dokumentation 67
2.1.2 Fremdsprachige Dokumentation 70
2.1.3 Benutzerfehler 71

2.2 Organisatorische und personelle Aspekte der Dokumentation 72
2.2.1 Aufbau- und Ablauforganisation 73
2.2.2 Berufliche Perspektiven und Weiterbildungsangebot 76
2.2.3 Verfasser von Benutzerhandbüchern 79
2.2.4 Verwaltung und Verteilung der Dokumentation 81

2.3 Empirische Befunde 83
2.3.1 Situation und Stellung von Technik-Autoren 83
2.3.2 Qualität und Eigenschaften von DV-Handbüchern 87
2.3.3 Sprachstatistik und linguistische Untersuchungen 94

2.4 Rechtliche Bedeutung der Software-Dokumentation 96
2.4.1 Gesetzliche Grundlagen 96
2.4.2 Normen, Standards und Richtlinien 99
2.4.3 Anforderungen an eine ordnungsgemäße Dokumentation 102
2.4.4 Dokumentation von Standardsoftware 109
2.4.5 Dokumentation bei externer Softwareentwicklung 112
2.4.6 Aufbewahrungsfristen für die Dokumentation 112

3 Software-Dokumentationsqualität 117

3.1 Qualitätsbegriff und Prüfverfahren 117
3.1.1 Qualitätsmerkmale der Dokumentation 117
3.1.2 Verständlichkeit und Lesbarkeit 123
3.1.3 Messung von Textverständlichkeit und Textverständnis 125
3.1.4 Verfahren zur Prüfung der Dokumentationsqualität 130

3.2 Werkzeugunterstützung bei der Qualitätsprüfung 134
3.2.1 Überblick über verfügbare Werkzeuge 135
3.2.2 Grammar-, Style- und Spell-Checker 137
3.2.3 RMS - Readability Measuring System 141

3.3 Beschreibung ausgewählter Methoden 145
3.3.1 Cloze Procedure 145
3.3.2 Reading Ease von Flesch 147
3.3.3 Fog-Index 148
3.3.4 Flesch-Kincaid-Index 148

3.3.5 Readability Formula von Dickes/Steiwer 149
3.3.6 New Reading Ease Index von Farr/Jenkins/Patterson 151
3.3.7 Automated Readability Index (ARI) von Smith/Kincaid 151
3.3.8 Readability Formula von Danielson/Bryan 152
3.3.9 SMOG-Index 153
3.3.10 Hamburger Verständlichkeitskonzept 153
3.3.11 Checklisten-Verfahren 157

4 Messung von Textverständnis und Textverständlichkeit 161

4.1 Feldstudie zur Untersuchung der Dokumentationsqualität 161
4.1.1 Vorgehensweise und Auswahl der Dokumente 162
4.1.2 Ergebnisse zur Messung des Textverständnisses 162
4.1.3 Ergebnisse zur Messung der Textverständlichkeit 164
4.1.4 Ergebnisse nach dem Hamburger Verständlichkeitskonzept 170

4.2 Konsequenzen aus der Studie und Vergleich mit der Literatur 172
4.2.1 Anmerkungen zur Cloze Procedure 173
4.2.2 Anmerkungen zu den Lesbarkeitsformeln 174
4.2.3 Sprachliche Besonderheiten und Zusammenfassung 175

5 Schlußbemerkung 177

Anhang 179

A.1 Textstichproben und Lückentext-Beispiele 179
A.2 Beurteilung nach dem Hamburger Verständlichkeitskonzept 182
A.3 Implementierung der Lesbarkeitsformeln in RMS 192

Literatur 195

Stichwortverzeichnis 203

1 Einführung und Grundlagen

Die Bedeutung der Dokumentation und die Auswirkungen mangelhafter Dokumente werden in Verbindung mit Software, insbesondere der Softwarewartung, sehr häufig erwähnt. Es gibt aber nur relativ wenige deutschsprachige Veröffentlichungen, die sich systematisch mit diesem Thema befassen. Die Softwarequalität ist im Unterschied zur Dokumentationsqualität geradezu ein populäres Thema. Einschlägige Veröffentlichungen zur Qualitätsbeurteilung von Dokumentationen stammen ebenfalls fast ausschließlich aus dem angloamerikanischen Raum (siehe z.B. Smith/Kincaid, 1970, für technische Materialien sowie Bethke et al. 1981, Lemos 1983, Arthur et al. 1988 und 1989, Doheni-Farina 1988, Guillemette 1987 und 1989). In Verbindung mit der Software-Qualitätsmessung wird zwar gewöhnlich auf die Wichtigkeit der Software-Dokumentation und einer entsprechenden Qualitätssicherung hingewiesen (vgl. z.B. Wallmüller 1990, Deutsche Gesellschaft für Qualität 1986). Ein brauchbares Instrumentarium zur Unterstützung der Qualitätsmessung bzw. der Qualitätssicherung für die Software-Dokumentation wird aber noch immer vermißt. Mit dem vorliegenden Buch wird der Versuch unternommen, neben der allgemeinen Darstellung von Zielen und Aufgaben bei der Dokumentation, die bisher unzureichende Operationalisierung bei den Qualitätsmerkmalen zu verbessern und indirekt auch einen Beitrag auf dem Gebiet der Software-Qualitätssicherung zu leisten.

Im Mittelpunkt der vorliegenden Arbeit stehen der "Text", der das zentrale Element jeder Dokumentation ist, sowie sein "Umfeld". Der Ansatz ist also verschieden von der Sichtweise der Informatik, die sich eher mit technischen Aspekten der Dokumentation oder mit programmiernahen Aktivitäten befaßt (z.B. selbstdokumentierende Programme, Integration der Dokumentation in die Softwareentwicklung, Entwicklung von Dokumentationswerkzeugen). Der Text bzw. die Sprache bildet das Grundelement jeder Dokumentation. Seine Bedeutung wird von der angedeuteten Entwicklung nur wenig verändert, durch den noch immer zunehmenden Einsatz von Software wahrscheinlich sogar zunehmen. Es ist daher naheliegend, für die Beurteilung der Dokumentationsqualität allgemein bekannte Textmerkmale wie Verständlichkeit, Lesbarkeit u.ä. heranzuziehen. Für diese Merkmale liegen zahlreiche wissenschaftliche Untersuchungen vor und es wurden Methoden zu ihrer Messung entwickelt. Es wird angenommen, daß einige dieser Methoden, die aus der Linguistik, der Sprachwissenschaft, der Lernpsychologie usw. stammen, auch zur Qualitätsprüfung der Software-Dokumentation herangezogen werden können.

Unter Software-Dokumentation wird nachfolgend nicht nur die Programm- oder System-Dokumentation im engeren Sinn, sondern auch die gesamte Benutzer-Dokumentation (z.B. Benutzerhandbücher bei Standardsoftware, Schulungsunterlagen, Reference-Cards) und die Projektdokumentation verstanden. Bereits in der Einführung wurde darauf hingewiesen, daß Qualitätsmerkmale für die Software-Dokumentation bisher noch unzureichend untersucht und diskutiert wurden. Ein besonderes Anliegen dieses Buchs ist es daher, einen Überblick über bestehende Qualitätsmerkmale und die Möglichkeiten ihrer Verwendung zur Beurteilung der Software-Dokumentation zu geben. Soweit eine Operationalisierung dieser Qualitätsmerkmale möglich ist, kann mit Hilfe von Qualitätskennzahlen eine objektive Bewertung der Software-Dokumentationsqualität angestrebt werden. Einen Beitrag dazu stellen die sogenannten Lesbarkeitsformeln dar. Da auf dem Gebiet der Software-Dokumentation bisher nur wenige Erfahrungen und einschlägige Studien vorliegen, wird Entwicklungen und Beiträgen in anderen Wissenschaftszweigen ein besonderes Augenmerk geschenkt.

Die Ziele des Buchs lassen sich wie folgt zusammenfassen:

- Systematisierung des Dokumentationsbegriffs;
- Darstellung des methodischen Vorgehens bei der Software-Dokumentation, sowie der Anforderungen an Dokumentationen;
- Erläuterungen zum organisatorischen und rechtlichen Umfeld der Software-Dokumentation;
- Literaturrecherche und Bestandsaufnahme von Forschungsarbeiten über die Qualitätsbeurteilung von technischen Dokumentationen;
- Darstellung existierender Qualitätsmaße für Texte und Dokumentationen (einschließlich sprachspezifischer Besonderheiten) sowie der zugehörigen Meßverfahren;
- Bestandsaufnahme verfügbarer Werkzeuge und Hilfsmittel.

1.1 Begriffsklärung und Überblick

Der Dokumentationsbegriff ist eng mit dem Bibliotheks- und Dokumentationswesen verbunden und in der Vergangenheit mehrfach einem Bedeutungswandel unterlegen. Die traditionelle Auffassung von Dokumentation war lange Zeit vom statischen Gesichtspunkt des Sammelns, Ordnens und Speicherns geprägt. Erst mit der wachsenden Bedeutung des Informationsbegriffs bzw. der Information (vgl. Lehner/Maier 1994) setzte sich die Erkenntnis durch, daß Dokumentation nur in Verbindung mit der Wahrnehmung von Informationsaufgaben verstanden werden kann. Dokumentation wird daher zweckorientiert definiert als "Sammeln, Erfassen, Ordnen und Aufschließen von

Dokumenten sowie deren Aufbereitung für Zwecke der Information" (vgl. Haag 1981, 14).

Aus mehreren Gründen ist eine weitere Präzisierung dieser sehr allgemeinen Begriffsauffassung erforderlich. Die Bindung an den Begriff "Dokument" sollte möglichst vermieden werden, da heute Dokumentationstechniken und Medien eingesetzt werden, die mit der herkömmlichen Vorstellung von Dokumenten nur sehr wenig gemeinsam haben. Die Alternative besteht in einer Erweiterung der Bedeutungsdimension und einer Loslösung von gängigen Vorstellungen. Außerdem besteht bei der Software-Dokumentation ein konkreter Aufgabenbezug mit darauf abgestimmten Zielsetzungen. Unter diesem Blickwinkel wird zunächst der Dokumentationsbegriff näher erläutert. Daran anschließend werden verschiedene Arten der Software-Dokumentation sowie die Bedeutung der Dokumentation generell dargestellt. Den Abschluß bilden Gründe für eine mangelhafte Dokumentation, Problemfelder der Dokumentation sowie die spezielle Bedeutung der Dokumentation für die Softwarewartung.

1.1.1 Dokumentationsbegriff(e)

Der Begriff "Dokumentation" bezeichnet umgangssprachlich sowohl den **Prozeß**, d.h. die Tätigkeit des Dokumentierens, als auch das **Produkt**, d.h. das Ergebnis dieser Tätigkeit. Dokumentation dient der Kommunikation aller an der Software-Entwicklung beteiligten Personen, der Unterstützung des Projektmanagements (z.B. Fortschrittskontrolle, Kalkulation der Kosten), der Hilfestellung bei der Einführung sowie beim Einsatz der Software usw. Aus diesen vielfältigen Einsatzbereichen läßt sich ableiten, daß eine einheitliche Definition nur schwer möglich ist. Es ist daher verständlich, daß bei den meisten Versuchen einer Begriffsabgrenzung die Beschreibung von Zielen, Anwendungsbereichen, formalen Anforderungen, allgemeinen Merkmalen (z.B. Qualität) usw. im Vordergrund stehen. Zur Verdeutlichung werden nachstehend noch einige Begriffsdefinitionen und Erläuterungen aus der Literatur wiedergegeben.

Aus organisatorischer bzw. betrieblicher Sicht wird "Dokumentation" als das Management unternehmensintensiver und -externer Dokumente definiert . Ein Dokument steht dabei für eine Informationsmenge, die innerhalb einer Anwendung oder eines Vorgangs als Einheit verstanden wird (vgl. Winand 1992). Dokumente verfügen dabei über eine logische Struktur, eine Layout-Struktur und über eine inhaltliche (semantische) Struktur. Die Dokumentationsfunktion wird hier also sehr allgemein verstanden, wobei deutlich der Charakter einer betrieblichen Querschnittsfunktion erkennbar ist. Neben der hier zu betrachtenden Software-Dokumentation geht es dabei im

Unternehmen u.a. um Fragen der Archivierung, um den Einsatz von Technik (Dokumentationssysteme), um die Erfüllung gesetzlicher Auflagen, um die Realisierung bestimmter strategischer Visionen (z.B. papierarmes Büro) u.a.m. Unterschieden wird grundsätzlich zwischen interner Dokumentation und externer Dokumentation. Die interne Dokumentation findet sich u.a. als konventionelle Ablage (z.B. Ordner), in Form einer Mikrofilm-Ablage und als digitale Dokumentation (z.B. Disketten, Platten, Magnetbänder, CD-ROM und Bildplatten). Mit externer Dokumentation ist die Einbeziehung von Informationsdiensten, Bibliotheksdiensten, Datenbankanbietern usw. gemeint.

In seiner Beschäftigung mit dem Dokumentationsbegriff weist Scheibl (1985) auf sechs verschiedene Aspekte bzw. Bedeutungsebenen hin. Er unterscheidet unter Einbeziehung der bereits erwähnten prozeß- und produktorientierten Begriffsdimension:

- Wissenschaft (Forschung und Lehre über das Dokumentationswesen),
- Dokumentationswesen (Gesamtheit aller Dokumentationssysteme),
- Dokumentationssystem (Schnittstellen zur Umwelt sowie alle internen Funktionen, Personal, Hilfsmittel einschließlich der daraus entstehenden Ergebnisse),
- Dokumentationsmethode (Vorgehensplan bei der Erstellung von Dokumenten),
- Dokumentationsprozesse (Tätigkeit zum Erstellen von Dokumenten),
- Dokumentationsprodukt (Ergebnis des Dokumentationsprozesses).

Scheibl definiert den Prozeß der Dokumentation in der Folge als "Erstellung, Sammlung, Speicherung, Ordnung und Auswahl, Verbreitung und Nutzbarmachung von Informationen, die in Dokumenten (Schriftstücken, Listen, Filmen usw.) enthalten sind". Er ergänzt diese Definition noch um "die Änderung (Aktualisierung) bestehender Dokumente, die sich auch nur logisch auf einem Datenträger (Plattenspeicher, Diskette, Band usw.) befinden können", sowie um "das Vernichten von Dokumenten". Als Dokument wird das kleinste innerhalb der Dokumentation auftretende, in sich abgeschlossene Element bezeichnet. Unter dem ergebnis-orientierten Gesichtspunkt wird die Dokumentation definiert als "geordnetes Bündel wichtiger und verläßlicher Einzelbeschreibungen zu den verschiedenen Aspekten der (Software-) Herstellung und -Benutzung" (vgl. Scheibl 1985).

Um z.B. Schriften mit reinem Werbecharakter auszugrenzen, nehmen Hoffmann/Schlummer (1990) eine Präzisierung und Einschränkung des Begriffs vor. Sie verwenden zur Klarstellung die Bezeichnung "technische Dokumentation", um deutlich zu machen, daß dabei die reine Sachinformation im Vordergrund steht. Prospekte, Kataloge, Preislisten u.a.m., die im weitesten Sinne auch zu den Produktinformationen gerechnet werden können, zählen nicht dazu. Technische Dokumentation wird definiert als "die strukturierte Sammlung aller notwendigen und zweckorientierten Informationen über ein auf technischem Wege hergestelltes Produkt und seine Verwendung" (Hoffmann/-Schlummer 1990). Neben der System-, Anwender- und Kundendokumentation zählen dazu auch alle herstellerinternen Produktbeschreibungen, die z.B. für Planung, Entwicklung und Marketing benötigt werden.

Software-Dokumentation wird von Rupietta definiert als "Beschreibung und Aufbewahrung aller Unterlagen, die bei der Erstellung eines Programms entstanden sind". Gesondert erwähnt wird die Benutzerdokumentation, als "Darstellung von Informationen über die Benutzung von Softwareprodukten" (vgl. Rupietta 1987).

Nach Heinrich/Roithmayr ist Dokumentation "das Sammeln, Erfassen, Beschreiben, Darstellen und Ordnen von Dokumenten der Systemplanung und deren Bereitstellung für Zwecke der Information" und bezieht sich auf folgende Objekte (vgl. Heinrich/Roithmayr 1989, 158): Prozeß der Systemplanung (z.B. Projektmanagement, Testdokumentation), Ergebnisse der Systemplanung (Programm- bzw. Systemdokumentation) und Systembetrieb (Benutzerdokumentation).

Rautenberg/Sova beschreiben die DV-Dokumentation als "Komplex von Informationsträgern zur Beschreibung der Aufgaben, Aktionsträger, Kommunikationswege, Daten- und Arbeitsprozeduren bei der Systementwicklung und -anwendung" (Rautenberg/Sova 1983, 11).

Neben den bereits genannten Begriffsverwendungen für "EDV-Dokumentation" weist Rausch noch auf folgende Bedeutungen hin, die ebenfalls gebräuchlich sind (vgl. Rausch 1983, 59-60): Gesamtbereich der dafür eingesetzten Systeme (Dokumentationswesen) sowie das System oder der Bereich, in dem die Tätigkeit der Dokumentation abläuft.

Weitere Definitionen finden sich in der angeführten Literatur (siehe z.B. John/Klein-Magar 1992, Brockmann 1986, Brockmann 1990). Dokumentation ist also ein häufig verwendeter Sammelbegriff, der selbst in seiner umgangssprachlichen Verwendung verschiedene Bedeutungsebenen hat. Er wird z.T. als Synonym für jegliches Textmaterial verwendet. Die dargestellten Begriffsauffassungen erheben keinen Anspruch auf Vollständigkeit und werden auch in den weiteren Ausführungen nicht unmittelbar im Sinne einer definitorischen Voraussetzung benötigt. Sie geben jedoch einen Eindruck von den vielfältigen Aufgaben, die in Verbindung mit der Software-Dokumentation anfallen.

1.1.2 Arten der Software-Dokumentation

Im Umfeld des Computers gibt es so viele Beschreibungen, Anleitungen, Handbücher, Instruktionsblätter usw., daß eine Klassifikation schwer fällt. Verschiedene Formen der Dokumentation werden überdies gerade in der Praxis als überflüssig angesehen, wozu ihre oft mangelnde Qualität sicher einen wesentlichen Beitrag geleistet haben dürfte. Für derartige, nutzlose Beschreibungsmittel hat sich neben Paperware auch die scherzhafte Bezeichnung "Schrankware" eingebürgert.

Trotz dieser etwas pessimistischen Einschätzung lohnt sich der Versuch einer Systematisierung. Eine indirekte Ordnung oder Klassifikation erfolgt über die an anderer Stelle erwähnten Zielgruppen. Zwischen den Zielgruppen und den Dokumentationsarten besteht ein enger, wechselseitiger Zusammenhang. Ein Blick in die Literatur zeigt, daß zwar die meisten Autoren kurz darauf eingegehen, welche Arten der Dokumentation es gibt, die Ausführungen aber eher kasuistisch bleiben. Boedicker (1990) zählt beispielsweise folgende Arten von Handbüchern auf:

- Systemhandbücher,
- Betriebssystem(-nahe) Beschreibungen,
- Installations-Handbücher,
- Tabellenhefte und kurze Nachschlagewerke,
- Trainingshandbücher,
- Sprachbeschreibungen (Programmiersprachen),
- usw.

Sieht man jedoch von exemplarischen Aufzählungen ab und versucht eine systematische Darstellung, so bieten sich mehrere Kriterien dafür an. Auf einer sehr allgemeinen Ebene kann zunächst zwischen direkter Dokumentation und indirekter Dokumentation unterschieden werden (vgl. Scheibl 1985, Boedicker 1990). Bei der **direkten Dokumentation** werden Objekte beliebiger Art verbal und unmittelbar beschrieben. Meist leitet sie zur Bedienung oder Benutzung an (z.B. Benutzerhandbuch). Mit der **indirekten Dokumentation** wird etwas beschrieben oder Quellenangaben gesammelt (Meta-Dokumentation). Als Beispiel kann die Literaturdokumentation genannt werden. Ihr Hauptziel ist die Erschließung von dokumentarischen Daten und die Unterstützung bei der Beantwortung spezifischer Fragen. Die Trennung zwischen den beiden Dokumentationsformen findet sich in der Praxis aber kaum wirklich vor, d.h. die meisten Handbücher bestehen aus einer Mischung von Informationen und Benutzeranleitungen.

Geht man von **Dokumentationsbereichen** aus, so läßt sich nach Scheibl folgende Unterscheidung treffen (vgl. Scheibl 1985):

- Projektdokumentation bzw. projektbegleitende Dokumentation,
- Entwicklungsdokumentation,
- Produktdokumentation und
- Benutzerdokumentation.

Grupp (1991) gliedert hingegen in folgende Bereiche:

- **Projektmanagementdokumentation** oder Projektablaufdokumentation. Sie umfaßt alle Unterlagen zur Initiierung, Planung und Steuerung eines Projekts. Sie umfaßt im wesentlichen den Projektauftrag samt Anforderungsdefinition, den Schriftwechsel, Sitzungsprotokolle, Reviewberichte, Fortschritts- und Kostenbericht usw. Häufig findet sich außerdem noch ein sogenanntes **Projekthandbuch** in welchem die erforderlichen Dokumente für das gesamte DV-Projekt systematisiert sind, sodaß ein übergeordneter Rahmen vorliegt.

- **Organisations- oder Systemdokumentation**. Dieser Teil umfaßt alle Unterlagen, die während der Projektdurchführung anfallen und die sich auf das zukünftige System beziehen. Beispiele sind Konzepte, Entwurfsergebnisse, Analyseergebnisse u.a.m. Sie bilden die Basis für die nachfolgende Implementierung bzw. Programmierung.

- **Programmdokumentation**. Diese umfaßt neben dem Programmierauftrag und den Programmiervorgaben auch die von Programmierern erstellten Hilfsdokumente (z.B. Pseudocode, Ablaufpläne) sowie die Auflistung des fertigen Quellprogramms, die Testdates und die Ergebnisse des Abnahmetests. Da Programme erfahrungsgemäß immer wieder Änderungen unterliegen, sind auch diese Änderungen in nachvollziehbarer Weise mitzudokumentieren.

- **Rechenzentrumsdokumentation**. Dieser Teil der Dokumentation enthält im wesentlichen die Unterlagen für die Systembedienung beim Einsatz von Mehrbenutzersystemen (z.B. Systemstart, Datensicherung, Wiederanlauf nach einem Systemausfall).

- **Benutzerdokumentation**. Diese dient dazu, dem Benutzer in der Fachabteilung die nötigen Hilfestellungen zu geben, um mit dem System oder Programm zu arbeiten. Je nach Kontext und Produkt enthält es auch Hinweise zur Implementierung bzw. Installation des Systems, Schulungs- oder Trainingsunterlagen (Tutorial) sowie die eigentliche Bedieneranleitung.

Die Dokumentationsbereiche können nun in einer Matrix den voraussichtlichen Zielgruppen zugeordnet werden. Aus dieser Zuordnung lassen sich die erforderlichen Handbücher und ihre Inhalte ableiten. Abbildung 1-1 zeigt eine Präzisierung der Inhalte der genannten Dokumentationbereiche.

Projekt-Dokumentation	Technische Dokumentation		
	Entwicklungsdokumentation	Produktdokumentation	Benutzerdokumentation
Dokumente zur Projektabwicklung	Aufgabenbeschreibung	Übersichtsbeschreibung	Unterlagen für den Betrieb
- Projektbeschreibung	- Aufgabenstellung	- Systembeschreibung	- Benutzerhandbuch
- Projektorganisation	- Anforderungsbeschreibung	- Subsystembeschreibungen	- Bedienungsanleitung
- Verantwortlichkeiten	- Situationsanalyse	- Funktionsweise	- Operateurhandbuch
- Einsatzplanung	- Problemanalyse	Programmbeschreibung	Wartungsunterlagen
- Zeitplanung (Meilensteine	- Prozeßbeschreibung	- Programmgebung	- Instandhaltungsvorschriften
- Kostenplanung	- Studien	- Programmstruktur	- Beschreibung für Fehlersuche und Test
- Dokumentationsplanung	Beschreibung der Lösung	- Programmablauf	Schulungsunterlagen
- Aufstellung verfügbarer Hilfsmittel	- Beschreibung von Entwurfsschritten	- Datenmodell	- Einführende Beschreibungen
- Entwicklungsrichtlinien und Direktiven	- Entwurfsalternativen	- Leistungskenndaten	- Ausbildungspläne
Dokumente zur Entscheidungsfindung	- Entwurfsentscheidungen	Hardwarebeschreibung	- Trainingsprogramme
- Fortschritts- bzw. Abschlußberichte	Beschreibung lösungsspezifischer Hilfsmittel	- Anlagenübersicht	Vertriebsunterlagen
- Kostenschätzungen	- Testplanung	- Gerätebeschreibungen	- Leistungsbeschreibungen
- Vorgehensweise zur Entscheidungsfindung	- Beschreibung von Simulations- und Testeinrichtungen	- Aufbaupläne	- Lieferumfang
	- Programmierumgebung	- Verdrahtungspläne	- Konkurrenzvergleich
		Mensch- Maschine-Schnittstelle	- Referenzen

Abb. 1-1: Dokumentationsbereiche (nach Scheibl 1985)

Geht man vom **Bezug** der Dokumentation aus, so lassen sich **zielgruppenorientierte Dokumentation** (z.B. Benutzerhandbuch, Operatorhandbuch),

ereignisorientierte Dokumentation (z.B. Handbuch Grobkonzept, Handbuch Projektorganisation), **objektbezogene Dokumentation** (z.B. Job-Handbuch, Datei- und Datenbankdokumentation, Testdokumentation) sowie kombinierte Formen unterscheiden (vgl. Scheibl 1985).

Häufig vorzufinden ist schließlich noch die Gliederung nach dem Projekt-Verlauf bzw. nach den Dokumentationsfeldern in DV-Projekten. Unterschiede ergeben sich hier entsprechend dem verwendeten Phasen- oder Lebenszyklus-Konzept. Scheibl (1985) unterscheidet beispielsweise

- Handbuch Problemanalyse /Lastenheft),
- Handbuch Systemplanung (Grobentwurf-Pflichtenheft),
- Handbuch Detailorganisation (Feinentwurf),
- Handbücher der Realisation,
- Handbücher Test/Abnahme,
- Handbücher Systemeinführung,
- Handbücher Nutzungsphase (z.B. Benutzerhandbücher, Online-Dokumentation, Operator-Handbuch),
- Projekthandbücher.

In den weiteren Ausführungen wird bei der Software-Dokumentation zwischen projektbezogener Dokumentation und produktbezogener Dokumentation unterschieden.

Beispiele für Inhalte der *Projekt-Dokumentation* sind (vgl. z.B Lehner 1991, Deutsche Gesellschaft für Qualität 1986, 77):

- Projektstandards,
- Übersicht über Projektdokumente
- Pflichtenheft und Funktionsbeschreibung,
- Projektspezifischer Phasenplan,
- Terminplan, Kostenplan, Kapazitätsplan, Personalplan,
- Checklisten und Prüfergebnisse,
- Freigabemitteilung,
- Projektberichte,
- Angebote,
- Verträge.

Innerhalb der Projekt-Dokumentation kann wieder zwischen zwei Hauptkategorien unterschieden werden, nämlich Projektüberwachung und Systementwicklung (vgl. Haag 1981, 18-19). Grundlage dieser Unterscheidung ist die Tatsache, daß die Software-Entwicklung meist in Form von Projekten erfolgt. Die Dokumentation der Projektüberwachung bezieht sich überwiegend auf die

Projektorganisation (z.B. Personal, Zeit, Kosten, Ressourcen). Die Dokumentation zur Systementwicklung umfaßt all jene Dokumente, die sich konkret auf die zu entwickelnde Software beziehen. Die Abgrenzung ist de facto nicht immer eindeutig möglich, da Teile dieser Dokumente auch zur Projektüberwachung herangezogen werden können (z.B. Fortschrittskontrolle), aber auch nach dem Projektabschluß als Bestandteil der Produkt-Dokumentation aufgenommen werden können.

Idealtypisch besteht die *Produkt-Dokumentation* aus folgenden Komponenten (vgl. z.B Lehner et al. 1991, Deutsche Gesellschaft für Qualität 1986, 77):

- Design- und Entwurfsdokumentation (Spezifikation, Programmiervorgaben),
- Quellprogramm (inkl. Programmkommentare bzw. Inline-Dokumentation),
- System-Dokumentation (Überblick über Funktionalität, Architektur, Datenmodell, Modulinteraktion, d.h. detaillierte Systembeschreibung auf logischer und physischer Ebene),
- Test-Dokumentation (Testpläne, Testdaten und Testergebnisse),
- Benutzerdokumentation (Bedienungsanleitung, Benutzerhandbuch, Verhalten bei außergewöhnlichen Ereignissen, Liste der Fehlermeldungen samt erforderlicher Maßnahmen, Operatorhandbuch, Job-Control-Anweisungen, Installationsanleitung, Trainings- und Schulungsunterlagen, Tutorial),
- Wartungsdokumentation (Zusammenstellung aller für die Wartung wichtigen Dokumente, Historie aller durchgeführten Änderungen).

Der Umfang der genannten Bestandteile kann abhängig von der Art und Zielrichtung der Software (z.B. standard-individual, Batch-Online, betriebswirtschaftlich-technisch) aber auch der internen oder externen Verwendung der Dokumentation sehr unterschiedlich ausgeprägt sein. Nicht berücksichtigt wird in dieser Gliederung die zeitliche Dimension, die gerade wegen der Forderung nach Aktualität der Software-Dokumentation besonders wichtig ist. Dabei geht es insbesondere um die Verwaltung von Versionen, Archivierung "historischer" und nicht mehr aktueller Dokumente. Dokumentation ist daher weder ein einmaliger, zeitlich begrenzter Prozeß im Rahmen der Software-Entwicklung, noch entsteht dabei ein stabiles, unveränderliches Ergebnis. Dokumentation ist vielmehr ein Abbildungsprozeß, der den gesamten Software-Lebenszyklus umfaßt, wobei in der zeitlichen Dimension sichergestellt werden sollte, daß alle Veränderungen nachvollziehbar bleiben.

Ohne auf die unterschiedenen Dokumentationsarten näher einzugehen, läßt sich feststellen, daß die meisten Autoren von der Vorstellung eines typischen Softwareentwicklungsprojekts ausgehen. Dies entspricht nicht immer der Realität, wobei mehrere Gründe dafür verantwortlich sind. Zunächst einmal wird der Anteil an Standardsoftware in den Unternehmen immer größer, was auch Veränderungen im Dokumentationssystem nach sich zieht. Differenzierungen ergeben sich außerdem durch die Einsatzumgebung (z.B. Großrechner, Transaktionssystem, Personalcomputer). Ferner gehen auch von der Entwicklungsmethodik und von den eingesetzten Werkzeugen Einflüsse aus. Gerade moderne CASE-Werkzeuge erheben den Anspruch, gleichzeitig auch Dokumentationsaufgaben abzudecken bzw. Probleme bei der Dokumentation (z.B. mangelnde Aktualität, Inkonsistenzen zwischen Code und Beschreibung) zu lösen. Unterschiede bestehen weiters noch zwischen kleinen und großen Projekten, die ein spezielles Dokumentationsmanagement erfordern. Zu erwähnen sind schließlich auch noch dezentrale Dokumentationssysteme und die besondere Situation in großen Unternehmen (z.B. viele Benutzer).

Beispiel (vgl. John/Klein-Magar 1992): Bei der Benutzung des SAP R/3-Systems kann mit der F1-Taste zu jedem Objekt, das auf dem Bildschirm erscheint, eine Erklärung angefordert werden. Der Umfang, der zu dokumentierenden Objekte beträgt ca. 230.000 Datenfelder, 24.000 Dialognachrichten und etwa 51.000 Menu- und Programmfunktionen. Innerhalb der Dokumentation muß sichergestellt werden, daß zum gleichen Objekt in jeder Dialogsituation und in jeder Anwendung der gleiche Text erscheint. Neben der Vermeidung von Redundanzen ist besonders auf die Konsistenz der unterschiedlichen Dokumentationsbestandteile zu achten. Ein weiteres Problem besteht in den verschiedenen Rollen, die für einzelne Objekte denkbar sind (z.B. kann es sich bei der Kostenstelle um eine sendende oder um eine empfangende Kostenstelle handeln).

Mit anderen Worten ausgedrückt heißt das, daß es keine idealtypische Dokumentation (Einheitsdokumentation) geben kann. Die Gliederung und die Struktur der Dokumentation müssen für jeden Kontext neu entwickelt werden. Die angeführten Gliederungsvorschläge können dabei als Anleitung oder zur Anregung herangezogen werden.

1.1.3 Allgemeine Bedeutung der Dokumentation

Bei der Diskussion über die Bedeutung der Dokumentation denkt man zunächst meist an Probleme und Mängel oder an mögliche negative Folgen, die daraus resultieren können. Dieser negativen Perspektive wird in der Literatur breiter Raum gegeben. Dies wurde zum Anlaß genommen, hier zunächst die Bedeutung im positiven Sinne hervorzuheben. Im Mittelpunkt steht dabei ein zunehmender Beitrag der Dokumentation für die Vermarktung von Software. Diesem Aspekt kommt insbesondere vor dem Hintergrund des wachsenden europäischen Markts und des stärker werdenden nationalen und internationalen Wettbewerbs eine herausragende Stellung zu.

Drei Einzelaspekte sollen nachfolgend etwas näher erläutert werden, nämlich die Bedeutung für den Produktanwender, die Bedeutung für den Vertrieb und die rechtliche Bedeutung (vgl. Hoffmann/Schlummer 1990):

- **Bedeutung für den Produktanwender**: Im allgemeinen ist der Käufer eines Programms auch der direkte oder gegebenenfalls mittelbare Benutzer. Er erwartet sich, das Produkt ohne Verzögerungen und ohne Schwierigkeiten einsetzen zu können. Eine fehlende oder mangelhafte Dokumentation steht dem unmittelbar entgegen. Die Vorteile einer guten Dokumentation für den Anwender oder Benutzer liegen u.a. in geringeren Aus- oder Weiterbildungskosten, im rascheren Einsatz des Produkts, in einer niedrigeren Hemmschwelle gegenüber seiner Anwendung, im Vermeiden einer Herausbildung von "Spezialisten" sowie in der Produktverwendung durch "normal" qualifiziertes Personal.

- **Bedeutung für den Vertrieb**: Die Qualität der Dokumentation kann die Vertriebsaktivitäten wesentlich unterstützen, sodaß ihr vermutlich die Stellung eines Erfolgsfaktors zukommt. Als wichtigste Gründe sind kaufentscheidende Zusatzleistungen (Produktpräsentation, Möglichkeit, die Software und ihre Leistungsfähigkeit einzuschätzen) und die Senkung von Kundendienst-Kosten zu nennen. Fehlende oder mangelhafte Dokumentation führt zu Bedienungsfehlern und Problemen bei der Anwendung, die im Rahmen der Gewährleistungsansprüche des Kunden behoben werden müssen.

- **Rechtliche Bedeutung**: Diese leitet sich zunächst aus der Rechtsbeziehung zwischen dem Käufer und Verkäufer der Software ab. Die Dokumentation ist dabei ein verpflichtender Bestandteil des Produkts, dessen Fehlen oder Mängel einen Produktmangel darstellen. Darüber hinaus kann auch die Dokumentation direkt für Schäden verantwortlich sein, woraus sich Haftungsfragen ableiten. Desweiteren sind gesetzliche Aufzeichnungs- und Aufbewahrungspflichten zu beachten.

1.1.4 Dokumentation und Softwarewartung

Besonders häufig wird im Zusammenhang mit der Softwarewartung auf Mängel der Dokumentation hingewiesen bzw. die Notwendigkeit einer guten Dokumentation wird mit den Wartungsaufgaben begründet. Umso erstaunlicher ist es, daß in der Literatur dazu nur wenig konkrete Vorschläge und Stellungnahmen zu finden sind. Die Ursachen für Änderungen, die erfahrungsgemäß bei jeder Software in mehr oder weniger großem Ausmaß vorkommen, werden an dieser Stelle nicht weiter erklärt (siehe z.B. Lehner 1991). Es geht um die Korrektur von Fehlern, Änderungen im Ablauf, Auswirkungen von Veränderungen bei Hardware oder Systemsoftware, Erweiterung um neue Funktionen, Anpassung oder Optimierung bestehender Funktionen usw. Von der Wartungsdokumentation wird gefordert:

- Unterstützung des Änderungsvorgangs (z.B. Ablage der Änderungsanträge, Verwaltung von Versionen, Einordnen geänderter Teildokumente in den Dokumentationsbestand, Umtausch alter Unterlagen);

- Bereitstellen jener Dokumente, die der Programmierer für die Änderung benötigt (z.B. Programmlisting, Cross-Reference-Liste, Dateibeschreibung, Dokumentation früherer Änderungen);

- Dokumentation der Änderung (z.B. Änderungshistorie, Inline-Dokumentation).

Ein häufig gemachter Fehler ist, daß die Dokumentation nach der Fertigstellung der Software abgeschlossen wird. Es ist jedoch unbedingt notwendig, Änderungen in der Software auch in der Dokumentation nachzuführen. Dies betrifft nicht nur die Benutzerdokumentation, sondern auch die von den (Wartungs-)Programmierern verwendeten Unterlagen. Eine besondere Bedeutung kommt dabei der programminternen Dokumentation zu. Die programminterne Dokumentation darf nicht auf Programmkommentare reduziert werden. Vor allem bei Programmänderungen bzw. Wartungsaktivitäten kommt ihr nämlich eine wichtige Stellung zu. Aufgabe der internen Dokumentation ist es, für die Softwarewartung folgende Fragen zu beantworten: Wer führte die Änderung durch? Was wurde geändert? Wann wurde die Änderung durchgeführt? Wo wurde im Programm etwas geändert? Warum wurde das Programm geändert? Darüber hinaus ist auch sicherzustellen, daß ein Bezug zum Wartungsauftrag hergestellt werden kann und daß die chronologische Reihenfolge sowie Auswirkungen auf andere Systemkomponenten bzw. Verbindungen zu anderen Änderungen nachvollziehbar bleiben.

Wenn die Software weiterentwickelt oder geändert wird, muß insbesondere auch das Benutzerhandbuch aktualisiert werden (vgl. Rupietta 1987, 140). Um dies mit einem vertretbaren Aufwand durchführen zu können, sollten die Dokumentationsunterlagen - ähnlich wie dies auch bei der Software gefordert wird - möglichst modular aufgebaut sein. Diese Forderung ist in der Praxis allerdings nicht immer zu erfüllen. Wenn der Umfang der Änderungen gering ist, können sie als Korrektur- oder Austauschblätter oder in Form von ergänzenden Unterlagen ausgegeben werden. Bei umfangreichen Änderungen ist es meist sinnvoll, die gesamten Unterlagen auszutauschen. Bei der Verteilung ist darauf zu achten, daß alle von der Änderung betroffenen Personen die neue Dokumentation erhalten bzw. von der Änderung in

Kenntnis gesetzt werden. Ein Verteiler bzw. Verzeichnis der Empfänger sollte daher Bestandteil jeder Wartungsdokumentation sein.

1.2 Methodisches Vorgehen bei der Software-Dokumentation

1.2.1 Dokumentationsprozeß und Dokumentationsprinzipien

Eine wichtige Frage bei der Dokumentation ist die Einordnung dieser Aufgabe in gängige Phasenkonzepte bzw. in das Software Engineering (siehe dazu auch Kapitel 2.2, "Organisatorische und personelle Aspekte der Dokumentation"). Die Dokumentation kann einerseits, losgelöst von der dokumentierten Software, als selbständiges Produkt betrachtet werden, andererseits muß die Dokumentation aus verschiedenen Gründen (z.B. Fehler bei der Nachdokumentation, Festhalten von Erfahrungen und Entwicklungsentscheidungen, reduzierter Aufwand bei einer begleitenden Dokumentation, Übereinstimmung zwischen System und Dokumentation) als integraler Bestandteil der Software-Entwicklung betrachtet werden und daher auch gleichzeitig mit der Software erstellt werden. Wegen der Bedeutung dieses Sachverhalts spricht man auch vom **Prinzip der integrierten Dokumentation** (vgl. Wix/Balzert 1987, 54).

Ebenfalls von grundlegender Bedeutung ist das sogenannte **Was-Wie-Prinzip**. Durch dieses Prinzip wird eine Trennung in verschiedene Handbücher angestrebt, welche den einzelnen Zielgruppen entsprechen. Die Trennung folgt dabei den beiden Fragen (vgl. Scheibl 1985, John/Klein-Magar 1992):

- Was macht ein System? und
- Wie macht das System etwas?

Die erste Frage ("Was") ist vor allem für Benutzer und Anwender von Interesse. Das Innenleben des Systems ist dabei eher sekundär. Dafür müssen Informationen, was das System macht und was in bestimmten Situationen zu tun ist, möglichst rasch und ohne großen Suchaufwand verfügbar sein. Programmierer und DV-Spezialisten benötigen hingegen Kenntnisse über das "Wie", d.h. über den detaillierten Ablauf. Obwohl es sich dabei lediglich um eine relativ grobe Klassifikation handelt und selbstverständlich auch Anwender über gewisse Details in den Abläufen Bescheid wissen sollten, kann diese grundsätzliche Trennung dennoch eine Orientierung bieten.

Bei der Erstellung der Dokumentation kann man im Idealfall zwischen drei verschiedenen Zeitpunkten wählen, nämlich vor, während und nach der Entwicklung der Software. Jeder dieser Zeitpunkte hat verschiedene Vor- und

Nachteile, die nachfolgend näher dargestellt werden (vgl. Rautenberg/Sova 1983, 31).

- **Vorwärtsdokumentation**. Die Dokumentation wird bereits vor dem Beginn der jeweiligen Projektphase erstellt. Grundlage bilden bereits vorhandene Unterlagen (z.B. Richtlinien, Schlüsselverzeichnisse, Begriffsdefinitionen). Ein solches Vorgehen ist aber dann schwierig, wenn nur wenig Material vorhanden ist, auf das man aufbauen kann. Vorteile sind ein geradliniges und einheitliches Vorgehen. DEC hielt 1983 in den internen Dokumentations-Richtlinien fest, daß die Benutzerdokumentation zuerst geschrieben werden sollte (vgl. Brockmann 1990, 2). Man erwartete dadurch Verbesserungen beim Systementwurf und eine Unterstützung bei der Entwurfsprüfung. Diesem Vorgehen liegt die Annahme zugrunde, daß es am Systementwurf und nicht am Autor liegt, wenn etwas schwierig zu beschreiben ist.

- **Simultandokumentation.** Die Dokumentationsunterlagen werden parallel zum Software-Entwicklungsprozeß erstellt. Diese Form der Dokumentation sollte schon deswegen gewählt werden, weil die Unterlagen zur Abstimmung und Kontrolle benötigt werden, aber auch, weil auf die nachträgliche Dokumentation häufig vergessen oder verzichtet wird.

- **Nachdokumentation**. Dokumentiert wird erst, wenn die Software-Entwicklung abgeschlossen ist. Grundsätzlich kann auf diese Weise eine besonders gute Dokumentation erreicht werden, da alle erforderlichen Unterlagen bereits vorhanden sind. Erfahrungsgemäß wird diese Chance aber nicht genutzt. Fälschlicherweise wird auch oft davon ausgegangen, daß die Software lauffähig und ohne Fehler übergeben wird und das Projekt daher auch hinsichtlich der Dokumentation abgeschlossen werden kann.

Eine Strukturierung des Dokumentationsprozesses in folgende neun Arbeitsschritte wird von Brockmann vorgeschlagen (vgl. Brockmann 1990, 86-280):

- Entwicklung von Dokumentations-Spezifikationen,
- Prototyping,
- Erstellen eines Rohentwurfs (Drafting),
- Editieren,
- Review,
- Feld-Test,
- Veröffentlichung,
- Post-Project-Review sowie
- Wartung der Dokumentation.

Die Gliederung in die einzelnen Prozeßschritte deutet darauf hin, daß dabei ein größeres Projekt als Vorlage diente. In der Praxis ist daher meist eine Anpassung an die spezifische Situation notwendig. Ähnliche Konzepte finden sich in der einschlägigen Literatur (siehe z.B. Rupietta 1987, 74-144).

Bemerkenswert an dem erwähnten Vorschlag ist noch, daß die Anwendung des **Prototyping** für die Dokumentation empfohlen wird. Prototyping-orientiertes Vorgehen war bisher ausschließlich in Verbindung mit der Softwareentwicklung bekannt. Unter einem Prototyp-Dokument wird eine lose Sammlung von Seiten verstanden. Der Umfang sollte ein Kapitel bzw. zehn Seiten möglichst nicht übersteigen. Für das Prototyping sollte jener Teil der Dokumentation ausgewählt werden, an dem man Layout, Format, Design, Stil, Referenzen, Suchhilfen, Gliederung usw. am besten illustrieren kann. Dieser repräsentative Teil der Dokumentation wird einigen "typischen" Benutzern gegeben, die ihn für die Arbeit mit der korrespondierenden Software einsetzen. Die Verwendung und die Reaktionen werden aufgezeichnet und bei der Weiterentwicklung berücksichtigt (vgl. Brockmann 1990, 177-183).

1.2.2 Darstellungsarten und Darstellungstechniken

Idealtypisch lassen sich zwei Darstellungsarten unterscheiden: Bildhafte Darstellung und symbolische Darstellung. Auf bildhafte oder weitgehend bildhafte Darstellungen wird hier nicht näher eingegangen. Sprachen werden der symbolischen Darstellung zugerechnet, ebenso jene Darstellungsarten, die zwischen bildhafter und symbolischer Darstellung liegen. Für letztere haben sich auch die Bezeichnungen nicht-sprachliche Darstellung und sprachliche Hilfsmittel durchgesetzt (vgl. Haag 1981, 96-116, Rupietta 1987, 86f).

Die symbolische Darstellung läßt sich untergliedern in:

- Künstliche Sprachen,
- Natürliche Sprachen.

Sprachliche Hilfsmittel sind:

- Graphen,
- Diagramme,
- Tabellen,
- Matrizen,
- Formulare,
- Zeichnungen.

Eine andere Gliederung findet sich bei Rautenberg/Sova, die zwischen verbaler Beschreibung, formal-abstrakter Darstellung, tabellarischer Darstellung, grafischer Darstellung und Formalisierung unterscheiden (vgl. Rautenberg/Sova 1983, 43-49). Auch hier wird der verbalen Darstellung bzw. der natürlichen Sprache ein besonderer Stellenwert zugewiesen. Die natürliche Sprache ist zwar nicht eindeutig, dennoch kommen weder künstliche Sprachen noch sprachliche Hilfsmittel ohne natürliche Sprache aus.

Aufbauend auf allgemeine Darstellungsarten wurden zahlreiche spezielle Darstellungstechniken für die Zwecke der Software-Dokumentation entwickelt. Eine Klassifikation kann nach verschiedenen Gesichtspunkten erfolgen. Beispiele für Klassifikationsmerkmale sind Normierung (z.B. DIN-Normen, ISO-Normen), Formalisierungsgrad, Softwareunterstützung, verwendete Darstellungsarten und unterstützte Phasen im Software-Entwicklungsprozeß. Die nachfolgende Aufzählung gibt einen groben Überblick, erhebt jedoch keinen Anspruch auf Vollständigkeit. Bezüglich weiterer Erläuterungen zu den Darstellungstechniken wird auf die angeführte Literatur verwiesen (siehe z.B. Heinrich/Burgholzer 1991, Lehner et al 1991, Haag 1981, Rautenberg/Sova 1983):

- Zustands- und Funktionsdiagramm,
- Ablaufdiagramm,
- Jordt/Gscheidle-Diagramm,
- verbale Rasterdarstellung,
- Folgeplan/Folgestrukturen,
- Hierarchie-Diagramm,
- Ablaufdiagramm (Strichsymbole, ASME-Symbole, Black-Box-Diagramm),
- Datenflußplan,
- Netzplan,
- Petrinetz,
- Belegflußplan,
- Entscheidungstabelle,
- Datentabelle/Datenmatrix,
- Programmablaufplan (Flußdiagramm, Blockdiagramm),
- D-Chart,
- Struktogramm (Nassi/Shneidermann-Diagramm),
- Struktur-Diagramm (Modul-Übersicht, Hierarchie-Diagramm).

Die genannten Darstellungstechniken werden meist nicht isoliert eingesetzt, sondern in spezielle Verfahren zur Software-Dokumentation eingebunden. Zu diesem Zweck erfolgt eine Auswahl, sodaß sich die Verfahren zumindest äußerlich unterscheiden. Die Integration erfolgt heute meist in Form einer Werkzeugunterstützung auf softwaretechnischem Weg. Außerdem ist darauf hinzuweisen, daß neben dedizierten Verfahren zur Software-Dokumentation gerade durch Entwicklungen auf dem Gebiet des Software Engineering die Softwareentwicklung und die Dokumentation immer stärker verflochten werden. Mit Dokumentation ist dabei vor allem die Entwurfs- und Systemdokumentation gemeint. Die Benutzerdokumentation muß hingegen weiterhin auf konventionellem Weg entwickelt werden. Einen Überblick über die verschiedenen Verfahren zur Software-Dokumentation gibt das nächste Kapitel.

1.2.3 Verfahren zur Software-Dokumentation

In der einschlägigen DV-Fachliteratur werden zahlreiche Verfahren in Verbindung mit der Software-Dokumentation vorgeschlagen. Die Begriffe Verfahren, Methode und Technik werden dabei aber meist nicht exakt voneinander abgegrenzt. Methoden bzw. Techniken beschreiben eine in der Art des Vorgehens festgelegte Arbeitsweise. Meist liegen einer Methode auch bestimmte Prinzipien zugrunde, d.h. allgemein anerkannte Grundsätze des Denkens oder Handelns (z.B. Top-Down-Ansatz). Verfahren stehen eine Stufe höher und verwenden gewöhnlich eine oder mehrere Darstellungsarten, Methoden bzw. Techniken und/oder Dokumentationsmedien.

Als Verfahren der Software-Dokumentation werden hier methodische Vorgehensweisen bezeichnet, die unter Umsetzung bzw. Anwendung von festgelegten Darstellungsarten der geschlossenen Dokumentation mindestens einer Entwicklungsphase dienen. Daraus läßt sich bereits ableiten, daß die Zielsetzungen im Einzelfall oft recht unterschiedlich sein können. An die Unterstützung der Analysephase werden z.B. andere Anforderungen gestellt als an die Datenmodellierung, an die Darstellung der Entwurfs-Spezifikation oder an ein Benutzerhandbuch.

Die Verfahren der Software-Dokumentation werden in der einschlägigen Literatur oft ausschließlich unter dem Aspekt der Systemanalyse und der Spezifikation behandelt. Der Dokumentationsgedanke tritt dabei stark in den Hintergrund (vgl. Haag 1981, 232). Erst seit der Verfügbarkeit leistungsfähiger CASE-Tools und Data-Dictionaries, die den gesamten Software-Lebenszyklus unterstützen, ist eine umfassende und integrierende Betrachtung der gesamten Software-Dokumentation zu beobachten bzw. wird eine solche Betrachtung angestrebt.

Haag unterscheidet bei den Verfahren zur Software-Dokumentation nichtsprachliche, nichtprozedurale und parametrische Verfahren (vgl. Haag 1981, 232). Zu den nichtsprachlichen Verfahren, die im wesentlichen auf sprachlichen Hilfsmitteln aufbauen, zählt er bekannte Verfahren wie HIPO, SA, SADT usw. Als wichtigste Vertreter nichtprozeduraler Verfahren werde PSL/PSA

(Problem Statement Language/Problem Statement Analyser) und BDL (Business Definition Language) genannt, die im Rahmen des ISDOS-Projekts in den 70er Jahren an der Michigan Universität entwickelt wurden. Ein Beispiel für ein parametrisches Verfahren ist das parametrische Verfahren nach Wang. Die Vorgehensweise von parametrischen Ansätzen basiert auf der Annahme, daß bei der Software alle relevanten Faktoren durch eine endliche Anzahl von Parametern erfaßbar sind. Diese Parameter werden, geleitet durch das Verfahren, in schrittweiser Verfeinerung bis zur notwendigen Detaillierungsstufe präzisiert.

Rautenberg/Sova führen darüber hinaus noch sogenannte Gesamtansätze an, deren Zielsetzungen z.T. über die herkömmlichen Dokumentationsaufgaben hinausgehen (vgl. Rautenberg/Sova 1983, 115f). Die Verfahren strukturieren den Prozeß der Software-Entwicklung und unterstützen innerhalb dieses Rahmens eine einheitliche, projektbegleitende und systematische Dokumentation des entstehenden Produkts. Beispiele sind ORGWARE, IFA-PASS, KIM, SOP, BISAD, ARDI und SEDOM. Bezüglich Details zu diesen Verfahren wird auf die angeführte Literatur verwiesen (siehe z.B. Heinrich/Burgholzer 1991, Lehner 1991, Lehner et al. 1991, Haag 1981, Rautenberg/Sova 1983).

Die bisher angeführten Dokumentationsverfahren können als DV-orientiert charakterisiert werden. Darüberhinaus existieren jedoch weitere Verfahren, deren Zielsetzung vor allem die Gestaltung von Text und Layout betrifft. Einige dieser Verfahren, die im deutschsprachigen Raum kaum bekannt sind, werden anschließend etwas näher erläutert. Ausgewählt wurden FOMM, STOP, Playscript und Structured Writing (vgl. Brockmann 1990, 191-212).

Die **FOMM-Technik** (Functional Oriented Maintenance Manuals) wurde ursprünglich für die Erstellung von Dokumentationsunterlagen für Hardware-Wartungstechniker entwickelt. Die Methode baut auf drei wichtigen Beobachtungen auf, die den Lesestil bzw. die Verwendungsart von Handbüchern durch Techniker betreffen (vgl. Brockmann 1990, 193-194):

- Der Überblick über die Funktionalität einer Gruppe von Hardware-Komponenten wird vor der Kenntnis des physischen Layouts der Komponenten benötigt.

- Die Fehlersuche erfolgt nach einem Top-Down-Vorgehen, wobei zuerst allgemeine Fragen zur Hardware gestellt wurden und der Problembereich schrittweise eingegrenzt wurde.

- Aus grafischen Darstellungen wird mehr und schneller Information abgeleitet als aus verbalen Beschreibungen.

Diese Beobachtungen machen deutlich, wie wichtig die Abstimmung auf die Zielgruppe bzw. das Aufgabenfeld, in dem die Dokumentation eingesetzt wird, ist. Die FOMM-Technik benutzt daher folgende Gestaltungselemente: Funktionsübersichten (z.B. Blockdiagramme mit einfachen Pfeilen für gerichtete Verbindungen), Top-Down-Organisation der Inhalte und Minimierung von Text (z.B. Verwendung von Charts, Tabellen, Kurzreferenzen). Die Methode läßt sich ohne Einschränkungen auch auf die Software-Dokumentation übertragen.

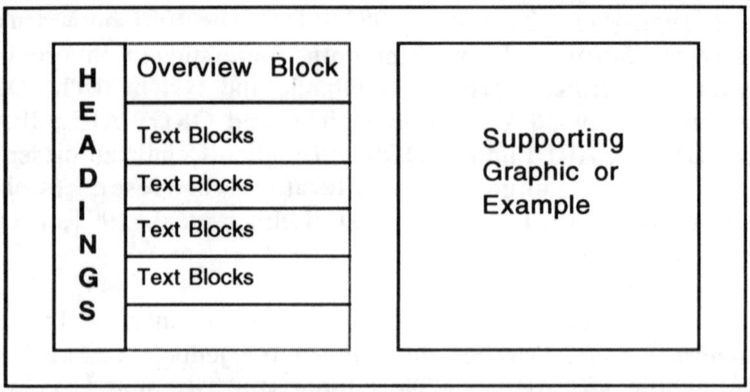

Abb. 1-2: Layout bei Structured Writing (Quelle: Brockmann 1990, 205)

Die **STOP-Technik** (Sequential Thematic Organization of Proposals) wurde Ende der 60er Jahre bei der Hughes Aircraft Company entwickelt. Sie wird seither in abgewandelter Form von mehreren bekannten Computerherstellern für einen Teil der Benutzerhandbücher eingesetzt (z.B. Prime, Texas Instruments, NCR, IBM) (vgl. Brockmann 1990, 196) und diente auch als Basis für weitere Dokumentationstechniken wie z.B. für den strukturierten "GOTO-losen" Dokumentations-Stil von Weiss (vgl. Weiss 1985). Das wesentliche Ziel bei STOP ist, den Inhalt auf einer Seite so zu strukturieren, daß der Leser die dargestellte Information leicht erfassen kann. Dazu werden folgende Strukturierungs- und Gestaltungselemente eingesetzt (vgl. Brockmann 1990, 196f): Zerlegen der Information in Komponenten von zwei Seiten, Hauptwort als Überschrift, Zusammenfassung am Beginn der linken Seite, maximal 500 Wörter auf der linken Seite, Grafik, Beispiel oder zusammenfassende Tabelle auf der rechten Seite als Zusammenfassung des Textes, ausführlicher Untertitel bei Tabellen, Grafiken usw.

Playscript wurde ursprünglich entwickelt, um zu zeigen, wie die Aktivitäten mehrerer Mitarbeiter in einem Projekt integriert werden können. Es handelt sich dabei um eine zweispaltige Informationsaufbereitung (z.B. Actor - Action, User Action - System Response), welche die wichtigsten Lesestrategien (z.B. Scanning, Skimming) unterstützt (vgl. Brockmann 1990, 199-203). Dazu werden u.a. folgende Gestaltungselemente eingesetzt: Zweispaltiger Aufbau (Wer macht was, wann usw.), Verwendung des Imperativs ("work mode"), Verbindung aufeinanderfolgender oder zusammengehöriger Schritte bzw. Aktivitäten, visuelle Segmentierung (z.B. optische Zusammenfassung von Aktivitäten zu einem Block).

Structured Writing verwendet verschiedene Elemente von STOP und Playscript. Die Idee einer einleitenden Zusammenfassung auf der ersten Seite (Overview Block) sowie die zweiseitige Struktur stammen von STOP (siehe Abbildung 1-2). Von Playscript wurde die zweispaltige Informationsaufbereitung übernommen. Allerdings erfolgt die Unterteilung nicht in Actor-Action, sondern in Überschriften (Headings) und Textblöcke. Bezüglich der zahlreichen weiteren Regeln von Structured Writing wird auf die angeführte Literatur verwiesen (vgl. Brockmann 1990, 203-205).

1.2.4 Dokumentationsmedien

Neben den Print-Medien werden heute verschiedene weitere Medien zur Software-Dokumentation eingesetzt. Diese alternativen Medien sind meist kein Ersatz, sondern eine Ergänzung des traditionellen Dokumentationsmediums Papier. Folgende Medien können unterschieden werden (vgl. Rupietta 1987, 145-166):

- *Schriftliche Dokumentation.* Diese Form der Dokumentation wird in der Praxis für alle Formen und Zwecke der Dokumentation verwendet. Ihre Bedeutung wird auch durch die zunehmende Automatisierung der Dokumentationsaufgaben nicht abnehmen.

- *Audiovisuelle Medien.* Audivisuelle Darstellungen erweitern die Darstellungsmöglichkeiten, indem sie auch akkustische Mittel einbeziehen und dynamische Darstellungen erlauben. Damit wird bei den Benutzern eine Annäherung an die alltägliche Form der Wahrnehmung erreicht und die Informationsaufnahme verbessert. Der erfolgreiche Einsatz audiovisueller Medien ist vor allem bei der Schulung und Einarbeitung nachweisbar. Unterschieden werden können akkustische Darstellungen (z.B. Kassetten), statisch visuelle Darstellungen (z.B. Dia-Schau), dynamisch visuelle Darstellungen (z.B. Film, Video) sowie Kombinationen davon (multimediale Darstellungen).

- *Computer als Dokumentationsmedium.* Die Möglichkeiten der computergestützten Dokumentation sind sehr vielfältig. Es können aber zwei Schwerpunkte unterschieden werden: Dialogunterstützung und Benutzerhandbuch. Die Dialogunterstützung kann in Form von erklärenden Texten in der Benutzerschnittstelle vorliegen oder bei Bedarf mittels Hilfefunktionen (auch kontextsensitiv) aktiviert werden. Bei den computergestützten Benutzerhandbüchern reicht das Spektrum von gespeicherten Texten bis zur komfortablen Online-Dokumentation mit Suchfunktionen und tutoriellen Hilfen. Die Realisierung komplexerer Systeme erfolgt mit Hilfe einer Spezialsoftware, sogenannten Autorensystemen.

	Einsatzzweck			Informationen		
Medium	Schulung	Einarbeitung	Nachschlagen	Referenz	kontextbezogen	komplexe Abläufe
schriftlich	+	+	+	+	-	+
audiovisuell	+	+	-	-	-	-
computergestützt	o	+	+	+	+	-

Abb. 1-3: Eignung unterschiedlicher Dokumentationsmedien (Quelle: Rupietta 1987, 165)

Der Übergang zwischen audiovisuellen und computergestützten Medien ist vor allem seit der Verfügbarkeit von optischen Speichern, Bildplatten, CDs usw. fließend geworden. Eine wichtige Rolle bei der Dokumentation werden in Zukunft die sogenannten **Multimedia-Systeme** spielen, welche die Datendarstellung mit schriftlichen, grafischen (Stand- und Bewegtbilder) und akustischen Darstellungsformen im Medium Computer vereinen. Erste Ansätze liegen in Form der **Hypermedia-Systeme** vor. Die Entwicklung auf diesem Gebiet kann aber noch keineswegs als abgeschlossen betrachtet werden und ihre Eignung für die Software-Dokumentation bedarf noch der genaueren Untersuchung bzw. Erprobung (vgl. Weiss 1991). Abbildung 1-3 zeigt die Einsatzbereiche der unterschiedenen Dokumentationsmedien im Überblick unter Berücksichtigung ihrer medienspezifischen Vor- und Nachteile.

1.3 Hilfsmittel und Werkzeuge

1.3.1 Überblick und Klassifikation

Die Entwicklung und Pflege der Software-Dokumentation erfolgt häufig mit softwaretechnischer Unterstützung. Der Einsatz solcher Werkzeuge erleichtert die Aktualisierung der Dokumentation, ihre Modifizierung, Änderungen der

Darstellungsform usw. Unterstützt werden aber auch Verwaltungsfunktionen wie Ablage, Suche und Übermittlung von Dokumenten (Verteilungsfunktion) (vgl. z.B. Lehner 1990, Simpson/McCasey 1988, 115-148, Grupp 1991). Es existiert ein umfangreiches Angebot an Werkzeugen, das in den letzten Jahren durch technologische Entwicklungen (z.B. Hypertext, Multimedia) eine umfassende Erweiterung erfahren hat. Beispiele sind:

- Textverarbeitungs-Software,
- Editor,
- Browser (Suchhilfen),
- Generatoren (z.B. automatisches Generieren von Verzeichnissen, Inhaltsgliederung u.ä., aber auch Generieren von Dokumenten wie Flußdiagramme u.ä.),
- Re-Dokumentations-Werkzeuge (Nachdokumentation von Software, meist in Verbindung mit Restrukturierungs- oder Reengineering-Werkzeugen),
- Grafik-Programme,
- Desktop-Publishing,
- Hypertext- und Hypermedia-Systeme,
- Rechtschreibprüfung ("Spell-Checker"),
- Archiv- und Dokumenten-Verwaltungssysteme,
- Thesaurus (z.B. Synonym-Prüfung),
- Bild-Datenbanken ("Image-Banks").

Die Aufzählung ist weder vollständig noch überschneidungsfrei. Auch die Zuordnung von Werkzeugen ist nicht immer eindeutig möglich. Editoren können z.B. als Textverarbeitungswerkzeuge mit einem reduzierten Funktionsumfang verstanden werden. Häufig erfolgt eine Zusammenfassung mehrerer Werkzeuge in einer sogenannten Werkzeugumgebung (Dokumentations-Systeme). CASE-Tools bieten ebenfalls eine Vielzahl von Funktionen zu Unterstützung der Dokumentation oder nahestehenden Tätigkeiten, wobei neben der Entwurfsdokumentation vor allem das Data-Dictionary (Repository) zu erwähnen ist. Unterstützt werden aber auch Verwaltungsfunktionen wie Ablage, Suche und Übermittlung von Dokumenten (vgl. Kapitel 2.2.4, "Verwaltung und Verteilung der Dokumentation") sowie die Qualitätsprüfung (siehe Kapitel 3.2, "Werkzeugunterstützung bei der Qualitätsprüfung").

Eine Klassifikation dieses vielfältigen Angebots kann nach verschiedenen Gesichtspunkten vorgenommen werden. Von einer gewissen Bedeutung sind der Zweck, der Integrationsgrad, die Systembasis und die unterstützten Funktionen.

- Nach dem **Einsatzzweck** lassen sich z.B. Werkzeuge unterscheiden, welche unmittelbar zur Erstellung von Handbüchern eingesetzt werden, Werkzeuge, die vor allem im Zusammenhang mit der Softwareentwicklung stehen (Programmierer- und Systemdokumentation) sowie Werkzeuge, welche die Dokumentationsfunktion insgesamt unterstützen. Etwas genauer läßt sich zwischen Werkzeugen zur Erzeugung von Dokumentation, Werkzeugen zur Verwaltung von Dokumentation und Werkzeugen zur Verteilung von Dokumentation unterscheiden (vgl. Hauch 1990).

- Nach dem **Integrationsgrad** finden sich sich eigenständige Einzelwerkzeuge und integrierte Werkzeugumgebungen mit verschiedenen Zwischenformen. Bei den integrierten Werkzeugen läßt sich weiter differenzieren in Werkzeuge, die unmittelbar für Dokumentationsaufgaben konzipiert wurden und solchen, die auch andere Aufgaben erfüllen (z.B. CASE-Werkzeuge).

- Nach der verwendeten **Systembasis** (Hardware- und Softwarebasis) lassen sich Werkzeuge für Großrechnerumgebungen, für Personal Computer und für Workstations unterscheiden. Manche Werkzeuge werden für mehrere der genannten Plattformen gleichzeitig angeboten.

- Nach der **Dokumentationsfunktion** erfolgt eine Differenzierung oder Zuordnung zu einzelnen Aufgaben im Dokumentationsprozeß (Text erzeugen und bearbeiten, Archivierungs- und Verwaltungsfunktionen usw.).

Das Marktangebot an Dokumentationssoftware ist relativ umfangreich. Ein Überblick über jene Werkzeuge, die in enger Verbindung mit dem Softwareentwicklungsprozeß stehen, findet sich bei Grupp (vgl. Grupp 1991, Nomina 1994). Folgende Klassen von Dokumentationssoftware werden nachfolgend etwas näher erläutert: PC-gestütze Dokumentationssoftware, automatische Übersetzung, Projektmanagement-Software, Konfigurationsmanagement, Data Dictionaries, Dokumentationswerkzeuge für die Softwareentwicklung und sonstige Hilfsmittel.

1.3.2 PC-gestützte Dokumentationssoftware

PC-Software ist z.T. sehr allgemein einsetzbar, so daß sie oft für eine Vielzahl von Aufgabenbereichen (z.B. Marketing, Controlling) geeignet ist. Die Auswahl der hier vorgestellten Software ist keineswegs vollständig und kann es auch aufgrund der ständigen Neuentwicklungen gar nicht sein; sie soll jedoch die Produktvielfalt verdeutlichen und gleichzeitig einen Überblick über die Einsatzmöglichkeiten für Dokumentationsaufgaben geben. Zur Unterstützung von Dokumentationsaufgaben bieten sich folgende Klassen von PC-Software an:

- Textverarbeitung,

- Tabellenkalkulation,
- Datenbank,
- Grafik,
- Desktop-Publishing,
- Storyboard,
- Agenda-System,
- Ideenprozessor.

Je nach Aufgabenstellung ergeben sich unterschiedliche Nutzungsmöglichkeiten und Einsatzschwerpunkte dieser Software. Die Nutzungsformen der einzelnen Programme reichen von der individuellen Informationsverarbeitung über die Auswertung von Erhebungen, bis zum Einsatz für Planungsaufgaben, dem Verwalten von Adressen oder sonstigen strukturierten Daten, dem Erstellen von Berichten, Organisationshandbüchern und Dokumentationsunterlagen sowie der Erstellung von Präsentations- oder Schulungsunterlagen. Da die meisten der genannten Programme heute ohnehin allgemein bekannt sind, beschränken sich die nachfolgenden Erläuterungen lediglich auf neuere Entwicklungen. Dazu zählen Desktop-Publishing, Ideenprozessoren und Agenda-Systeme. Ebenfalls ausgenommen wurden jene Programme, denen im vorliegenden Buch ein eigenes Kapitel gewidmet ist.

Desktop-Publishing erlaubt die Gestaltung und den Druck von Dokumenten direkt am Schreibtisch des Bearbeiters. Daraus resultiert auch die Bedeutung für die Dokumentation. Lange Zeit waren solche Tätigkeiten nur mit sehr teuren Satzcomputern zu bewältigen. Es gibt heute aber bereits leistungsfähige PC-Softwareprodukte, die das Erstellen qualitativ hochwertiger und druckfertiger Unterlagen direkt am Arbeitsplatz ermöglichen. Beispiele dafür sind Pagemaker, Ventura Publisher, Typostar und Textline (vgl. Nomina 1991, Heinrich/Lehner/Roithmayr 1994).

Ideenprozessoren dienen dazu, Texte zu erfassen, Beziehungen (insbesondere hierarchische) zwischen einzelnen Textelementen herzustellen und unter Berücksichtigung dieser Beziehungen Auswertungen zu erstellen. Sie sollen vor allem die gedankliche Arbeit beim Erstellen von Texten unterstützen und vereinigen Funktionen von Textverarbeitungs- und Datenbanksystemen. Ideenprozessoren können in Index-Karten-Systeme (z.B. Executive Writer, Executive Filer, CREF) und Outline-Prozessoren (z.B. ThinkTank, MaxThink) unterschieden werden. Kombinierte Systeme wie FRAMEWORK und MIKROPOLIS verbinden die Funktionen beider Systeme (vgl. Lehner et al. 1991, Hershey 1985).

Agenda-Systeme erlauben das persönliche Management von Informationen, die beim Anwender ungeordnet eintreffen oder anfallen (Nastansky 1989).

Eine Verwandtschaft besteht zu Ideenprozessoren und Hypermedia-Systemen. Die grundlegenden Konzepte von Agenda-Systemen umfassen Items (Kurztexte), Notes (Langtexte), Kategorien (Verknüpfung und Indizierung der Texte) und Views (Benutzerschnittstelle, Masken- und Reportfunktion). Implizite Zeitkategorien erlauben auch ein Zeitmanagement. Dabei können durch Verwendung von KI-Methoden u.a. Texte wie "in zwei Wochen" oder "jeden Montag" automatisch in Termine umgesetzt werden (vgl. Nastansky 1989).

1.3.3 Automatische Übersetzung

Übersetzungsprogramme und automatische Übersetzungsversuche blicken schon auf eine relativ lange Geschichte zurück. Die ersten Ideen dazu tauchten in den USA Mitte der vierziger Jahre auf. Das Thema verschwand dann wieder auf dem öffentlichen Interesse, wurde aber im Bereich der Grundlagenforschung weiter vorangetrieben. Erst die Fortschritte auf dem Gebiet der Rechnerleistung rückten das Thema wieder in den Mittelpunkt. Die Zeit, die seit den ersten Versuchen vergangen war, hatte gleichzeitig zu einer Revision der ursprünglichen Ziele beigetragen. Anstatt der vollautomatischen und perfekten Übersetzung von beliebigen Texten (FAHQT = Fully Automatic High Quality Translation) traten sogenannte Informativübersetzungen, die z.T. noch sprachlich fehlerhaft, aber verständlich waren.

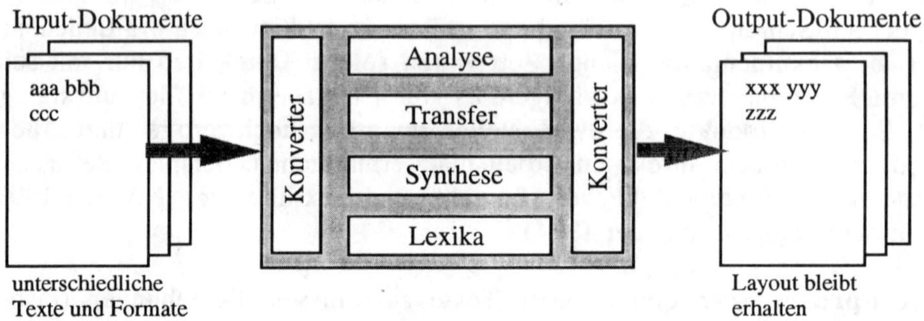

Abb. 1-4: Architektur von METAL - Machine Translation and Analysis of Language (nach Hofmann/Heino 1992)

Die ersten bekannteren Übersetzungsprogramme waren SYSTRAN (1979, Übersetzung von Fachtexten aus dem Luftfahrtsbereich vom Russischen ins Englische), TITUS (1971, Übersetzung speziell aufbereiteter Texte aus der Textilwirtschaft zwischen den Sprachen Französisch, Englisch, Deutsch und Spanisch) und METEO (1977, Übersetzung von englischen Wetterberichten ins Französische) (vgl. Hofmann/Heino 1992, Schwanke 1991, Wilss 1988, Schneider 1994).

Moderne Übersetzungssysteme arbeiten nach einem Prinzip, das eine Trennung in die drei Komponenten Analyse, Transfer und Generierung vorsieht. Dabei wird zunächst die Gesamtstruktur eines Satzes in der Quellsprache analysiert. Die Übertragung in die Zielsprache erfolgt unter Verwendung einer Generierungsprogrammatik sowie automationsunterstützter Lexika. Ein System, das nach diesem Prinzip arbeitet, wird im deutschsprachigen Raum von Siemens/Nixdorf unter der Bezeichnung METAL angeboten. Dieses System wurde zu Beginn der 80er Jahre von einer amerikanischen Firma gekauft und wesentlich verbessert und weiterentwickelt. Neu an METAL ist sein modularer Aufbau. Da die Analyse und die Generierung in jeder Sprache durch einen eigenen Baustein realisiert werden, ist die Kombination verschiedener Sprachen (z.B. Deutsch-Englisch, Deutsch-Französisch) relativ leicht möglich (vgl. Hofmann/Heino 1992, Schneider 1994). Abbildung 1-4 zeigt die Architektur des METAL-Übersetzungssystems im Überblick.

Maschinelle Übersetzungssysteme können heute schon relativ hochwertige Informativübersetzungen für bestimmte Fachgebiete liefern. Literarische Texte sind davon aber weitgehend ausgenommen. Außerdem ist die Nachbearbeitung durch einen menschlichen Übersetzer derzeit noch unerläßlich. Die bisher erwähnten Systeme lassen sich wirtschaftlich nur im Großen einsetzen. Auf dem Markt werden allerdings auch schon relativ preisgünstige PC-Programme angeboten. Ihre Qualität und Leistungsfähigkeit werden jedoch noch stark in Zweifel gezogen. Ein Vergleich von drei PC-Übersetzungsprogrammen (Right II Plus, FD-Translator und Globalink) findet sich bei Barth (1991).

1.3.4 Projektmanagement-Software

Speziell für die Projektdokumentation kann der Einsatz von Software eine wertvolle Hilfe sein. Sowohl die Projektplanung als auch die Projektüberwachung können wirkungsvoll unterstützt werden. Spezielle Hilfsmittel der Projektadministration wie Projektbibliothek, Data-Dictionary und Zeit-Erfassungssystem können als Ergänzung dienen. Das Angebot an Software zur Unterstützung des Projektmanagements ist sehr umfangreich (vgl. Lehner et al. 1991). Die Notwendigkeit integrierter Projekt-Informationssysteme ist zwar unbestritten, dennoch existieren bislang kaum PC-gestützte Systeme, die diese Bezeichnung verdienen. Oft werden unter dieser Bezeichnung lediglich Programme zur Erstellung von Netzplänen in Verbindung mit mehr oder minder komfortablen Soll-Ist-Auswertungen angeboten. Am Beispiel von zwei Projektmanagement-Programmen für PCs, Mac Project und Micro Planner, wird der Funktionsumfang solcher Produkte näher beschrieben.

Mac Project ist auf Systemen von Apple MacIntosh verfügbar. Die Programmbedienung erfolgt menugesteuert mit Fenstertechnik und unter Verwendung einer Maus. Folgende Funktionen und Auswertungen werden unterstützt:

- Netzplan (MPM);
- Ressourcenplan (Zuordnung von Personen und Ressourcen zu Vorgängen);
- Balkenplan (Darstellung kritischer Vorgänge, Pufferzeiten, Meilensteine);
- Vorgangsplan (zeitlicher Ablauf der Vorgänge als Balkenplan);
- Vorgangskosten (feste Kosten und Einnahmen für jeden Vorgang);
- Ressourcenkosten (Kosten pro Zeiteinheit);
- Kostentabelle (Überblick über die zur Verfügung stehenden Finanzmittel);
- Projektübersichtstabelle.

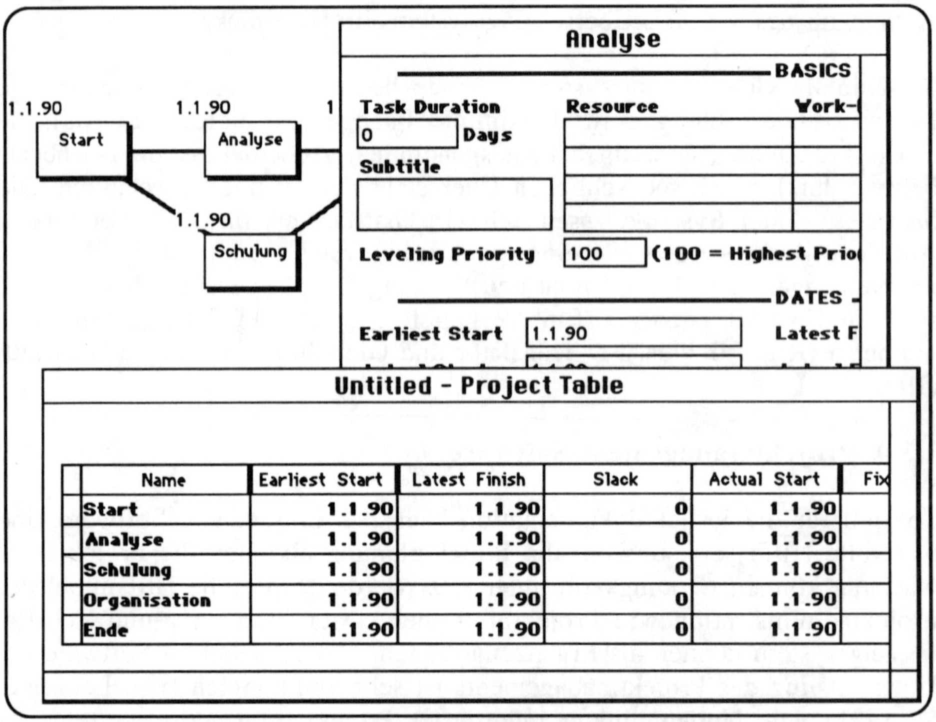

Abb. 1-5: Eingabe der Projektdaten mit MacProject

Abbildung 1-5 zeigt einen Bildschirmausschnitt mit einem Netzplan, der mit MacProject erstellt wurde. Die Darstellung des Netzplans wird durch zwei Fenster, die gerade geöffnet sind, überlagert. In die Projekttabelle können die Plan-Daten zu den einzelnen Aktivitäten eingegeben werden. Für die Aktivität "Analyse" ist das entsprechende Fenster zur detaillierten Beschreibung dieser

Aktivität geöffnet. Hier können neben Detailangaben wie Dauer der Aktivität und benötigte Ressourcen je nach Projektfortschritt auch die genauen Ist-Werte (z.B. tatsächlicher Ressourcenverbrauch) festgehalten werden.

Micro Planner ist ein Projektplanungs- und -steuerungssystem von Microplanning Software Limited. Dieses Programm wird sowohl für IBM-kompatible PCs (DOS-Version) als auch als MacIntosh-Version angeboten. Menusteuerung, Fenstertechnik und die Verwendung der Maus ermöglichen eine einfache Bedienung. Micro Planner ist komplexer und daher nicht so leicht erlernbar wie MacProject.

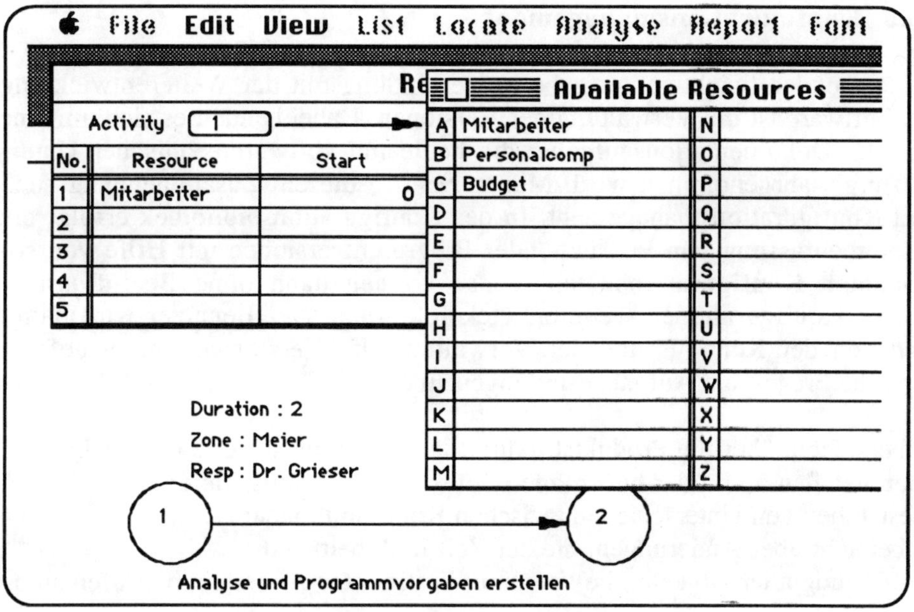

Abb. 1-6: Ressourcenzuordnung in Micro Planner

Folgende Funktionen und Auswertungen werden unterstützt:

- Balkendiagramm,
- Netzplan (CPM),
- Aktivitätenliste,
- Fortschrittsbericht (z.B. Vergleich mit archivierten Daten),
- Verzeichnis der kritischen Aktivitäten,
- Meilensteine,
- Short-Term-Verzeichnis,
- Histogramm (über die Ressourcenauslastung),

- Kostenbericht,
- Auflistung sämtlicher Projektdaten, Aktivitäten und Ereignisse,
- Möglichkeit des Datenaustauschs mit Multiplan, MacDraw und MacWrite.

Abbildung 1-6 zeigt einen Detailausschnitt eines Netzplans, der mit MicroPlanner erstellt wurde (Aktivität "Analyse und Programmvorgaben erstellen"). Gleichzeitig sind zwei Fenster geöffnet, wo für diese Aktivität die Ressourcenzuordnung vorgenommen werden kann. Die Tabelle der verfügbaren Ressourcen ist eingeblendet und kann durch Anklicken mit der Maus der gerade bearbeiteten Aktivität zugeordnet werden.

1.3.5 Konfigurationsmanagement

Eine besonders wichtige Aufgabe in Verbindung mit der Weiterentwicklung von Software ist die Verwaltung der Versionen. Dabei handelt es sich um eine typische Dokumentationsaufgabe, die heute mit softwaretechnischer Unterstützung wahrgenommen wird. Man spricht in diesem Zusammenhang auch vom Konfigurationsmanagement. In der Konfigurationsbibliothek erfolgt die Zusammenfassung von Produkt- oder Programmversionen mit Hilfe von sogenannten Konfigurationslisten. Diese können dann ohne Beeinflussung anderer Konfigurationen weiterentwickelt werden. Der Benutzer wird damit auch von der Kenntnis und der Verwaltung der Versionsnummern befreit. Typische Frage- und Aufgabenstellungen sind:

- Übersichten über die Produktstruktur oder Änderungshistorie eines Objekts;
- Bereitstellen aller oder bestimmter Objekte einer Konfiguration;
- Feststellen von Unterschieden zwischen Konfigurationen;
- Übersicht über Änderungen, die zur Zeit in Arbeit sind;
- Auflistung aller Objekte, die von einer bestimmten Änderung betroffen sind.

Unter Konfiguration wird die mögliche oder tatsächliche Zusammensetzung eines Objektsystems verstanden (Saynisch 1984); es geht also um die Verwaltung unterschiedlicher Versionen, Releases oder Varianten eines Produkts (=Projektergebnis). Eine konfigurationsbezogene Betrachtung bietet sich immer dann an, wenn das Projektergebnis aus Teilprodukten besteht, deren Entwicklung und Weiterentwicklung nicht direkt aneinander gekoppelt sind. Durch die separate Weiterentwicklung einzelner Teile (z.B. Unterprogramme, Teilpläne) entstehen möglicherweise Konsistenzprobleme im Gesamtsystem. Eine wichtige Frage ist dann, welche Teile miteinander kombiniert werden können, damit die volle Funktionsfähigkeit des Produkts gewährleistet ist. Mit Hilfe von Konfigurationen wird Ordnung in die Vielfalt der Zustände von Teilsystemen gebracht, und es können Bezugspunkte für Änderungsprozesse (z.B. Releasewechsel bei Software) bestimmt werden.

Das Konfigurationsmanagement stellt die Methoden zur Bestimmung, Steuerung, Überwachung und Dokumentation von Konfigurationsänderungen bereit. Bei großen Projekten mit langer Lebensdauer der Projektergebnisse ist der Einsatz von automatisierten Werkzeugen empfehlenswert. Bei kleineren oder mittleren Projekten ist besonderes Augenmerk darauf zu richten, daß der zusätzliche Projekt-Overhead in einer angemessenen Relation bleibt. Ein entscheidender Vorgang ist dabei die Auswahl und Festlegung der einzelnen Dokumente, die in der Konfigurationsbibliothek verwaltet werden. Werden zu viele Komponenten definiert, steigen die Kosten der Steuerung und Überwachung, während eine Beschränkung auf zu wenige oder nicht logisch eindeutig definierte Komponenten das Risiko ansteigen läßt, und die fehlende Transparenz nur geringe Steuerungsmöglichkeiten zuläßt. Ein Vorschlag für eine Checkliste zur Bestimmung der Komponenten findet sich bei Saynisch (1984).

In den letzten Jahren sind zahlreiche Werkzeuge entwickelt worden, welche die Aufgaben des Konfigurationsmanagements (auch Lifecycle-Management oder Programmverwaltung genannt) unterstützen. Manche dieser Werkzeuge sind sprach- und/oder systemabhängig, andere werden in Verbindung mit CASE-Tools angeboten. Exemplarische Vertreter von systemabhängigen Werkzeugen sind die UNIX-Werkzeuge MAKE und SCCS (Source Code Control System) sowie MMC für VMS. Eines der mächtigsten heute verfügbaren Werkzeuge ist DSEE (Domain Software Engineering Environment) von Apollo. Es ist sprachunabhängig und kann mit jeder Textverarbeitung kombiniert werden. Weitere Beispiele für derartige Werkzeuge sind LIFESPAN, LCS/CMF und PREDICT. Die Entwicklung dieser Werkzeuge ist zwar noch keineswegs abgeschlossen, dennoch bewirken sie bereits jetzt wesentliche Erleichterungen bei der Software-Entwicklung und --wartung, indem z.B. die Konsistenz zwischen Quellprogrammen, Objektprogrammen und Dokumentation sichergestellt wird.

1.3.6 Data Dictionaries

Die Notwendigkeit des Einsatzes sowie der Nutzen von Data-Dictionaries für Dokumentationsaufgaben im Umfeld der betrieblichen Informationsverarbeitung werden heute nicht mehr in Zweifel gezogen (vgl. Heinrich/Lehner/Roithmayr 1994). Erste Konzepte für Data-Dictionaries existieren bereits seit mehr als zwei Jahrzehnten. Ursprünglich wurde das Ziel angestrebt, alle in Zusammenhang mit der Software-Entwicklung verwendeten Begriffe einheitlich und automationsunterstützt zu dokumentieren. Der zunehmende Einsatz der Informationsverarbeitung führte rasch zu einer Zunahme des Verwaltungsaufwands. Es entstand ein Bedarf an methodischer Unterstützung bei der Verwaltung von Daten und der Definition von Datenstrukturen, Dateien,

Datenbanken, Programmen, Moduln, Prozessen und sonstigen Systemkomponenten. Die ersten verfügbaren Data-Dictionaries unterstützten vor allem die Definition und Verwaltung von Datenstrukturen. Heute können bei der Entwicklung von Data-Dictionaries zwei Trends unterschieden werden:

- Unterstützung bei der Definition, Dokumentation und Verwaltung zentralisierter Datenbestände in Verbindung mit Datenbanksystemen;
- Verwaltung und Dokumentation von Meta-Daten (z.B. Datendefinition, Datenverwendung, Projekte, Prozesse und Abläufe, Aufgabengliederung).

Zwischen beiden Trends bestehen Wechselwirkungen. U.a. können folgende Einsatzbereiche für Data-Dictionaries unterschieden werden: zentrale und unternehmensweite Dokumentation der Daten, Hilfe bei der Standardisierung von Daten, Controlling des Datensystems und Unterstützung bei Entscheidungen. Darüberhinaus wird eine weitgehende Integration mit vorhandenen CASE-Tools angestrebt, was sich in neuen Bezeichnungen wie Repository, Information Resource Dictionary System (IRDS) und AD-Cycle niederschlägt. Abbildung 1-7 zeigt die Funktionalität eines Data-Dictionaries im Überblick.

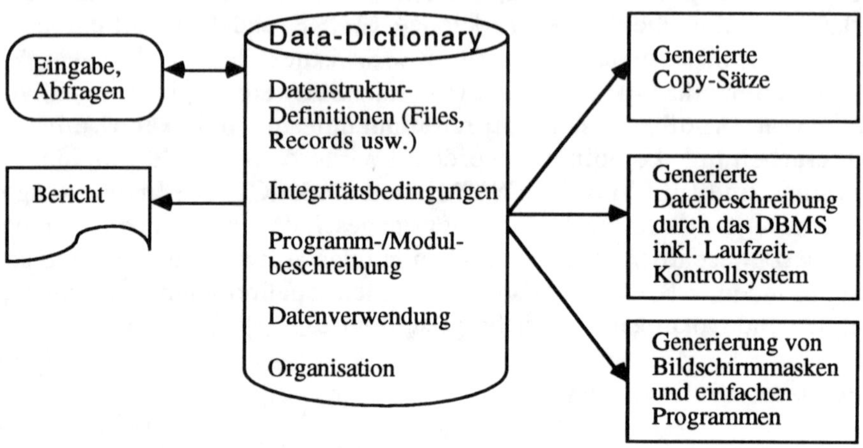

Abb. 1-7: Funktionalität eines Data-Dictionaries

Der Aufbau eines Data Dictionaries erfordert viel Zeit und bedarf der genauen Planung. Es handelt sich um ein Werkzeug, das auf die unternehmensspezifischen Bedürfnisse angepaßt werden muß, um den Nutzen zu realisieren. Dieser Nutzen entsteht erst, wenn die Datenbank mit den Daten über Prozesse, Programme, Daten usw. des Unternehmens gefüllt ist. Außerdem erfordert der Einsatz eines solchen Systems vorher entsprechende konzeptionelle Überlegungen, welche Daten in welcher Form gespeichert werden sollen. D.h. auch die Struktur der Datenspeicherung spielt eine wichtige Rolle, um eine einheitliche und eindeutige Ablage der Daten zu gewährleisten. Die gespeicherten Querbeziehungen sollten möglichst automatisch gewartet und dokumentiert werden. Das Data Dictionary ist damit in einem modernen Unternehmen ein wesentlicher Bestandteil des Dokumentationssystems. In der Praxis finden sich sowohl Einzelwerkzeuge, die im Stand-alone-Betrieb eingesetzt werden können, als auch integrierte Werkzeuge, z.B. als Bestandteil einer Softwareentwicklungsumgebung oder eines Dokumentationssystems.

1.3.7 Dokumentationswerkzeuge für die Softwareentwicklung

Die Dokumentation - als Tätigkeit und als Ergebnis dieser Tätigkeit - wird zunehmend in den Prozeß der Software-Entwicklung bzw. in das entstehende Software-Produkt integriert. Diese Entwicklung verstärkt den Einsatz neuer Medien und Techniken auf diesem Gebiet, aber auch die Forderung nach technischer Unterstützung. Dies ist traditionellerweise eine Domäne der Informatik. Gerade bei neueren Programmierumgebungen, **CASE-Systemen**, objektorientierten Programmiersprachen usw., wird die Verbindung zwischen den Ergebnissen der Analyse- und Entwurfsphase und der eigentlichen Systementwicklung immer enger. Die Dokumentation der Entwurfsergebnisse werden meist direkt weiterverwendet oder sind sogar Bestandteil des späteren Systems. Auf diese Weise lassen sich Konsistenzprobleme zwischen Software und der eigentlichen Dokumentation weitgehend vermeiden. Bezüglich einer detaillierten Darstellung der Rolle der Dokumentation in Softwareentwicklungsumgebungen und CASE-Tools wird auf die Literatur verwiesen (siehe z.B. Heinrich/Lehner/Roithmayr 1994, Hauch 1990, GES 1991)

Die Aufgabe der Dokumentation kann von der Softwareentwicklung nicht getrennt werden. Aus diesem Grund werden die dabei eingesetzten Werkzeuge auch als **Entwicklungs- und Dokumentationswerkzeuge** bezeichnet. Die Verwendung des Dokumentationsbegriffs könnte hier allerdings mißverständlich sein. Gemeint ist nicht die Dokumentation in ihrer umfassenden Bedeutung, sondern eingeschränkt auf jene Bereiche, die mit der Softwareentwicklung und mit der Softwarewartung in Verbindung stehen. Gemeint sind die Systemspezifikation, die Entwurfsdokumentation, die Inline-Dokumentation durch Programmierer, die Archivierung und Verwaltung der Programmversionen sowie weitere der Programmierung nahestehende Tätigkeiten. Die meisten Werkzeuge setzen heute erst dort an, wo die fachliche Spezifikation bereits vorliegt und die softwaretechnischen Spezifikation beginnt. Die Erfahrungen mit solchen Entwicklungs- und Dokumentationswerkzeugen sind noch relativ gering, zumindest wenn man vom Erfahrungsniederschlag in der Fachliteratur ausgeht. Lediglich für einige weiter verbreitete Systeme (z.B. DELTA, OPUS/OPSS, VIDOC und QUICKDRAW) liegen anbieterunabhängige Erfahrungsberichte vor (vgl. Kleinau 1988, Grupp 1991). Das Rückgrat dieser Werkzeuge bilden spezialisierte Grafikwerkzeuge (z.B. für die Darstellung von Ablaufdiagrammen, Datenmodellen, Datenflüssen, Bildschirmmasken usw.) und integrierte Data Dictionaries, mit denen die Entwurfsergebnisse verwaltet werden.

Neben der zunehmenden Werkzeugunterstützung in frühen Phasen der Software-Entwicklung, die die begleitende Dokumentation fördern bzw. die Integration in den Prozeß der Software-Entwicklung erzwingen, sind hier auch neuere Ansätze zu erwähnen, die unter dem Begriff **Literate Programming** in die Literatur eingeführt wurden. Darunter versteht man eine Entwurfs- und Dokumentationstechnik für Programmme, die das Ziel hat, gut strukturierte Programme zu entwickeln, die für den Leser gleichzeitig qualitativ hochwertige Dokumente darstellen. Ein Beispiel dafür ist das von Knuth entwickelte WEB-System. Dieses System basiert auf der "Formatiersprache" TEX. In automatischen Verarbeitungsschritten werden aus der Darstellung in TEX ein ausführbares Pascal-Programm sowie eine Programmdokumentation erzeugt. Nützliche Eigenschaften des WEB-Systems sind u.a. die Sicherstellung der Konsistenz von Programm und Dokumentation und die automatische Generierung von Stichwortverzeichnissen (vgl. Wallmüller 1990, 104).

Das Ergebnis des "literate programming" sind viele, eher kleine Programmteile. Mit einem speziellen Mechanismus werden zwischen diesen Teilen Beziehungen hergestellt. Die Struktur, die in der Folge entsteht, läßt sich mit einem Netz oder Gewebe vergleichen. Ziel des Entwurfs ist es, sowohl die Einzelkomponente als auch das Beziehungsgeflecht zwischen den Komponenten einfach und überschaubar zu halten. Literate Programming kann daher auch als dokumentationsintegrierendes Programmierkonzept verstanden werden. Die Methode zielt ausschließlich auf die Programmierung ab und kann daher eine Benutzerdokumentation weder ersetzen noch verbessern. Nachteile der Methode sind die noch unzureichende Werkzeugunterstützung, die mangelnde Verbreitung und das Fehlen von Diagrammen oder Visualisierungstechniken (vgl. Tung 1989, Lins 1988). Sehr treffend faßt Lins (1988) die Situation mit folgender Frage zusammen: Wenn es Programmierer bevorzugen, die Dokumentation eher zu vernachlässigen, warum sollten sie nun beginnen, literarische oder lesbare Programme zu schreiben?

Eine zunehmende Bedeutung gewinnen heute sogenannte **Re-Dokumentations-Werkzeuge**. Ziel solcher Werkzeuge ist es, bei mangelhafter oder unzureichender Dokumentation aus den vorhandenen Unterlagen (meistens Quellprogramme) eine aktuelle und "lesbare" Dokumentation zu generieren. Dazu zählt z.B. das automatische Erzeugen von Flow-Charts aus Quellprogrammen. Die Werkzeuge zur Re-Dokumentation werden häufig auch unter dem Titel "Reengineering" angeboten.

Die Nachbesserung einer mangelhaften Dokumentation kann entweder direkt nach der Fertigstellung der Software erfolgen, oder erst in einer späteren Phase, wenn z.B. über die Ablöse der Weiterentwicklung eines Systems entschieden werden soll. Solche Re-Dokumentations-Werkzeuge können lediglich Unterlagen und Dokumente mit Informationen liefern, die implizit in den analysierten Programmen bereits vorhanden sind. Die Präsentation erfolgt lediglich in einer anderen Darstellungsform, welche für den Menschen besser lesbar ist. Das Angebot an Werkzeugen und ihre Funktionalität wird nachstehend an einigen Beispielenetwas näher dargestellt. Da ein sehr breites Werkzeugangebot existiert, wird keine Vollständigkeit oder Aktualität angestrebt, sondern es werden Entwicklungsschwerpunkte aufgezeigt.

Ein in der Literatur beschriebenes Beispiel zur Nachdokumentation ist Softdoc, ein Werkzeug zur statischen Programmanalyse von Cobol, PL/I und Assembler-Programmen (vgl. Sneed 1984). Mit Hilfe von Softdoc können diverse Dokumente automatisch aus Quellprogrammen gewonnen werden, deren nachträgliche, manuelle Dokumentation ein Vielfaches des dafür notwendigen Aufwands erfordern würde. U.a. können mit diesem Werkzeug folgende Dokumente generiert werden: I/O-Diagramme, grafische Darstellung von Kontrollflüssen, Datenflußtabellen, Modulhierarchie und Modulaufruf-Listen. Weitere ausführliche Werkzeughinweise finden sich in der angeführten Literatur (siehe z.B. Zvegintzov 1989, Nomina 1991, Nomina 1993, Lehner/Röckelein 1994).

Etwas anders gelagert ist die Zielsetzung von DOCMAN. Dieses Werkzeug unterstützt vor allem die Dokumentation von sehr großen Softwareanwendungen. Die Funktionen von DOCMAN bestehen vor allem in der Herstellung von Kreuzverweisen (Cross References) zwischen Codeteilen und der dazugehörigen Dokumentation sowie in der Erstellung von Indizes in den Programmen und in der Dokumentation. Die Arbeitsweise ist auf sehr große Softwaresysteme zugeschnitten, wobei auch ein Mix aus verschiedenen Programmiersprachen zugelassen wird. Als Ergebnis erzeugt DOCMAN eine Enzyklopädiedokumentation, sowie eine Glossar- und eine Überblicksdokumentation (vgl. Forster 1987).

Eine spezielle Klasse von Werkzeugen stellen schließlich noch jene Systeme dar, welche die Publikation und Verteilung von Dokumenten übernehmen. Häufig unterstützen sie im Rahmen dieser Funktionen auch die Überarbeitung der Dokumente. Beispiele für solche Werkzeuge sind CONTEXT und DOCUMENT (vgl. Ragan 1986, Girill 1983, zit. nach Hauch 1990). CONTEXT unterstützt die Erstellung eines Online-Handbuchs. Dabei wird primär auf bereits erstellte Dokumente zurückgegriffen, die überarbeitet und zu einem Online-Handbuch zusammengefügt werden. DOCUMENT wird dagegen hauptsächlich dazu eingesetzt, um Dokumente von modifizierten Systemteilen zu aktualisieren. Dabei ist sicherzustellen, daß jene Personen eine aktuelle Kopie des Dokuments erhalten, die sie benötigen. Traditionelle Formen der Verteilung und die Verfügbarmachung als Online-Dokumentation sind dabei relativ eng verflochten.

1.3.8 Sonstige Hilfsmittel und Werkzeuge

Einen wichtigen Punkt unter den Dokumentationswerkzeugen nehmen Hilfsmittel zur **Dokumentationserzeugung** und -verwaltung ein. Durch die Zunahme der Leistungsfähigkeit von Textverarbeitungssystemen ändert sich allerdings sowohl der Bedarf als auch das Angebot an solchen Produkten. Die Einsatzbereiche und die Zielsetzung werden in Zukunft daher vor allem bei der Unterstützung der technischen Dokumentation liegen. Als Vertreter dieser Kategorien können die Systeme SODOS und CONCORDIA genannt werden. Während SODOS alle Dokumentationstätigkeiten im Softwarelebenszyklus unterstützt, zielt CONCORDIA auf die Unterstützung des Schreibvorgangs selbst ab (Steigerung der Produktivität). Der wesentliche Unterschied zu traditionellen Textverarbeitungsprogrammen besteht in der vordefinierten Dokumentationsstruktur, die gewissermaßen einen Leitfaden für die zu erstellende Dokumentation bildet (vgl. Hauch 1990).

Eine besondere Bedeutung für die Dokumentation wird in Zukunft vermutlich den **Hypertext-** bzw. **Hypermedia-Systemen** zukommen (vgl. Brockmann 1990, 125f, Horton 1990, Weiss 1991). In solchen Systemen sind Informationen über Informationen (z.B. Texte, Grafiken, Datenbanken, Kalkulationen) gespeichert. Die verschiedenen Informationsarten können über dynamisch aktivierbare Verbindungen miteinander verknüpft werden. Durch diese Eigenschaft sind Hypertext-Systeme gut für die Speicherung der Software(entwicklungs)-Dokumentation geeignet und es ist z.B. jederzeit möglich, von einer bestimmten Stelle im Programm zu der zugehörigen Stelle in der Programm- oder Benutzerdokumentation zu springen (vgl. Wallmüller 1990, 104-105). Abbildung 1-8 zeigt die Verbindung zwischen Software-Dokumenten in Hypertext-Darstellung.

Die Grundstruktur eines solchen Systems bildet die Kartei oder der Kartenstapel (Stack). Alle Stacks sind über eine gemeinsame Basis, die sogenannte Home- oder Startkarte, die individuell gestaltet werden kann, miteinander verbunden. Zwischen den verschiedenen Informationen (Stacks) können logische Verbindungen hergestellt werden, die automatisch verwaltet werden. Über

Vorwärts- und Rückwärtsverweise auf die Informationsquellen kann der Benutzer die einzelnen Informationen durch einfaches Anwählen abrufen. Eine Verwandtschaft besteht zu Ideenprozessoren und Agenda-Systemen. Die grundlegenden Konzepte solcher Systeme umfassen Items (Kurztexte), Notes (Langtexte), Kategorien (Verknüpfung und Indizierung der Texte) und Views (Benutzerschnittstelle, Masken- und Reportfunktion). Agenda-Systeme erlauben das persönliche Management von Informationen, die beim Anwender ungeordnet eintreffen oder anfallen (Lehner 1990).

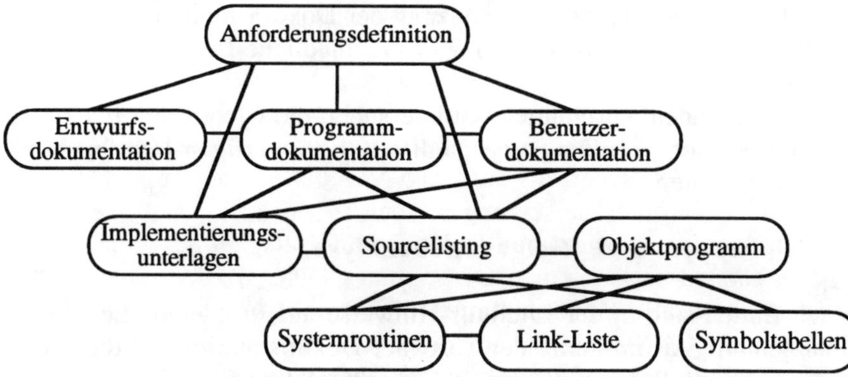

Abb. 1-8: Verbindung zwischen Dokumenten in Hypertext-Darstellung (nach Wallmüller 1990, 105)

Eine **Einteilung von Hypertext-Systemen** nach ihren Anwendungsbereichen schlägt Conklin (1987) vor. Er unterscheidet folgende vier Klassen von Systemen:

- Makroliteratursysteme, welche z.B. zur Verwaltung großer Online-Bibliotheken eingesetzt werden können.
- problemuntersuchende Werkzeuge, die unstrukturiertes Denken und Kreativitätstechniken unterstützen.
- Browsingsysteme, die den Makroliteratursystemen ähnlich sind. Sie sind jedoch kleiner und dienen vor allem dem Erlernen des Umgangs mit Hypertext-Systemen sowie als kleinere Informationssysteme (z.B. Auskunftsysteme).
- Generelle Hypertext-Systeme, welche zum Experimentieren und Weiterentwickeln der Technologie eingesetzt werden.

1.4 Software-Handbücher

Die Faktoren, die für die Konzeption der Software-Dokumentation wichtig sind (Organisation, Struktur, Aufbau, Präsentation, Medium usw.), hängen im wesentlichen von den voraussichtlichen Benutzern (Zielgruppe) und von der Software ab. Typische Wünsche, die an Handbücher gestellt werden, sind (vgl. John/Klein-Magar 1992):

• richtige, vollständige und aktuelle Informationen in der Muttersprache,
• schneller und gezielter Zugriff auf die Informationen,
• Benutzer möchten möglichst wenig lesen,
• Einheitlichkeit in Darstellung, Aufbau und Dokumentationsmedien,
• Benutzer möchten längere Texte auf Papier lesen,
• Möglichkeit zur selbständigen Ergänzung der Dokumentation,
• aufgabenbezogene Informationen für unterschiedliche Benutzertypen.

In den nachfolgenden Abschnitten wird versucht, die wichtigsten Punkte zu erläutern, die bei der Erstellung von qualitativ hochwertigen Handbüchern beachtet werden sollten.

1.4.1 Zielgruppen und Zielgruppenanalyse

Mehrfach finden sich in der Literatur Hinweise auf Probleme, die sich durch eine mangelhafte Abstimmung der Software-Dokumentation auf die Zielgruppe ergeben. Speziell bei der Produkt-Dokumentation ist daher eine weitere Untergliederung nach der Zielgruppe zweckmäßig. Diese Zuordnung kann allerdings nur schwerpunktmäßig erfolgen, da die Dokumente häufig auch von anderen Personengruppen verwendet oder benötigt werden. Simpson/McCasey (1988) führen drei **Gründe** für die Notwendigkeit einer **Benutzergruppierung an:**

• Die Benutzergruppe bestimmt die Ausführlichkeit der Benutzerdokumentation. So wird für einen naiven Benutzer das Einführungkapitel sehr umfangreich ausfallen, während für einen geübten Benutzer unter Umständen manche Erklärungen überflüssig erscheinen.

• Die Benutzergruppe beeinflußt den Detaillierungsgrad der Erklärungen. So muß für einen naiven Benutzer, der z.B. nicht weiß, wie eine Diskette zu aktivieren ist, eine genauere Beschreibung dieses Vorganges festgelegt werden als für einen geübten Benutzer.

• Die Benutzergruppe beeinflußt den Schreibstil. Für den naiven Benutzer ist es u.U. von Vorteil, das Handbuch in einer Weise zu schreiben, die einem hilfsbereiten Lehrer gleichkommt.

Wallmüller unterscheidet im wesentlichen drei Gruppen, auf die die Software-Dokumentation abzustimmen ist (Wallmüller 1990, 100):

- *Anwender/Interessenten.* Für diese Gruppe ist vor allem die Benutzerdokumentation von Bedeutung. Interessenten sollen eine ausreichende Information über das Produkt erhalten, Systemanwender eine Unterstützung bei der funktionsgerechten Handhabung.

- *Entwicklungs- und Wartungspersonal.* Diese Personengruppe benötigt Informationen über den Aufbau und die interne Funktionsweise des Systems. Auf der Basis dieser Informationen werden Systemänderungen und Erweiterungen durchgeführt.

- *Management.* Für den Manager sind - je nach Perspektive: Anwender oder Entwickler - Informationen aus organisatorischer, kalkulatorischer und führungstechnischer Sicht von Interesse.

Von einer ähnlichen Gliederung gehen auch Rautenberg/Sova aus. Sie schlagen die Einordnung in eine der folgenden Gruppierungen vor (vgl. Rautenberg/-Sova 1983, 15): DV-Abteilung, Fachabteilung, Management und Kapitaleigner sowie externe Partner. Die Erweiterung besteht in den externen Partnern. Gemeint ist hier, daß die Aktivitäten bei der Softwareentwicklung nicht auf das eigene Unternehmen beschränkt sein müssen, sondern eine Zusammenarbeit oder Kommunikation mit anderen Firmen erfolgen kann (z.B. Ausgliederung der Software-Entwicklung, Einsatz externer Mitarbeiter, Dienstleistung für oder durch andere Unternehmen).

Es gibt über die genannten Zielgruppen hinausgehend weitere Zielgruppen, die mit den bisher vorgeschlagenen Klassifikationen nur schwer erfaßbar sind: z.B. (DV-)Berater, Trainer, Vertriebspersonal von Softwarehäusern usw. Eine wichtige Rolle bei der Klassifikation der Zielgruppen dürften die Stellung und die bisherigen Erfahrungen des jeweiligen Autors spielen. Rausch nimmt z.B. - aus der Perspektive der Ordnungsmäßigkeit - eine Einteilung der Benutzergruppen nach ihrer Unternehmenszugehörigkeit in interne und externe Benutzer vor (vgl. Rausch 1983, 73):

Unternehmung (intern)	**Umwelt (extern)**
Planungs-/Organisationsabteilung	externe Revision
Programmierabteilung	Jahresabschlußprüfer
EDV-Abteilung	Betriebsprüfer
Fachabteilung	Gutachter
Unternehmensleitung	
interne Revision	
Datenschutzbeauftragter	

Die Einteilung der Zielgruppen für die Software-Dokumentation ist also kein eindimensionaler und objektiver Sachverhalt, sondern kann nur perspektivisch und zielorientiert verstanden werden. John/Klein-Magar (1992) sprechen von Benutzertypen bzw. Benutzerprofilen, wobei sie vier Benutzerprofile unterscheiden: Systemadministratoren, Sachbearbeiter/Endbenutzer, SAP-Mitarbeiter, Entwickler und Berater sowie Hard- und Softwarepartner von SAP. Die Perspektive ist in diesem Fall die eines Softwarehauses.

Aus Benutzersicht schlägt z.B. Haag, in Anlehnung an Codd, eine Einteilung der Zielgruppen für die Dokumentation nach den Benutzerklassen eines Anwendungssystems vor. Abgesehen von den heute z.T. nicht mehr gebräuchlichen Bezeichnungen, ist der in Abbildung 1-9 gezeigte Vorschlag nur mehr partiell mit den heute üblichen Stellenbezeichnungen bzw. Berufsbildern in Einklang zu bringen (vgl. Schweizerische Vereinigung für Datenverarbeitung 1988).

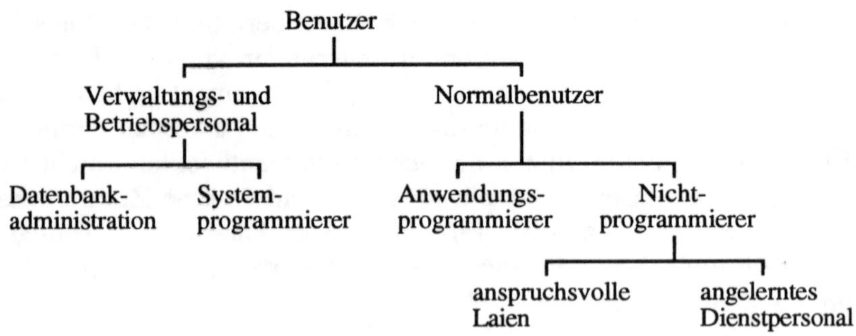

Abb. 1-9: Benutzerklassen eines Anwendungssystems (Quelle: Haag 1981, 67)

Auf die Zielgruppen kann z.T. indirekt aus den Arten und Formen der Software-Dokumentation geschlossen werden, da eine zielgerechte Dokumentation auch in entsprechenden Bezeichnungen ihren Niederschlag findet. Da den Dokumentationsarten ein eigener Abschnitt in diesem Buch gewidmet ist, wird dieser Zusammenhang hier nicht weiter verfolgt (siehe Kapitel 1.1.2, "Arten der Software-Dokumentation"). Die Konzentration erfolgt vielmehr direkt auf jene Personengruppen, an welche die Dokumentation adressiert sein kann.

Die Zielgruppendefinition und die Orientierung an der Zielgruppe beim Erstellen der Dokumentation sind zwei wesentliche Qualitätsmerkmale eines Handbuchs (vgl. Boedicker 1990). Dabei kann nicht nur eine fehlende Zielgruppendefinition problematisch sein, sondern auch eine falsche Vorstellung von den Adressaten oder ihre Mißachtung. Ein Beispiel für ein solches Dilemma sind Handbücher, die nur für Profis geschrieben werden. Dahinter verbirgt sich möglicherweise die Haltung: "Wer das nicht versteht, ist ohnehin nicht qualifiziert, mit dieser Software zu arbeiten." Ironisch ausgedrückt: Der

"End"-Benutzer als geistiges Schlußlicht. Die Konsequenzen einer solchen Haltung sind langfristig mit Sicherheit negativ.

Um von vornherein Probleme mit der Dokumentation zu vermeiden, sollten in einer **Zielgruppenanalyse** zunächst folgende Fragen geklärt werden (vgl. Hoffmann/Schlummer 1990):

- Aus welchen Personen setzt sich der Kreis der Benutzer oder Kunden zusammen? (Anfänger, Fortgeschrittene, Spezialisten, Angehörige einer bestimmten Berufsgruppe, Vorbildung, Sprachkenntnisse usw.);

- Welche Voraussetzungen bringen die Benutzer der Software und der Dokumentation mit? (homogene/heterogene Gruppe, Kenntnis von Fachausdrücken, Anfänger, Fachleute, Experten usw.; Bei heterogenen Gruppen sollte Aufbau und Gliederung danach ausgerichtet werden, sodaß jede Gruppe "ihren" Teil relativ geschlossen vorfindet);

- Welche Interessen haben die Benutzer(gruppen) und was spricht sie an? (Layout, Visualisierung, Gliederung, Notwendigkeit von Beispielen, Loseblattsammlung oder gebundene Ausgabe, Format usw.).

Scheibl (1985) faßt diese Auseinandersetzung mit der Zielgruppe unter der Bezeichnung "Benutzermodell" zusammen. Dieses Benutzermodell, das gewöhnlich verbal beschrieben wird, sollte nach seiner Vorstellung drei Bereiche erfassen:

- Kenntnisse und Fähigkeiten des Benutzers,
- die Aufgaben, die er bewältigen soll, sowie
- seine Erwartungen an das System.

Die einzelnen Benutzer werden von Scheibl zu Gruppen zusammengefaßt, die sich aufgrund ihrer Interessenslagen voneinander unterscheiden. Diese Interessenslagen sollten nach Möglichkeit in der Dokumentation berücksichtigt werden. Im einzelnen handelt es sich um Fachseite, Anwender, Betreiber, DV-Seite, Kontrollinstanzen und Management (vgl. Scheibl 9185). An der verwendeten Terminologie läßt sich erkennen, daß sich manche Bereiche weiterentwickelt haben. Da die Intention des Autors aber weiterhin Gültigkeit hat, sollen die einzelnen Benutzergruppen noch kurz vorgestellt werden:

- Die Fachseite besteht aus Spezialisten für ein bestimmtes Fachgebiet, die normalerweise geringe oder im Selbststudium erworbene DV-Kenntnisse besitzen. Als Beispiel führt Scheibl Organisatoren und Sachbearbeiter an.

- Die Gruppe der Anwender kann Überschneidungen mit der Fachseite aufweisen. Das wesentliche Merkmal dieser Personengruppe ist, daß sie ständig mit dem System arbeiten müssen (z.B. Datatypistin, Sachbearbeiter). Da die Dokumentation insbesondere in Sonderfällen und Fehlersituationen benötigt wird, sollte sie verständlich, leicht zu erlernen, übersichtlich und vollständig sein.

- Mit Betreiber sind z.B. Operatoren, Arbeitsvorbereiter und Archivmitarbeiter gemeint. Es handelt sich also um das Bedienungspersonal im Rechenzentrum. Auch hier geht es in hohem Maß um das Handling von Ausnahmesituationen und Fehlern. Ein Systemverständnis und ein entsprechendes Grundwissen kann aber meist vorausgesetzt werden.

- Die DV-Seite umfaßt vor allem die DV-Spezialisten, d.h. Systemanalytiker, Systemprogrammierer, Anwendungsprogrammierer, Wartungspersonal, Datenadministrator, Datenbank-Spezialisten usw.

- Die Kontrollinstanzen sind die interne und die externe Revision, Wirtschaftsprüfer, Finanzbehörde und Datenschutzbeauftragte. Das primäre Interesse dieser Instanzen gilt der Verfahrensdokumentation.

- Management läßt hier die Unternehmensleitung zu, die DV-Leitung und die Projektleitung zusammen, deren Interessen sich im Einzelnen nochmals unterscheiden. Häufige Ziele sind die Entscheidungsfindung und die Unterstützung der Planung.

Wichtig erscheint beim gesamten Prozeß der Zielgruppenanalyse die Abstimmung des Ergebnisses mit allen Personen, die an der Produktentwicklung beteiligt sind. Dies betrifft das Autorenteam ebenso wie die Softwareentwickler und die Vertriebsorganisation. Die Abstimmungen sollten möglichst frühzeitig beginnen und regelmäßig stattfinden.

Eine wichtige Ergänzung stellen noch die von Rupietta vorgeschlagenen Merkmale zur Benutzercharakterisierung dar. Für die Entwicklung der Software-Dokumentation wird empfohlen, nicht von einer allgemeinen Charakterisierung der Benutzer auszugehen, sondern die Anforderungen aufgrund konkreter Merkmale festzulegen. Diese Merkmale können grob in Aufgaben, Kenntnisse und Motivation der Benutzer untergliedert werden (vgl. Rupietta 1987, 34-35).

- Die *Aufgaben* des Benutzers sind von Bedeutung, da angenommen werden kann, daß bestimmte dieser Aufgaben mit Hilfe der Software ausgeführt werden. Die Arbeitsaufgaben des Benutzers können durch die Tätigkeiten, die Arbeitsobjekte und die Arbeitsabläufe näher charakterisiert werden.

- Die *Kenntnisse* des Benutzers betreffen das Aufgabengebiet, den Einsatz der Software sowie allgemeine DV-Kenntnisse; sie lassen sich nach Art und Umfang differenzieren.

- Die *Motivation* kann u.a. davon beeinflußt werden, ob der Benutzer selbst an der Auswahl oder Entwicklung der Software beteiligt war. Es dürfte jedoch in der Praxis schwierig sein, Informationen darüber bereits bei der Erstellung der Dokumentation zu erhalten. Als Informationsquellen kommen neben dem Auftraggeber noch Marketing, Vertrieb und Schulung in Frage.

In empirischen Studien konnte gezeigt werden, daß die Aktivität des Lesens auf einem Kontinuum zwischen *"Reading to Learn"* und *"Reading to Do"* eingeordnet werden kann (vgl. Brockmann 1990, 191). Im einzelnen werden auf diesem Kontinuum folgende fünf Lese-Strategien unterschieden:

- kritisches Lesen (z.B. zwecks Begutachtung),
- rezeptives Lesen (Ziel: durchgängiges Verständnis),
- suchendes Lesen (aufmerksame Suche nach bestimmten Sachverhalten oder Bedeutungen),
- Scanning (rasches Überfliegen des Textes, um bestimmte Begriffe zu finden),
- Skimming (Erkennen des "roten Fadens").

Diese empirischen Erkenntnisse sollten bei der Analyse der Zielgruppe ebenfalls berücksichtigt werden.

1.4.2 Elemente der Benutzerdokumentation

Die Brauchbarkeit und Verwendbarkeit einer Benutzerdokumentation hängt nicht ausschließlich von sprachlichen Merkmalen des Textes ab. Der Einsatz weiterer Gestaltungselemente kann hier einen wesentlichen Beitrag leisten. Im wesentlichen geht es um die Berücksichtigung von Erkenntnissen der modernen Linguistik und Sprachforschung (vgl. Kapitel 3.1.2, "Verständlichkeit und Lesbarkeit"). Nachfolgend werden einige Elemente etwas näher erläutert, die dem Autor wichtig für eine qualitativ hochwertige Dokumentation erscheinen. Im einzelnen handelt es sich um Inhaltsverzeichnis, Index, Minimalitätsprinzip, modularer Aufbau, Einleitungen und Einsatz von grafischen Darstellungen.

- **Inhaltsverzeichnis:** Dadurch wird gewährleistet, daß sich der Anwender einen Überblick über die Bestandteile der Dokumentation schaffen kann. Das

Inhaltsverzeichnis sollte gut gegliedert sein; die Überschriften der einzelnen Kapitel können heute meist automatisch übernommen werden.

- **Index:** Der Index bzw. das Stichwörterverzeichnis stellen für den Anwender einen Schwerpunkt bei der Arbeit mit einem Benutzerhandbuch dar. Es bietet dem Benutzer eine Vielzahl von Möglichkeiten, um zu einer für ihn notwendigen Information zu gelangen. Es stellt eine sehr wichtige Ergänzung zum Inhaltsverzeichnis dar, da im Index nicht ein ganzer Abschnitt bezeichnet wird, sondern genau ein Wort bzw. eine Wortkombination. Es ist jedoch bei der Definition der Stichwörter darauf zu achten, daß sie auch ein naiver Benutzer versteht, und daß sie nicht durch eine sehr komplizierte systemspezifische Umschreibung eine erfolglosen Suche verursachen. Bei der Erstellung eines Stichwortverzeichnisses muß darauf geachtet werden, daß es alle für den Benutzer notwendigen Begriffe enthält, daß es zu jedem Begriff zumindest eine Referenz auf eine Textseite gibt (mehrere Verweise sind durchaus sinnvoll), und daß nicht jedes Auftreten eines Begriffs im Stichwortverzeichnis dokumentiert wird.

- **Minimales Handbuch:** Eine Benutzerdokumentation sollte mit einer möglichst geringen Seitenanzahl ihr Auslangen finden. Es ist darauf zu achten, sich auf das Wesentliche zu beschränken, da jede überflüssige Detaillierung den Aufwand beim Suchen oder Lesen unnötig erhöht.

- **Modularer Aufbau:** Die Modularität betrifft einerseits die Struktur der gesamten Benutzerdokumentation aber auch die einzelnen Abschnitte. Jeder Abschnitt sollte für sich alleine verständlich und nachvollziehbar sein, ohne einen anderen Abschnitt vorauszusetzen.

- **Einleitende Worte zu jedem Abschnitt:** Es ist für einen Anwender wichtig zu wissen, was er in diesem Abschnitt lernen kann und was für ihn Relevanz besitzt.

- **Grafische Darstellungen:** "Ein Bild sagt mehr als tausend Worte." (siehe dazu insbesondere Horton 1991). Dieser Satz hat gerade für die Entwicklung einer Benutzerdokumentation eine zentrale Bedeutung. Zu den grafischen Darstellungen (vgl. dazu auch Kapitel 1.2.2, "Darstellungsarten und Darstellungstechniken") zählen hier Tabellen, formal-verbale Darstellungen und Grafiken (Bilder, Fotos und schematische Darstellungen).

1.4.3 Struktur und Gliederung

Seitdem Personal Computer sowie PC-Software und Standardsoftware eine massive Verbreitung gefunden haben und praktisch in jedem Büro und auf jedem Arbeitsplatz Einzug gehalten haben, hat sich auch auf dem Gebiet der Software-Dokumentation vieles geändert. Die Funktion eines Handbuchs geht über die reine Gebrauchsanwendung weit hinaus. Zwei Besonderheiten können in diesem Zusammenhang festgestellt werden (vgl. Hattemer 1992):

- Die zunehmend standardisierte Benutzeroberfläche (Fenstertechnik, Präsentationsschicht, User-Interface-Management-Systeme) führen zu einer softwareunabhängigen Zunahme des Vorwissens. Außerdem ist die Benutzeroberfläche teilweise selbsterklärend oder intuitiv erfaßbar. Dieses Wissenspotential kann bei den Lesern der Handbücher weitgehend vorausgesetzt werden.

- Der unmittelbare, handbuchbezogene Informationsbedarf wird durch andere Medien zunehmend entlastet. Dazu zählen z.B. Lernprogramme und die Online-Dokumentation. Der reduzierte Handbuchumfang bedingt allerdings auf einer anderen Ebene einen zunehmenden Planungsaufwand für die Gesamtdokumentation des Systems.

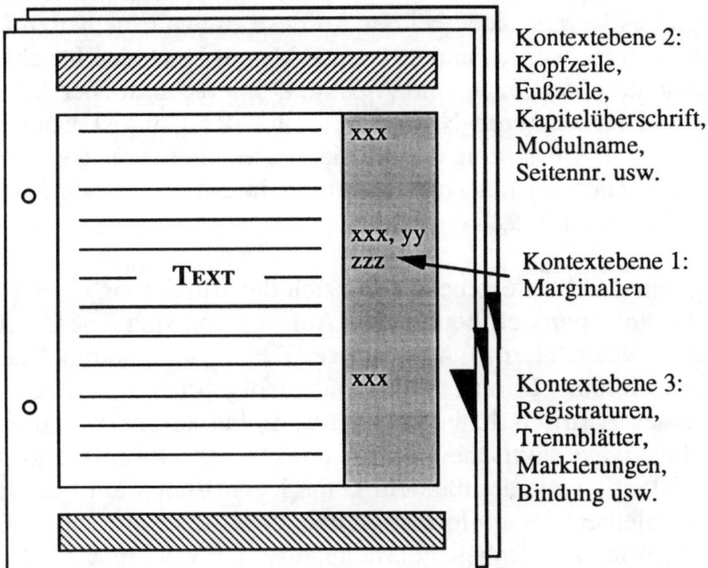

Abb. 1-10: Kontextebenen bei Software-Handbüchern (nach Hattemer 1992)

Die Schwierigkeit beim Schreiben eines Software-Handbuchs besteht darin, daß der Bedarf an einer ausführlichen Darstellung in Verbindung mit einer komprimierten und übersichtlichen Darbietung der Inhalte zu bringen ist. Ordnungsstrukturen, die einen Ausweg aus diesem Dilemma bieten sollen, bezeichnet man auch als Kontexte (vgl. Hattemer 1992). Die einzelnen

Ordnungsstrukturen lassen sich hierarchisch zu Kontextebenen zusammenfassen. Zweckmäßigerweise unterscheidet man drei Kontextebenen, die jeweils separat gestaltet werden sollten. Die Kontextebenen 1 und 2 betreffen den Seitenaufbau, Kontextebene 3 die Redaktionsbereiche. Abbildung 1-10 zeigt die Idee der Kontextebenen an einer schematischen Darstellung.

Die Kontextebenen stellen eine Form von Superstrukturen dar, die dem Leser vor allem das schnelle und gezielte Auffinden von Informationen erleichtern sollen. Auf der obersten Ebene finden sich die sogenannten Marginalien. Diese Randspalte dient für optische Signale zum eigentlichen Text. Diese können die Form von Stichwörtern, Piktogrammen, Symbolen oder Warnsignalen, kurzen Zusammenfassungen u.a.m. haben. Text und Randspalte bilden zusammen eine Einheit, welche mittels Kopf- und Fußbereichen (Kontextebene 2) zusammengefaßt werden.

Nicht alle Teile eines Handbuchs werden in gleicher Weise oder gleich häufig benötigt. Tutorial und Installationsanweisungen werden möglicherweise nur einmal gelesen, während die Funktionsbeschreibung permanent benötigt wird. Außerdem gibt es Unterschiede bei der Art des Lesens. Eine Kurzreferenz und ein Nachschlagewerk werden anders benutzt als ein Leitfaden für einen Anfänger. Die genannten Merkmale sind Ausdruck unterschiedlicher Informationsbedürfnisse und finden ihren Niederschlag auf der Kontextebene 3 (Redaktionsbereiche). Die Gestaltungsmöglichkeiten reichen von der Trennung in mehrere Handbücher bis hin zur Gliederung in entsprechende Handbuchabschnitte (vgl. Hattemer 1992).

Unabhängig von den Kontextebenen läßt sich die Gliederung eines Handbuchs unter zwei Gesichtspunkten betrachten. Auf der obersten Ebene erfolgt eine **Gliederung in Kapitel und Abschnitte**. Diese findet ihren Niederschlag im Inhaltsverzeichnis. Darauf aufbauend erfolgt die weitere **Gliederung innerhalb eines Kapitels** bzw. Abschnitts. Dabei sollten vor allem anwendungslogische und didaktische Gesichtspunkte berücksichtigt werden (vgl. Boedicker1990). Es sollten außerdem keine losen Enden am Ende eines Abschnitts stehenbleiben. Jede Information und jeder Abschnitt sollen einer übergeordneten Informationseinheit zuordenbar sein. Zweckmäßig ist außerdem ein Vorgehen vom Bekannten zum Unbekannten.

Die Struktur und der Aufbau von Handbüchern sollten unternehmensweit einheitlich geregelt werden. Handbücher prägen das Produkt- und Unternehmensimage wesentlich mit. Ihr Erscheinungsbild sollte daher keinesfalls dem Zufall überlassen werden. Abbildung 1-11 zeigt am Beispiel der Firma Siemens den grundsätzlichen Aufbau von Handbüchern. Weitere Beispiele für den Aufbau von Handbüchern finden sich z.B. bei Grupp (1991) und Scheibl (1985).

Da Software-Handbücher nur selten sequentiell gelesen werden, kommt den Zugriffsmöglichkeiten eine besondere Bedeutung zu. Implizit unterstützt eine gute Gliederung bereits den Zugriff. Dennoch hat sich in der Praxis bewährt, zum Suchen einzelner Informationen spezielle Hilfen für einen effizienten Zugriff bereitzustellen. Generell lassen sich dabei text-interne und text-externe Zugriffsmöglichkeiten unterscheiden (vgl. Boedicker 1990).

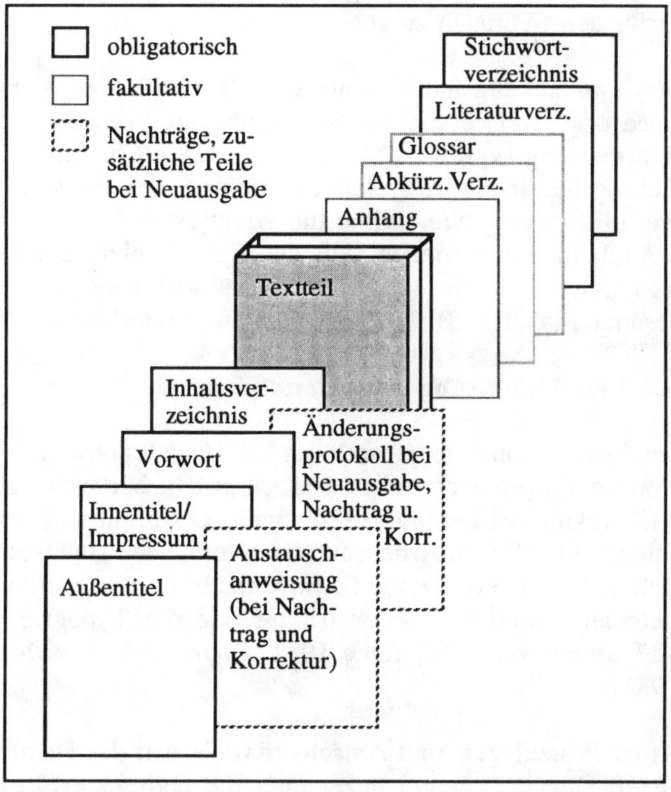

Abb. 1-11: Aufbau von Softwarehandbüchern (Quelle: Hoffmann/Schlummer 1990)

Text-interne Zugriffsmöglichkeiten unterstützen den Leser beim Suchen von Informationen während des Lesevorgangs. Man zählt dazu Querverweise auf andere Textabschnitte, typografische Hervorhebungen, sowie Notationen und metasprachliche Informationen (z.B. Erläuterungen zur Sprache oder Syntax). Da die automatische Verwaltung von Textverweisen schwierig ist, besteht in der Praxis ein gewisses Konsistenzproblem.

Text-externe Zugriffsmöglichkeiten unterstützen den Leser bei der Suche von außen, d.h. es geht darum, einen möglichst direkten Zugriff zur gewünschten Textstelle zu finden. Dabei stehen folgende Gestaltungsmittel zur

Verfügung: Stichwortverzeichnis oder Index, Inhaltsverzeichnis, Überschriften, Griffregister, Glossar, Abkürzungsverzeichnis, Tabellen- und Abbildungsverzeichnis, (Fehler-) Meldungsverzeichnis, Spaltentitel, Kopf- und Fußzeilen sowie Wegweiser zur Benutzung des Handbuchs. Insbesondere dem Wegweiser kommt eine wichtige Bedeutung zu, da es meist mehrere Wege zur Benutzung eines Handbuchs gibt. Sinnvoller sollte er dazu benutzt werden, die gewählte Struktur und Gliederung zu erläutern, um dem Leser eine Orientierung für den Gebrauch zu geben.

Als besonders zweckmäßig hat sich noch die **Technik der Vorstrukturierung** (advance organizer) erwiesen. Sie beruht auf Erkenntnissen der Verständlichkeitsforschung (vgl. Groeben 1982, Groeben/Christmann 1989). Mit Vorstrukturierung bezeichnet man kurze Einführungen, die dem eigentlichen Text vorangestellt werden. Sie sollten die wichtigsten Inhaltspunkte zusammenfassen. Auch hier gilt wieder, daß der Einsatz nicht bei allen Texten gleichermaßen sinnvoll ist. Besonders zweckmäßig sind sie für kürzere Texte sowie für Lernmaterialien (z.B. Tutorial, Schulungsunterlagen).

1.4.4 Layout und Gestaltung von Handbüchern

Layout bezeichnet die äußere Gestaltung des Handbuchs und muß neben sachlichen Anforderungen auch ästhetische Ansprüche berücksichtigen. Da das Layout den Charakter des gesamten Handbuchs bestimmt und spätere Änderungen mit einem erheblichen Arbeitsaufwand verbunden sind, sollte man sich möglichst frühzeitig für eine einheitliche Gestaltung entscheiden. Wichtige Gestaltungselemente sind die Seitenstruktur und die Typografie (vgl. z.B. Rupietta 1987, Boedicker 1990, Rehe 1981, Kapr 1963, Kapr/Schiller 1980, Siemoneit 1981).

Seitenstruktur. Festzulegen sind zunächst das Format des Handbuchs sowie der Satzspiegel. Der Satzspiegel bezeichnet die bedruckte Fläche auf dem Papier, wobei die Proportionen häufig nach dem goldenen Schnitt bestimmt werden. In vielen Unternehmen ist ein DIN A4 Hochformat als Loseblattsammlung anzutreffen, welche in einem Ordner abgelegt wird. Individuelle Ergänzungen und der Austausch von Seiten bei Änderungen sind problemlos möglich. Nachteilig wirkt sich der Platzbedarf des Handbuchs (z.B. bei der Arbeit am Schreibtisch) und das oft umständliche Umblättern (Ausreißen der Lochung) aus. Die Seiten eines Benutzerhandbuchs sollten im wesentlichen immer den gleichen Aufbau aufweisen, wobei folgende Elemente Bestandteil einer Seite sein können (vgl. Rupietta 1987, Boedicker 1990, siehe auch Kapitel 1.2.1, "Dokumentationsprozeß und Dokumentationsprinzipien"):

- **Seitennumerierung:** Diese kann entweder in der Kopf- oder Fußzeile stehen. Es sollte nicht eine fortlaufende Seitennummer über das ganze Handbuch gewählt werden, sondern innerhalb der Kapitel fortlaufend numeriert werden, vorangestellt die jeweilige Kapitelnummer (stellt die Aktualität der Seitennummern nach dem Austauschen von Seiten sicher).

- **Kolumnentitel:** Überschrift in der Kopfzeile; z.B.: Bezeichnung des laufenden Kapitels.

- **Darstellungsmethoden:** Text, Tabellen, Diagramme, Abbildungen usw.
- **Fußnoten:** Diese können als Ergänzung des Textes am unteren Rand der Seite oder am Ende des Kapitels oder Handbuchs stehen. Sie sollten aber möglichst sparsam eingesetzt werden.

- **Sonstige Daten:** Logo, Piktogramme, Datum der Herausgabe, Versionskennzeichnung (in der Kopf- oder Fußzeile).

Jene Informationen, die zur Identifizierung dienen (Kennzeichnung der Version, Ausgabedatum, Kolumnentitel usw.), sollten aus Gründen der besseren Wahrnehmung immer in der Kopfzeile stehen. Die Seitennumerierung kann sowohl in der Kopf- als auch in der Fußzeile stehen.

Typografie: Durch die Typografie wird das Schriftbild des Handbuchs festgelegt. Es kann heute als erwiesen gelten, daß die Schrift einen enormen Einfluß auf die Lesbarkeit eines Textes hat (vgl. z.B. Boedicker 1990, Kapr/-Schiller 1980). Ein allzu gleichförmiges oder ein zu unruhiges Schriftbild, die übermäßige Verwendung kursiver Schriften usw. vermindern die Leseleistung. Anzustreben ist ein abwechslungsreiches Schriftbild, wobei inhaltlich wichtige Aussagen durch eine entsprechende typografische Hervorhebung verstärkt werden sollten. Folgende Punkte sind zu beachten:

- Festlegen der **Grundschrift** (Schriftgröße und Schriftart). Die **Schriftgröße** soll zwischen 8 und 14 Punkt (I Punkt = 0,376 mm) liegen, wobei eine Schriftgröße zwischen 10 und 12 Punkt als optimal angesehen wird. Eingeführte **Schriftarten** (z.B. Times Roman) sind in der Regel gut lesbar, während ungewöhnlich geformte Schrifttypen, aber auch schmale oder besonders breite Schriften die Lesbarkeit negativ beeinflussen.

- Festlegen des **Zeilenabstands.** Man bezeichnet den Zwischenraum zwischen den Unterlängen einer Zeile und den Oberlängen der folgenden Zeile auch als Durchschuß. Für Schriftgrößen zwischen 8 und 14 Punkt sollte der Durchschuß bei 1 bis 4 Punkt liegen (vgl. Boedicker 1990). Bei fetteren Schriften sollte der Durchschuß etwas größer sein.

- Festlegen der **Satzart:** Für die Entwicklung eines Benutzerhandbuchs können zwei Varianten unterschieden werden, nämlich Blocksatz und Flattersatz.

  Beim **Blocksatz** werden alle Zeilen auf gleiche Breite geschlossen. Das bedeutet, daß die Wortzwischenräume erweitert werden müssen, bis die Satzbreite erreicht ist. Innerhalb der Zeile sind die Wortzwischenräume gleich groß, von Zeile zu Zeile variieren sie jedoch. In Handbüchern ist ein Blocksatz üblich, der rechts und links ausgeglichen ist.

  Beim **Flattersatz** werden die Zeilen auf die linke Satzkante geschlossen und rechts frei auslaufend gesetzt. Daher erhalten alle Zeilen den gleichen Wortzwischenraum. Der Flattersatz wird meist linksbündig gesetzt, rechts ist er nicht ausgeglichen. Außerdem entfallen die ungünstigen Wort- und Silbentrennungen, die beim Blocksatz oft sinnentstellend wirken können. Der Flattersatz kommt in Handbüchern vor allem bei Aufzählungen zum Einsatz.

- **Überschriften** sind durch eine größere Schrift und/oder Fettdruck von der Grundschrift zu trennen. **Abschnittsüberschriften** sollten entsprechend markiert werden (z.B. durch Fettdruck oder Unterstreichen). Überschriften sind im Unterschied zu anderen Formen der Hervorhebung explizite Gliederungsmerkmale. Sie können mit oder ohne Dezimalklassifikation eingesetzt werden. Eine Sonderform stellen noch Aufzählungen und Punktuationen dar, die meist durch Zwischenüberschriften vom Text abgehoben werden.

- **Hervorhebungen** innerhalb des Textes sind u.a. durch Unterstreichen, **Fettdruck**, *Kursivschrift* oder GROßBUCHSTABEN (Versalien) sowie durch Kombination dieser Gestaltungsmittel möglich. Da Abweichungen von der Grundschrift allerdings den Lesefluß hemmen, sollte mit solchen Hervorhebungen eher sprasam umgegangen werden.

- **Absätze und Gruppierungen**: Textabschnitte können durch einen größeren Zeilenabstand bzw. eine Leerzeile oder durch Einrückungen abgehoben werden. Wichtig für das schnelle Erfassen sind noch die Aufteilungen und Zusammenfassungen (Gruppierungen) bei Zahlen- oder Wortgruppen (Tabellen sind übersichtlicher als Fließtext).

1.4.5 Sprache und Stil

Sprache und Stil haben für die Lesbarkeit eines Handbuchs eine enorme Bedeutung. Es ist allerdings nicht daran gedacht, an dieser Stelle eine Lektion in Sprache und Stilkunde zu geben. Das Angebot an guter, einschlägiger Literatur ist nämlich besonders groß, so daß auf die entsprechenden Quellen verwiesen werden kann (siehe z.B. Boedicker 1990, Langer et al. 1990,

Reiners 1967 sowie "texten und schreiben" - Zeitschrift für gutes Deutsch und wirksame Texte, und die dort angeführten Quellen). Lediglich einige Punkte, die dem Autor wichtig erscheinen, sollen hervorgehoben werden.

Die Auswirkung einer verbesserten Lesbarkeit hat zwei Konsequenzen: Der Text kann rascher gelesen werden und der Text kann besser im Gedächtnis behalten werden (vgl. Boedicker 1990). Dies ist insofern von Bedeutung, als empirisch nachgewiesen wurde, daß wir uns durchschnittlich nur etwa 8-10 % jener Informationen merken, die wir durch Lesen aufgenommen haben. Ein schlecht lesbarer Text reduziert diese geringe Behaltensleistung noch weiter.

Die wichtigste Anforderung an den verwendeten Stil sollte die Einstellung auf den Leser des Handbuchs sein (siehe dazu Kapitel 1.4.1, "Zielgruppen und Zielgruppenanalyse"). Das Niveau des Textes sollte nicht zu stark vom Niveau dieser Gruppe abweichen. Unabhängig von diesen kontextspezifischen Anforderungen lassen sich jedoch einige allgemeine Regeln aufstellen, welche beim Schreiben beachtet werden sollten. Boedicker (1990) führt folgende Grundregeln des Schreibens an (vgl. auch Groeben/Christmann 1989, Reiners 1967):

- Vermeiden von Passivkonstruktionen (aktiv-positive Formulierungen, persönliche Formulierungen),
- Bildung überschaubarer Sätze (möglichst kurze Sätze, bei denen die Grundinformationen am Anfang stehen, keine Weitschweifigkeit bezogen auf den Gesamttext),
- Verwendung von möglichst vielen Verben,
- Benutzung bekannter und vertrauter Wörter,
- Einhaltung der anwendungslogischen Reihenfolge bei Handlungsanweisungen (d.h. Vermeidung von Forumulierungen wie "vorher muß ich noch..."),
- direkte Anrede des Benutzers,
- Vermeidung sexistischer oder martialischer Formulierungen,
- Hervorhebung wichtiger Textteile (jedoch keine wörtlichen Wiederholungen wichtiger Inhaltselemente),
- Verwendung einer einheitlichen Terminologie (gerade bei Handbüchern können verschiedene Bezeichnungen für die selben Dinge sehr irritierend sein).

Auf die negative Auswirkung langer, komplex geschachtelter Sätze wurde bereits mehrfach hingewiesen. Es gibt dafür auch entsprechend empirisch gesicherte Belege (vgl. z.B. Briest 1974). Dennoch werden lange Sätze von der heutigen Sprachwissenschaft nicht mehr als das große Verständlichkeitsproblem der modernen deutschen Sprache angesehen. Der Satzbau hat sich dahingehend entwickelt, daß eher kürzere Sätze mit weniger Nebensatzkonstruktionen verwendet werden. Gleichzeitig enthalten die Sätze aber mehr Informationen, sodaß die Sätze insgesamt dichter und komprimierter werden. Niederhauser (1992) erläutert dies an folgenden zwei Beispielen, die aus Softwarehandbüchern stammen könnten:

(1) **heute: Der Dateimanager ist ein hilfreiches und leistungsstarkes Dateien- und Verzeichnisorganisationsprogramm.**
früher: Der Dateimanager ist ein leistungsstarkes Programm, das Ihnen beim Organisieren Ihrer Dateien und Verzeichnisse hilfreich sein kann.

(2) **heute: Bevor Sie den Befehl "Rechtschreibung" wählen, führen Sie...**
früher: Vor der Befehlswahl "Rechtschreibung" führen Sie ...

Die sprachliche Entwicklung geht also in Richtung einer verdichteten Präsentation der Informationen. Es werden nicht mehr alle Informationen in Teilsätzen ausformuliert. Das gleiche gilt für die Bezüge zwischen den verschiedenen Satzelementen, die z.T. vom Leser erschlossen werden müssen (vgl. Niederhauser 1992). Daraus läßt sich ableiten, daß kurze und einfach strukturierte Sätze nicht automatisch leichter verständlich sind.

Neben diesen allgemeinen Stilregeln spielt gerade bei der Software-Dokumentation die **Handlungsbezogenheit** ("Reading to Do") eine wichtige Rolle (vgl. Hoffmann/Schlummer 1990). Der Leser eines Handbuchs will das Gelesene meist unmittelbar ausprobieren. Der Zweck der Handbuchbenuztung besteht ja nicht im Lesen, sondern im Einsatz der Software. Dazu braucht er möglichst genaue Anweisungen, die sich in entsprechenden Formulierungen niederschlagen (z.B. Beschreibung in der Reihenfolge der Ausführungen, Vermeiden von Bitten oder Höflichkeitsfloskeln, persönliche Anrede des Lesers mit "Sie" in Anweisungs- oder Lernteilen). Eine wichtige Rolle spielen in diesem Zusammenhang auch Erklärungen. Um sicherzustellen, daß wirklich alles verstanden wird, sollte auf jeden Fall erklärt werden, was Abkürzungen, Symbole, Piktogramme, Fachausdrücke und andere wichtige Dinge bedeuten (vgl. Hoffmann/Schlummer 1990).

Die Sprache ist lediglich ein Mittel unter vielen, das bei der Erstellung der Dokumentation eingesetzt wird. Die physischen Fähigkeiten erlauben einem Menschen, etwa 700 bis 1000 Worte pro Minute zu erfassen. Diese Größe hat allerdings mehr theoretische als praktische Bedeutung, da es ja nicht um das Erfassen, sondern primär um das Verstehen eines Textes geht. Hierbei hängt die Kapazität eines Lesers z.B. von seiner Übung, aber auch von verschiedenen Merkmalen des Textes ab (vgl. dazu das Kapitel 3.1.2, "Verständlichkeit und Lesbarkeit). Die Lesegeschwindigkeit schwankt unter diesen Umständen zwischen 900 Wörtern pro Minute (geübte Leser) und 90 bis 160 Wörtern pro Minute (erwachsene, ungeübte Leser). Softwarehandbücher weisen von ihren textuellen Voraussetzungen einen relativ hohen Schwierigkeitsgrad auf. Sie erfordern eine gründliche Lektüre, was sich unmittelbar auf die Lesegeschwindigkeit auswirkt. Diese beträgt im Durchschnitt nur etwa 100 Wörter pro Minute (vgl. Hattemer 1992).

Unter den genannten Voraussetzungen würde selbst die Lektüre eines durchschnittlichen Handbuchs mit etwa 300 Seiten Umfang mehrere Wochen dauern. Selbstverständlich werden Handbücher in der Praxis nur selten "von Deckel zu Deckel" gelesen. Dies zeigt jedoch bereits, wie wichtig es ist, ein Handbuch so zu strukturieren, daß die Struktur beim Suchen und beim Lesen unterstützend wirkt. Dies steht im Einklang mit Ergebnissen der neueren Lesbarkeitsforschung, wonach ordnenden Strukturen die größte Wirkung auf die Lesbarkeit zukommt.

1.5 Online-Dokumentation

Unter Benutzerdokumentation wird gewöhnlich nur das gedruckte Benutzerhandbuch verstanden. Als Ergänzung zu diesem sind das Hilfesystem und die sogenannte Online-Benutzerdokumentation zu sehen. Diese stellen keine Alternative zum Benutzerhandbuch dar, vielmehr setzt sich die Benutzerdokumentation aus Hilfesystem bzw. Online-Dokumentation und den entsprechenden Handbüchern zusammen. Erklärungstexte (Help-Funktionen), die dem Benutzer der Software Online zur Verfügung stehen, nehmen demnach eine spezielle Rolle innerhalb der gesamten Software-Dokumentation ein (vgl. Rupietta 1987, 173f). Abhängig vom Grad der Automatisierung bei ihrer Erstellung und Benutzung können verschiedene Varianten unterschieden werden. Das Spektrum reicht von der Vorgabe der Erklärungstexte bis zu ihrer automatischen Generierung. Weiss (1991) unterscheidet fünf Kategorien von Online-Dokumentationen, die auch in beliebiger Kombination vorkommen können:

- elektronische Bücher (Software-Dokumentation auf CD, Diskette usw.),
- Online-Hilfe (Help-Funktionen),
- Computer Based Training,
- Benutzerschnittstellen (Selbsterklärungsfähigkeit),
- Einsatz von Hypertext- und Hypermedia.

Wichtig ist jedoch nicht so sehr die Form und das Medium, sondern vor allem die Konsistenz zwischen Software und den Erklärungen, die sich in der Dokumentation finden.

1.5.1 Funktionsweise und Anforderungen an Onlinehilfen

Die Online-Benutzerdokumentation stellt bei oberflächlicher Betrachtung nur ein anderes Darstellungsmedium als Papier dar, und daher erscheint es logisch, daß die Merkmale für den Entwurf und die Gestaltung der Dokumentation übernommen werden können. Diese Übereinstimmung hat nicht nur wirtschaftliche Vorteile, sondern erleichtert dem Anwender durch die konsistente Dokumentation die Arbeit mit den verschiedenen Medien. Auf Grund der begrenzten Darstellungsmöglichkeit und der schlechteren Lesbarkeit am Bildschirm müssen die Texte aber

- eindeutig,
- kurz und prägnant sowie
- möglichst redundanzfrei

formuliert werden.

Bei der Verwendung von Abbildungen muß berücksichtigt werden, daß nicht wie bei einem Handbuch eine Doppelseite sichtbar ist, sondern immer nur eine Seite.

Die Verwendung von Zugriffen über das Stichwortverzeichnis oder über Stichwörter, welche im Text vorkommen, ist als großer Vorteil der Online-Benutzerdokumentation zu sehen und geht über die Möglichkeiten eines Handbuchs klar hinaus. So kann der gesuchte Text nach der Suche automatisch und besonders gekennzeichnet (z.B. blinkend, farbliche Hervorhebung) angezeigt werden (vgl. Rupietta 1987).

Die Verbindung zwischen dem Hilfesystem und dem dazugehörigen Softwareprodukt kann über ein Symbol (z.B. Fragezeichen) oder über eine bestimmte Taste (z.B. Funktionstaste 1) gesteuert werden. Wird vom Anwender bei der Dateneingabe am Bildschirm bei einem bestimmten Feld ein Fragezeichen eingegeben, so wird die Hilfemaske eingeblendet. Besonders interessant ist dies beim Einsatz der Fenster-Technik. Dabei kann die Hilfemaske zusätzlich zur Eingabemaske am Bildschirm dargestellt werden, sodaß der Benutzer alle Informationen auf einen Blick zur Verfügung hat. Nachteilig ist natürlich die Verkleinerung des Bildschirminhalts bzw. teilweise Überdeckung anderer Daten. Wenn die Fenstertechnik bei bestimmten Systemen nicht eingesetzt werden kann, so lassen sich die Nachteile durch die Möglichkeit der Bildschirmteilung (Screen-Splitting) zumindest teilweise kompensieren (vgl. Rautenberg/Sova 1983, Scheibl 1985, Rupietta 1987).

Bei manchen Systemen kann nicht nur der Zeitpunkt, sondern auch die Zeitdauer für das Einblenden der Hilfetexte frei gewählt werden. Prinzipiell bestehen folgende Möglichkeiten:

- dauernd: Bei dieser Anzeige wird der Platz am Bildschirm für den operationalen Teil wesentlich eingeschränkt. Der Anteil der Anzeige der Hilfeinformation muß daher auf wenige Zeilen beschränkt bleiben.
- in verschiedenen Hilfestufen: Dabei paßt sich das Hilfesystem den jeweiligen Kenntnissen und Fähigkeiten des Anwenders an.
- auf besondere Anweisung: Die Hilfeinformationen werden nur auf explizite Anforderung des Benutzers eingeblendet und nach jeder Benutzereingabe wieder aufgeblendet.

1.5.2 Merkmale der Online-Dokumentation

Die Qualität einer Online-Dokumentation oder Onlinehilfe kann anhand verschiedener Merkmale bestimmt werden. In der nachfolgenden Aufzählung werden einige solcher Merkmale näher erläutert. Die wichtigsten Merkmale sind die visuelle Erfaßbarkeit, der Informationsgehalt, die Zugriffsmöglichkeiten, die Art der Aktivierung, der Benutzerbezug und die Kontextsensitivität (vgl. Rupietta 1987, Weiss 1991, Horton 1990):

- **visuelle Erfaßbarkeit**: Im allgemeinen sind Darstellungen am Bildschirm für den Benutzer schlechter und langsamer als ein gedrucktes Handbuch. Daher muß die visuelle Erfaßbarkeit für die Gestaltung der Bildschirminhalte optimiert werden. Die Darstellungen zusammengehöriger Informationen sollten auch räumlich beieinander liegen, währenddessen die Darstellungen voneinander unabhängiger Informationen dementsprechend voneinander getrennt sein sollten.
- **Informationsgehalt**: Der Informationsgehalt von Bildschirminhalten muß auf Grund der begrenzten Darstellungskapazität dieser darauf abgestimmt werden. Man kann davon ausgehen, daß eine gedruckte Seite etwa dem Umfang von drei Bildschirmseiten entspricht. Das bedeutet, daß z.B. die Redundanz, welche ein wichtiges Kriterium für ein Benutzerhandbuch darstellt, in diesem Fall weitgehend reduziert werden sollte, um die begrenzt verfügbare Kapazität optimal ausnutzen zu können.
- **Zugriffsmöglichkeit**: Durch die Möglichkeiten des Online-Zugriffs auf gewünschte Informationen in komfortabler und schneller Form steigt der Nutzen eines Hilfesystems.

- **Art der Aktivierung der Hilfeleistung**: Hierbei sind zwei verschiedene Möglichkeiten gegeben: Bei der ersten Variante wird die Hilfeleistung explizit vom Benutzer gefordert; in diesem Fall spricht man von **passiver Hilfe**. Bei der zweiten Variante wird ein Hilfetext automatisch ohne Aktivierung durch den Benutzer angezeigt (z.B. bei fehlerhafter Benutzereingabe); in diesem Fall spricht man von **aktiver Hilfe**. Das Problem bei der aktiven Hilfeleistung ist es, das Wissensdefizit des Anwenders zu erkennen und einen geeigneten Zeitpunkt zur Darstellung der Hilfeinformation zu finden, ohne den Benutzer bei der laufenden Arbeit zu stören. Viele Anwender könnten diese Art der Hilfeleistung sonst als unangenehm oder hinderlich empfinden.

- **Benutzerbezogenheit**: Auch bei diesem Merkmal werden zwei verschiedene Varianten unterschieden: Bei der ersten spricht man von einer **standardisierten Hilfeleistung**, weil die angezeigte Hilfeinformation für alle Anwender die gleiche ist. Bei der **individuellen Hilfeleistung** wird auf die Fähigkeit des Anwenders eingegangen und eine dem Benutzer angepaßte Hilfeinformation am Bildschirm angezeigt. Dies bedeutet, daß die insgesamt zur Verfügung stehenden Möglichkeiten zur Hilfe benutzerspezifisch gefiltert werden und jeder Anwender dann die für ihn relevanten Informationen erhält. Diese Entwicklung steckt bei den bestehenden Softwarepaketen jedoch noch in den Kinderschuhen.

- **Kontextsensitivität**: Ist die angezeigte Hilfeinformation unabhängig von der derzeitigen Dialogsituation immer gleich, so spricht man von einer **statischen Hilfeleistung**, währenddessen eine **dynamische Hilfeleistung** (kontextsensitive Hilfe) sich in Abhängigkeit zur aktuellen Dialogsituation ändert. Ein Beispiel für eine statische Hilfeleistung ist, wenn beim Ausfüllen einer Bildschirmmaske dem Anwender für jedes Feld die gleiche Hilfe angeboten, oder wenn dem Benutzer bei einem Eingabefehler die Meldung "unzulässige Eingabe" angezeigt wird. Bei einer dynamischen Hilfeleistung würde die Meldung z.B. "Eingabewert zu klein" lauten.

1.5.3 Beurteilung der Online-Dokumentation

Um die oben beschriebenen Merkmale auch in die Praxis umsetzen zu können, müssen verschiedene Informationen zur Verfügung stehen bzw. Voraussetzungen erfüllt sein (vgl. Rupietta 1987, Simpson/McCasey 1988, Horton 1990):

Ein Hilfesystem sollte den Inhalt der zur Anzeige gebrachten Information aus der *aktuellen Situation* zusammensetzen.

Beispiel: Die Fehlermeldung "Die Datei ADRESSE.TXT ist nicht vorhanden" wird zusammengesetzt aus einer standardisierten Textschablone unter Berücksichtigung des aktuellen Dateinamens.

Erfüllt das Hilfesystem das Kriterium der individuellen Hilfeleistung, so muß es Informationen über den Anwender besitzen. Dies bedeutet, daß dem System ein Benutzermodell generiert werden muß, wobei darauf zu achten ist, daß personenbezogene Daten des Anwenders nicht verletzt werden. Dies stellt die erste Klasse von Informationen dar, um diese Art der Hilfeleistung dem Benutzer zugänglich zu machen. Die zweite Klasse von Informationen betrifft das gegenwärtige System mit dem derzeit verwendeten Softwareprodukt. In den nachfolgenden Aufstellungen werden einige Informationen für die beiden Klassen erläutert, welche das System zur Bereitstellung einer aktiven, dynamischen und individuellen Hilfeleistung benötigt.

1. Informationen über den Anwender (Benutzermodell)

- Wer ist der Anwender?
- Wie lange arbeitet er bereits mit diesem Softwareprodukt?
- Für welche Aufgaben setzt er die Software ein?
- Wurden die Arbeitsaufgaben erfolgreich durchgeführt?
- usw.

2. Informationen über den gegenwärtigen Systemzustand

- Welche Aufgabe wird derzeit bearbeitet?
- Welche Softwarefunktion nutzt der Anwender gegenwärtig?
- Welche Aktion versucht der Anwender auszuführen?
- Wie kann das System ihm dabei behilflich sein?
- usw.

Online-Dokumentationen weisen verschiedene Stärken und Schwächen auf, die nachfolgend überblicksmäßig zusammengefaßt werden (vgl. Rupietta 1987, Simpson/McCasey 1988, Fischer/Gunzenhäuser 1986, John/Klein-Magar 1992, Horton 1990)

Stärken sind:

- Online-Dokumentationen sind immer mit dem jeweiligen Softwareprodukt verfügbar;
- geringer Zeitbedarf für die Informationsbeschaffung;
- die Aktualisierung und Vervielfältigung der Benutzerdokumentation kann mit dem dazugehörigen Softwareprodukt vorgenommen werden (es wird keine Druckerei benötigt);

- die Aktualität der Hilfeinformationen ist durch laufendes Hinzufügen, Ändern oder Ergänzen des Hilfetextes gewährleistet;
- der Benutzer kann den Umgang mit dem Hilfesystem direkt bei der Benutzung der Software lernen;
- Online-Dokumentation bietet komfortable und schnelle Möglichkeiten zum Zugriff auf bestimmte Informationen;
- die Möglichkeit der Anpassung an verschiedene Benutzergruppen.

Schwächen sind:

- der Benutzer hat keine Möglichkeit, wie bisher beim gedruckten Handbuch, sich Anmerkungen an den Rand zu schreiben;
- die Benutzung der Dokumentation ist an das beschriebene Softwareprodukt gebunden;
- gedruckte Texte sind für den Anwender leichter, schneller und angenehmer zu lesen als Bildschirmtexte;
- beschränkte Kapazitäten der Informationsdarstellung am Bildschirm (daraus ergibt sich z.B., daß der Benutzer häufiger am Bildschirm blättern muß, um längere Beschreibungen zu lesen);
- die Handhabung mit einem gedruckten Handbuch ist dem Anwender vertraut, die Handhabung am Bildschirm (z.B. Vor- und Zurückblättern) muß sich der Benutzer erst aneignen;
- in vielen Fällen können der Arbeitskontext und der Hilfetext nicht zugleich angezeigt werden, sodaß der Benutzer zwischen den beiden Darstellungen hin- und herschalten muß;
- der Raum für die einzelnen Darstellungen wird bei mehreren offenen Fenstern eingeschränkt bzw. die Situation wird unübersichtlich;
- Problem der Darstellung von Abbildungen mit Bildschirmen.

Neben diesen allgemeinen Stärken und Schwächen treten in der Praxis unter Umständen noch spezielle Probleme bei der Umstellung von gedruckter auf Online-Dokumentation auf (vgl. John/Klein-Magar 1992, Brockmann 1986). Zusammenfassend läßt sich sagen, daß die Online-Benutzerdokumentation auch in Zukunft die herkömmlichen Handbücher nicht ersetzen wird, sondern eher als Ergänzung zu sehen ist. Es ist jedoch zu erwarten, daß sich durch weitere Entwicklungen am Hard- und Softwaremarkt zusätzliche Nutzungsmöglichkeiten und Realisierungsformen der Online-Dokumentation ergeben werden (vgl. z.B. Holz/Domenig 1992, Horton 1990).

1.6 Projektmanagement-Dokumentation

Die Berichterstattung im Projekt kann als eines der wichtigsten Instrumente des Projektmanagements angesehen werden. Das projektbezogene Berichtsystem soll gewährleisten, daß die jeweiligen Informationen, die für die Durchführung des Projekts erforderlich sind, richtig, vollständig und rasch zur Verfügung stehen. Soweit im Unternehmen allgemeine Richtlinien bestehen, ist zu prüfen, inwieweit diese im Projekt Anwendung finden. Bereits bei der Festlegung der Organisationsstruktur und der Zuständigkeiten ist festzulegen, wer von wem zu welchem Zeitpunkt welche Informationen zu erhalten hat.

Aufgabe des projektbezogenen Dokumentationssystems ist die Gestaltung, Kennzeichnung und Archivierung aller anfallenden Dokumente. Beispiele für solche Dokumente sind Listen, Pläne, Berichte, Vorschriften, Spezifikationen, Verträge, Abnahmeberichte, Zeichnungen, Handbücher, Prozeduren, Programme, Dateibeschreibungen usw. Für jedes Dokument sollte eine einheitliche Bezeichnung und eine Dokumentationsnummer festgelegt werden. Mit der Dokumentationsnummer wird ein Ordnungssystem geschaffen, welches das Auffinden und die Identifikation unterstützen soll.

1.6.1 Projekthandbuch

Das Projekthandbuch stellt eine gegliederte Zusammenfassung der in einem Unternehmen für die Projektorganisation und -durchführung gültigen organisatorischen Regeln dar. Wenn im Unternehmen bereits ein Organisationshandbuch vorhanden ist, so sollte dieses um ein entsprechendes Kapitel "Projektorganisation" ergänzt werden. Das Projekthandbuch - geläufig ist dafür auch die Bezeichnung Verfahrenshandbuch - gilt grundsätzlich für die gesamte Dauer eines Projekts und dient als Nachschlagewerk für organisatorische Regeln sowie als Führungsinstrument, indem es über Ziele, Aufgaben, Methoden, Techniken usw. informiert. Ein wichtiger Punkt ist außerdem die projektbezogene Dokumentation.

Das Projekthandbuch kann seinen Zweck allerdings nur erfüllen, wenn es stets auf den aktuellen Stand gebracht ist. Bei Bedarf muß es daher auch im Laufe der Projektbearbeitung (z.B. vor einem neuen Projektabschnitt) revidiert und an geänderte Erfordernisse angepaßt werden. Da das Projekthandbuch schrittweise erstellt bzw. sukzessive weiterentwickelt werden sollte, ist eine Loseblattsammlung zu empfehlen.

Im Projekthandbuch wird die Projektorganisation für alle Beteiligten verbindlich festgelegt. Dargestellt werden darin auch die Ziele und die Arbeitsweise im Projekt, und es werden den beteiligten Stellen Aufgaben, Leistungen, Befugnisse und Verantwortung zugewiesen. Das Projekthandbuch bildet damit eine wichtige Grundlage zur Erteilung detaillierter Aufträge im Rahmen des Projekts. Es unterstützt die Erstellung interner Aufträge und die Ausarbeitung notwendiger Verträge, d.h. es dient während der Projektbearbeitung als verbindliche Richtlinie für die Zusammenarbeit. Wie allgemein bei Organisationsanweisungen üblich, sollten auch die im Projekthandbuch enthaltenen Regelungen durch die Unternehmensleitung genehmigt werden. Dies ist besonders wichtig, weil bei Meinungsverschiedenheiten oder Kompetenzproblemen im Projektverlauf auf die Regelungen im Projekthandbuch zurückgegriffen werden kann. Die Regelungen können entweder explizit in Form projektspezifischer Mitteilungen und Arbeitsanweisungen festgelegt werden oder sich aus dem Einsatz von Checklisten und Formularen ergeben.

Die konkreten Inhalte des Projekthandbuchs hängen stark von der Art der durchzuführenden Projekte und von den jeweiligen Projektinhalten ab. Sie können daher nicht in allgemeiner Form vorgegeben werden. Folgende Punkte sollten aber auf jeden Fall berücksichtigt werden (vgl. z.B. Madauss 1984, Kuba 1987, 159-204):

- Projektorganisationsplan,
- Beteiligte Stellen und Organe sowie Beschreibung ihrer Aufgaben,
- Projektleitung und Berichtswesen,
- Sitzungskonzept,
- Funktionen- und Verantwortungsmatrix,
- Dokumentationsanforderungen,
- Arbeits- und Entscheidungsabläufe,
- Pflichtenheft und Hauptaufgaben,
- Erläuterungen zu den erteilten Aufträgen.

Weitere mögliche Inhalte des Projekthandbuchs sind:

- Checklisten für die Projektplanung und -steuerung,
- Checklisten für Auftragsverhandlungen,
- Checklisten für die Angebotslegung,
- Führungsgrundsätze,
- Stellenbeschreibung,
- Schulung,
- Finanzierung und Beschaffung.

Speziell für Software-Entwicklungsprojekte sind noch folgende Punkte von Bedeutung:

- Phasenkonzept,
- Software-Qualitätsanforderungen und Qualitätssicherungsmaßnahmen,
- Verwendete Methoden und Darstellungstechniken,
- Eingesetzte Werkzeuge und CASE-Tools.

Als zweckmäßig hat sich herausgestellt, in einer Beilage zum Projekthandbuch **Muster aller Dokumente**, die in den einzelnen Projektphasen zu verwenden sind, beizulegen. Auch die Berichtsinhalte sollten zumindest im Entwurf oder als Beispiel vorgegeben werden. Neben diesen allgemeinen, und für alle im Unternehmen durchgeführten Projekte gültigen Richtlinien, sollte beim Multi-Projektmanagement noch für jedes Projekt eine separate Beschreibung angefertigt werden. Wesentliche Inhalte dieses projektspezifischen Handbuchs sind die Ausgangslage, die Projektziele, die Projektstrukturierung, die Kosten und die Finanzierung sowie sonstigen Besonderheiten.

1.6.2 Projektberichte

Projektberichte dienen zu Informations-, Dokumentations- und Kommunikationszwecken. Sie sind ein wesentliches Instrument der Projektkontrolle und der Projektsteuerung. Mit ihnen wird gleichzeitig ein großer Teil der formalen Kommunikationsbeziehungen im Projekt festgelegt. Das Berichtssystem läßt sich nach folgenden Gesichtspunkten gliedern (vgl. Madauss 1984, 288-289):

- Berichtsfluß,
- Berichtsinhalte,
- Berichtshäufigkeit.

Für die verschiedenen Berichtsarten sind bei Projektbeginn zunächst die Verwendung und der Verteilerschlüssel zu bestimmen. Der Berichtsfluß ist auf jeden Fall mit der Organisationsstruktur und den definierten Zuständigkeiten in Übereinstimmung zu bringen. Jeder Bericht sollte ein einheitliches Layout sowie den Ersteller des Dokuments (Name, Firma, Abteilung), das Erstellungsdatum und einen Verteiler aufweisen. Diese Regelungen, welche die äußerliche Berichtsform betreffen, sollten bereits zu Projektbeginn feststehen. Die Berichterstattung sollte weitgehend schriftlich oder zumindest unterstützt durch die schriftliche Dokumentation der Berichtsinhalte erfolgen. Folgende Berichtsarten können unterschieden werden (vgl. Hügler 1988, Kuba 1987):

- Der **Projektstatusbericht** (auch als Projektinformation oder Projektfortschrittsbericht bezeichnet) wird periodisch erstellt und informiert einen festgelegten Empfängerkreis über wesentliche Projektdaten (z.B. Termin-, Kosten-, Leistungs-, Kapazitäts- und Personalsituation, Koordination); der Berichterstatter ist durch die Periodizität zu einer regelmäßigen Informationsweitergabe gezwungen.

- Der **Projektabschlußbericht** beschreibt den Projektverlauf und faßt die wichtigsten Ereignisse noch einmal zusammen; er enthält auch eine Nachkalkulation sowie die Begründung einer eventuellen Verfehlung der Projektziele.

- Ein **Projektsonderbericht** wird bei Bedarf erstellt und informiert über bereits eingetretene Ausnahmesituationen oder absehbare Planabweichungen.

Die Berichtsinhalte richten sich selbstverständlich nach dem jeweiligen Aufgabengebiet, und zwar gleichermaßen des Berichtenden und des Adressaten. Der Projektträger benötigt z.B. Berichte über die Gesamtsituation aller geplanten oder laufenden Projekte. Diese Berichte sollen so zusammengefaßt sein, daß die geplante und die tatsächliche Situation bezüglich Kosten, Kapazitätsauslastung usw. periodisch oder zu bestimmten Stichtagen dargestellt wird. Ein Techniker wird dagegen über den technischen Projektstatus berichten. Die Berichtsinhalte sollten aber generell so abgefaßt sein, daß die Aussagen in einer erkennbaren Beziehung zur Planung stehen, etwaige Abweichungen klar herausgestellt und zu erwartende Probleme angesprochen werden (vgl. Madauss 1984, 288).

Tätigkeitsbericht	Personalnummer:
Name:	Kostenstelle:
Abteilung:	Kalenderwoche:
	Datum:

Tag	Projektnr.	Tätigkeitsnr.	Bezeichnung	Std.	Überstd.
Mo					
Di					
Mi					
Do					
Fr					
Sa					
So					
			Summe		

Abb. 1-12: Tätigkeitsbericht

Basis für jede Art der Berichterstattung sind Aufzeichnungen über die laufenden Projektaktivitäten. Die Projektmitarbeiter sollten daher in einem Verlaufsprotokoll oder Projekttagebuch alle Informationen festhalten, die ihrer Auffassung nach für die Beurteilung der Projektergebnisse, für den Projektverlauf usw. von Bedeutung sein könnten. Häufig wird dazu ein formalisiertes Berichtssystem verwendet. Abbildung 1-12 zeigt ein Formularmuster für die Erfassung von Projektaktivitäten.

Im Rahmen des Berichtssystems sind auch alle Änderungen des Projektauftrags und der Projektplanung zu dokumentieren. Besonders bei Entwicklungsprojekten sind nachträgliche Änderungen in der Auftragsspezifikation während der Projektdurchführung relativ häufig. Solche Änderungen haben in der Regel Auswirkungen auf andere Projektkomponenten sowie auf Termine, Kosten und Kapazitäts- bzw. Ressourcensituation. Durch die Änderungssteuerung soll ein geregeltes Vorgehen bei der Bearbeitung von Änderungen erreicht werden. Die gewünschten Änderungen können z.B. in speziellen Änderungsantragsformularen erfaßt und vor ihrer Verwirklichung von einer kompetenten Instanz analysiert, bewertet und schließlich genehmigt oder abgelehnt werden. Mit Hilfe eines solcherart formalisierten Vorgehens soll weitgehend verhindert werden, daß unkontrolliert eingebrachte Änderungen den Projektfortschritt gefährden.

1.6.3 Projektdokumentation

Zwischen dem Projektberichts- und dem Dokumentationswesen besteht ein enger Zusammenhang. Während beim Berichtswesen der Projektverlauf im Mittelpunkt des Interesses steht, ist die Sichtweise der Projektdokumentation eher objektorientiert. Mit Objektorientierung ist sowohl die Art der Ergebnisdarstellung als auch der formale Aufbau und die Verwaltung der Projektdokumente gemeint. Aus diesen Anforderungen lassen sich folgende Hauptaufgaben für ein Dokumentationsmanagement ableiten (vgl. Madauss 1984):

- Identifikation der Dokumentationsarten,
- Festlegung von Dokumentationsanforderungen und Standards,
- Erstellen eines Dokumentationsnummernsystems,
- Verteiler für jedes Dokument festlegen,
- Überwachung des Dokumentationsstatus,
- Dokumentationsfreigabe,
- Archivfunktion.

Durch die Wahrnehmung dieser Aufgaben ist sicherzustellen, daß die richtigen Dokumente rechtzeitig an die richtigen Empfänger weitergeleitet werden. Die festgelegten Standards werden im Projekthandbuch fixiert. In der Praxis hat sich eine Übersichtsdarstellung der Dokumente in grafischer Form bewährt. Abbildung 1-13 zeigt eine solche Übersicht in Form eines Dokumentationsbaums.

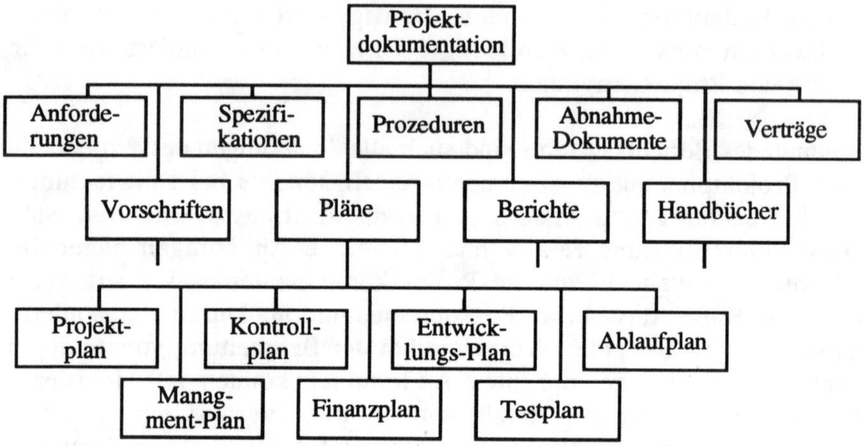

Abb.1-13: Dokumentationsbaum (nach Madauss 1984)

Um Probleme aufgrund einer mangelhaften Projektdokumentation zu vermeiden, ist es notwendig, die Dokumentation in den Projektablauf zu integrieren. Jede Projektdokumentation sollte auf einheitlich gestalteten Formularen (möglichst DIN A4) durchgeführt werden. Für eine wirkungsvolle Projektdokumentation sollten folgende Prinzipien beachtet werden (vgl. Kuba 1987):

- Mitlaufende Dokumentation: die Dokumentation soll ständig aktualisiert werden und bereits während der Arbeitsabläufe erfolgen; lediglich Ergänzungen oder Erläuterungen sollten nachträglich vorgenommen werden;

- Vermeidung von Redundanz: um ein mehrfaches Erfassen gleicher Daten, Beschreibungen usw. zu vermeiden, sollten Querverweise oder automatische Dokumentationssysteme mit einem zentralen Data Dictionary verwendet werden.

- Einheitliche Bezeichnungen und Begriffe: mit der Schaffung eines Ordnungssystems (z.B. für Suchbegriffe) und der Normierung des Formularlayouts kann sichergestellt werden, daß alle Dokumente zugeordnet und auch wiedergefunden werden können.

- Systematisierung der Ablage: Privatablagen neben der offiziellen Dokumentation sollten grundsätzlich vermieden werden; die Ordnung der Ablage sollte nach einem eindeutigen und einheitlichen Schlüsselverzeichnis, das im Projekthandbuch festgelegt ist, erfolgen.

- Alle nicht eindeutig zuordenbaren Dokumente, Aufzeichnungen usw. sollten in zeitlicher Folge unter "Sonstiges" abgelegt werden.

1.6.4 Projektbibliothek

Die Projektbibliothek ist ein technisches Hilfsmittel zur Unterstützung des Berichts- und Dokumentationssystems. Unter den vielfältigen Funktionen, die eine Projektbibliothek erfüllen kann, sind folgende Einsatzmöglichkeiten hervorzuheben:

- Speicherung und Verwaltung der gesamten Projektdokumentation;
- Unterstützung der Kommunikation zwischen den Projektmitarbeitern;
- Speicherung und Verwaltung von Projektergebnissen; synonym werden dafür auch die Begriffe Konfigurationsbibliothek und Konfigurationsmanagement verwendet;
- Speicherung und Verwaltung allgemeiner Projektinformationen (z.B. Kosten, Ergebnisse der Aufwandsschätzung); synonym werden dafür auch die Begriffe Projekt-Datenbank, Cost-Database und Erfahrungsdatenbank verwendet;
- Vergleich unterschiedlicher Projekte;
- Wiederverwendung von Dokumenten, Planungsunterlagen oder Projektergebnissen in zukünftigen Projekten.

Aufgrund dieser unterschiedlichen Anforderungen, die sich sowohl vom gewünschten Verwendungszweck als auch von der Art des Projekts ableiten, ist die Projektbibliothek für jedes Projekt weitgehend neu zu konzipieren. Einen allgemeingültigen Aufbau kann es nicht geben.

Die Projektbibliothek im engeren Sinn ist ein Dateisystem, das alle im Projektverlauf anfallenden Dokumente und Daten speichert und verwaltet. Wie die genannten Daten im einzelnen gespeichert werden, hängt von der verwendeten Software ab. Es sollten aber bei der Auswahl einer derartigen Software die Möglichkeit einer flexiblen Auswertung der Daten und Schnittstellen zu anderen im Rahmen des Projektmanagements eingesetzten Werkzeugen (z.B. Planungssoftware, Grafikprogramme) berücksichtigt werden.

Die Daten, die zur Erfüllung der Aufgaben bei der Projektdokumentation und Projektsteuerung notwendig sind, lassen sich in zwei Gruppen einteilen: Projektinformationen und Rahmeninformationen. Während die Projektinformationen das Projekt selbst näher beschreiben, dienen die Rahmeninformationen zur

Charakterisierung der Umgebung, in der das Projekt abgewickelt wird. In der Datenbasis sollten alle Termin-, Leistungs-, Kapazitäts- und Kostendaten sowie auch die projektspezifischen organisatorischen und personellen Daten enthalten sein. Die Datenbasis kann noch um technische Beschreibungsdaten (z.B. Bauteile, Produktspezifikation, Leistungsverzeichnis), Finanzdaten (Budget) und Dokumentationsdaten (z.B. Aufträge, Berichte, Verträge) ergänzt werden.

2 Umfeld der Software-Dokumentation

2.1 Problemfelder der Software-Dokumentation

2.1.1 Problemfelder und Mängel bei der Software-Dokumentation

Es gibt in der Praxis viele Fälle, in denen außer dem Quellprogramm keine Dokumentation für die Software vorhanden ist. Dies liegt heute nur mehr zu einem geringen Teil an unzureichenden Werkzeugen (z.B. Editor mit mangelhaften Textverarbeitungsfunktionen) und auch nicht am Unwissen über den Stellenwert der Dokumentation (z.B. Überbetonung der Programmierproduktivität und Beurteilung der Programmierer an Größen wie Lines of Code). Trotz dieses allgemein verbreiteten Wissens zeigen empirische Untersuchungen zum Stand der Dokumentation in den Unternehmen gravierende Mängel auf. So wurde z.B. festgestellt, daß die vorhandene Software-Dokumentation oft notwendige Voraussetzung für die Software-Entwicklung war oder als Nebenprodukt anfiel. In anderen Untersuchungen wiederum wird auf Mängel bei Organisation, Verfügbarkeit, Layout und Stil, Vollständigkeit usw. hingewiesen. Höhere Kosten bei der Wartung und ein hoher Aufwand für die Suche von Informationen werden ebenfalls häufig erwähnt. Auf weitere Probleme wie fremdsprachige Dokumentation (bei Software häufig in englischer Sprache) oder Auswirkungen einer mangelhaften Übersetzungsqualität kann an dieser Stelle nur hingewiesen werden (vgl. Guillemette 1989, 143-144, Rausch 1983, 53).

Obwohl die Notwendigkeit und Wichtigkeit der Dokumentation im allgemeinen unumstritten ist, sind in der Praxis viele Mängel zu beklagen. Die wichtigsten Gründe für diese Defizite sind (vgl Rautenberg/Sova 1983):

- **Kosten:** Die Erstellung einer Benutzerdokumentation ist mit Kosten verbunden.

- **Personal:** Qualifizierte Mitarbeiter sind immer wieder "Mangelware". Im Zweifelsfalle werden sie nicht für die Arbeit an der Dokumentation eingesetzt.

- **kurzfristige Denkweise:** Viele Sachverhalte und Zusammenhänge scheinen für den DV-Fachmann trivial zu sein, sodaß es nicht lohnenswert ist, diese Dinge (für den DV-Fachmann) explizit festzuhalten. Ein weiteres Problem stellt sich, wenn an der Software Änderungen vorgenommen werden. Während bis zur Anwendung eines Systems die Dokumentationsunterlagen noch vorzufinden sind, weisen sie spätestens nach mehrmaligen Änderungen mehr oder weniger große Lücken auf.

- **unzureichende Informationserhebung:** Die Informationssammlung wird von den DV-Fachleuten meist zu früh abgeschlossen und wird - wenn überhaupt - nur bei "Gleichgesinnten" durchgeführt. Ein Abnahmetest durch den Anwender führt daher oft zu anderen Testergebnissen. Diesem Defizit versucht man heute durch Methoden des Requirements Engineering zu begegnen.

- Wird die **Dokumentation im Nachhinein** erstellt, was in der Praxis sehr häufig der Fall ist, kommt es meist nur mehr zu einer halbherzigen Darstellung.

- Um den **Fertigstellungstermin** von Softwareprodukten einhalten zu können, wird die Software im Zweifelsfall ohne Dokumentation oder mit einer halbfertigen Dokumentation geliefert.

- Es fehlen **internationale Normen** und Richtlinien zur Erstellung von Dokumenten.

Der charakterisierte Zustand, der in vielen Unternehmen vorzufinden ist, wird manchmal als **"Dokumentationskrise"** bezeichnet. Meist sind mehrere der nachfolgend angeführten Gründe dafür verantwortlich (vgl. Wallmüller 1990, 97-98, Rautenberg/Sova 1983, 19):

- Termindruck durch das Management, mit dem Ziel, möglichst rasch einsatzfähige Software zu entwickeln, führt zu Vernachlässigung nicht unmittelbar sichtbarer bzw. "unwichtigerer" Produktbestandteile;

- Eine Kontrolle der Dokumentation erfolgt entweder gar nicht oder wird nur mangelhaft durchgeführt;

- Angst des Programmierpersonals durch ausreichende Dokumentation Ansatzpunkte für Kritik (Überprüfbarkeit) zu bieten oder austauschbar zu werden;

- Geringe Motivation, da das Schreiben der Dokumentation im Vergleich zur Programmiertätigkeit kaum Erfolgserlebnisse bietet;

- DV-Fachleute meinen auch häufig, daß sie die Systemzusammenhänge ohnehin gut genug kennen, und daß es sich nicht lohnt, "selbstverständliche" Sachverhalte zu dokumentieren; Personalfluktuation, mangelhafte Erinnerung oder Änderungen im System führen aber meist rasch dazu, daß wichtige Informationen erst mühevoll und mit einem hohen Aufwand beschafft werden müssen;

- Termindruck und unzureichende Werkzeuge bei der Softwarewartung tragen zu einer weiteren Verschlechterung der Softwarequalität bei;
- Kurzfristige Denkweise bei den Kosten (eine gute Dokumentation zu erstellen ist zwar kurzfristig betrachtet mit höheren Kosten verbunden, langfristig aber für die Weiterentwicklung der Software unbedingt notwendig);
- Personal steht nicht in der ausreichenden Quantität und Qualität zur Verfügung; es werden daher für die Dokumentation nicht immer die fähigsten Mitarbeiter eingesetzt bzw. auch ungeeignete Verfahren angewendet;
- Dokumentieren ist kein Bestandteil in der einschlägigen Fachausbildung.

Ein besonderes Problem stellt noch die Tatsache dar, daß die **System-Orientierung** gegenüber der **Aufgaben- bzw. Benutzerorientierung** in der Darstellung überwiegt. Die Benutzer der Software entwickeln sehr rasch eine eigene Vorstellung über Aufbau und Funktionsweise der Software. Man nennt diese Vorstellung auch inneres Modell oder *l.mentales Model* Die Bildung des mentalen Modells erfolgt durch Benutzen des Systems, durch Schulung, durch frühere Erfahrungen und insbesondere durch die Dokumentation. Ab diesem Zeitpunkt leitet das mentale Modell den Benutzer. Durch das Modell plant und beurteilt er bestimmte Arbeitsschritte, interpretiert er Systemmeldungen usw. Solche Modelle, die in der Regel unvollständig oder kein technisch korrektes Abbild der Software sind, dienen dem Benutzer dazu, das Verhalten der Software zu erklären (vgl. Rupietta 1987, 53).

Beispiel "Textverarbeitung": (vgl. Lauesen 1989, 253). Die Situation wird in Abbildung 2-1 an einer schematischen Darstellung gezeigt. Auf der linken Seite ist das technisch korrekte Modell des Systemverhaltens abgebildet, d.h. Texte werden bei dieser Software vollständig in den Arbeitsspeicher kopiert und dort bearbeitet; erst mit der Speicher-Operation wird das veränderte Dokument auf dem Speichermedium gesichert (bis zu diesem Zeitpunkt ist die ursprüngliche Version noch verfügbar). Auf der rechten Seite ist ein anderes Modell zu sehen, das gerade von neuen Benutzern oft als mentales Modell herangezogen wird, wenn in der Dokumentation oder Systembeschreibung dazu keine ausreichende Erklärung gegeben wird; der Benutzer hat das Gefühl, seine Änderungen unmittelbar im Original-Text durchzuführen und ist überrascht, wenn z.B. seine Änderungen nach einem Systemabbruch vom System "vergessen" wurden. Das mentale Modell kann also seinen Zweck nur dann erfüllen, wenn es mit dem tatsächlichen System verträglich ist. D.h. es ist nicht erforderlich, daß das Modell das System in allen Details repräsentiert, aber es sollte zumindest innerhalb gewisser Grenzen zu keinen Widersprüchen führen und helfen, das Systemverhalten korrekt vorherzusagen.

An diesem Beispiel wurde deutlich, wie wichtig es ist, dem Benutzer ein explizit formuliertes, korrektes Modell des Systemverhaltens zu geben. Abweichungen der Realität von diesem Modell werden oft gar nicht oder zu spät erkannt und Handbücher, Systembeschreibungen u.ä. erst dann gelesen, wenn es notwendig ist. Überraschend dabei ist, daß dann das Inhaltsverzeichnis oder Indizes bzw. Stichwortverzeichnisse für die Suche eher selten herangezogen werden (vgl. Lauesen 1989, 252). Vielmehr erfolgt die Informationssuche oft aufgrund einer diffusen Erinnerung an einen Begriff oder an eine Stelle im Text (z.B.: Irgendwo auf dem rechten oberen Teil einer Seite steht ...) sowie durch Schmökern. Es ist daher einerseits wichtig, die Dokumentation so zu gestalten, daß der Suchvorgang entsprechend den menschlichen Gewohnheiten unterstützt wird, andererseits daß die Bildung korrekter bzw. Korrektur falscher Modelle sichergestellt wird.

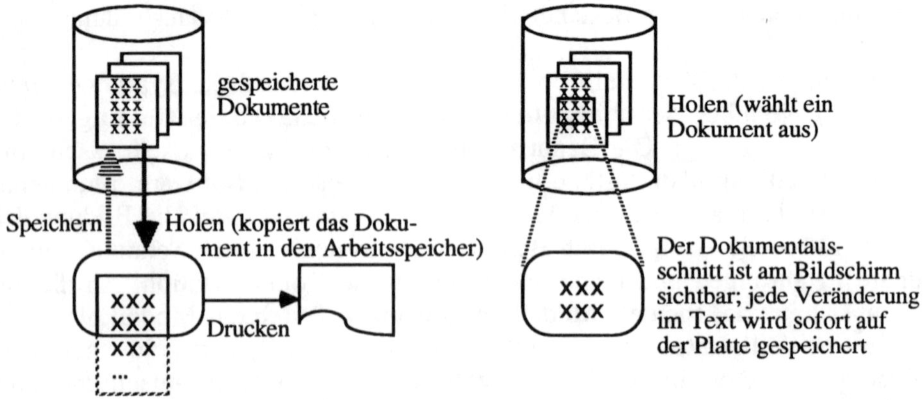

Abb. 2-1: Korrektes Modell und mentales Modell (nach Lauesen 1989)

2.1.2 Fremdsprachige Dokumentation

Es kommt häufig vor, daß Software auch für den Einsatz in anderssprachigen Ländern entwickelt wird. In solchen Fällen entsteht die Notwendigkeit, die zur Software gehörige Dokumentation auch in der jeweiligen Landessprache anzubieten. Daraus ergeben sich einige Konsequenzen, da auch für die fremdsprachigen Handbücher die gleichen prinzipiellen Qualitätsanforderungen gelten (vgl. z.B. Huke 1992). Üblicherweise wird die Übersetzung durch qualifizierte Übersetzer durchgeführt. Wichtig ist dabei die Vertrautheit des Übersetzers mit den Fachbegriffen und ein gewisses Grundverständnis der Software, da sonst leicht sinnentstellende Übersetzungen entstehen. Auch die Auseinandersetzung mit nationalen Normen und Standards sowie ihre Beachtung empfiehlt sich.

Die Zusammenarbeit mit dem Übersetzer hat meist einen positiven Nebeneffekt in Hinblick auf die Qualitätssicherung (vgl. Hoffmann/Schlummer 1990). Durch die sehr gründliche Auseinandersetzung mit dem Text treten häufig unklare oder fehlerhafte Textstellen zutage, die dann noch korrigiert werden können. Über solche Stellen lesen fachkundige Korrektoren leicht hinweg. Die terminliche und organisatorische Vorbereitung einer fremdsprachigen Dokumentation bedarf der eingehenden Planung. Insbesondere für folgende Aktivitäten ist ein entsprechender Zeitaufwand einzuplanen (vgl. Hoffmann/Schlummer 1990, Huke 1992):

- Abschätzen des Übersetzungsaufwands,
- Terminabstimmung mit den Übersetzern,
- Klärung von Fachbegriffen und der Terminologie,
- Übersetzen der Software,
- Übersetzen der Dokumentation,
- Bereitstellung von Texten und Grafiken,
- Unterstützung des Übersetzers bei Rückfragen,
- Endredaktion (Formatieren, Editieren, Layout).

Immer wieder finden sich in der einschlägigen Fachliteratur Vorschläge zur Automatisierung des Übersetzungsvorgangs. In der Praxis haben sich solche Programme bislang allerdings noch nicht bewährt. Selbst wenn man sie nur zur Vorübersetzung, d.h. zur Generierung eines Rohentwurfs einsetzt, ist der Aufwand der Nachbearbeitung durch den Übersetzer meist höher, als wenn der Text unmittelbar übersetzt wird. Lediglich für einfachere "Texte" wie Stücklisten, Fachwortverzeichnisse u.ä., hat sich der Einsatz automatisierter Hilfsmittel bewährt. Außerdem können Lexikon-Datenbanken und Spell-Check-Programme helfen, die Qualität der Ergebnisse zu verbessern. (vgl. dazu auch die 1.3.3, "Automatische Übersetzung" sowie 3.2.2, "Grammar-, Style- und Spell-Checker").

2.1.3 Benutzerfehler

Benutzerfehler werden häufig mit Mängeln in der Software-Dokumentation in Verbindung gebracht. Aus diesem Grund soll dem Thema ein eigener Abschnitt gewidmet werden. Mögliche Ursachen für Benutzerfehler sind:

- fehlende Dokumentation
- unzureichende Dokumentation
- unzureichende Einschulungen
- fehlende Akzeptanz
- "falsche Software"
- Müdigkeit, Zeitdruck, usw.

Benutzerfehler haben selten eine einzige Ursache und sollten daher immer im Zusammenhang mit dem Gesamtsystem gesehen werden. Es ist auch nicht zielführend, Fehler entweder dem Benutzer oder dem System anzulasten, - in der Praxis wird leider häufig eine personelle Schuldzuweisung vorgenommen - da Fehler in der Interaktion zwischen Mensch und Maschine entstehen und eine eindeutige Zuordnung nur in den wenigsten Fällen vollzogen werden kann.

Dieses Verhalten, nämlich bei Benutzerfehlern einem Anwender die Schuld zuzuweisen, ist für die Entwickler der Software möglicherweise ein bequemer Weg. Die Ursache der Probleme müssen jedoch sehr wohl im Zusammenhang mit dem entwickelten Produkt gesehen werden. Es ist daher ebenso plausibel zu sagen, daß sich das System dem Benutzer in keiner Weise anpaßt und es daher zwangsläufig zu Fehlern kommen muß. In einer solchen Situation sind zwei Lösungsmöglichkeiten denkbar: Entweder wird das System an den Benutzer angepaßt, oder der Benutzer lernt mit dem System umzugehen (vgl. Frese 1989).

Bei der Anpassung des Systems an den Benutzer spricht man in der Literatur auch von Fehlervermeidung. Dies bedeutet, daß bei der Entwicklung eines Anwendungssystems durch eine gute Softwaregestaltung versucht wird, Fehler zu vermeiden. Die alternative Lösungsmöglichkeit - der Benutzer lernt mit dem System umzugehen - kann durch das explizite Einbauen von Fehlern in der Schulungsphase gefördert werden und unter Umständen dazu beitragen, daß ein vorhandenes mentales Modell (siehe auch Kapitel 2.1.1, "Probleme und Mängel bei der Software-Dokumentation") abgeändert wird. D.h. ein Anwender erfährt in einem fehlerorientierten Training, wie man Fehler diagnostiziert und auch korrigiert. Das führt in der Folge dazu, daß Fehler eher als ein natürliches Phänomen betrachtet werden und nicht mit Angst und Frustration verbunden sein müssen (vgl. Frese 1989). Es muß jedoch darauf hingewiesen werden, daß eine fehlerorientierte Schulung im allgemeinen nur für fortgeschrittene Anwender Nutzen bringt, und beim Anfänger, welcher einer Flut von neuen Informationen und Eindrücken ausgesetzt ist, eher zur Demotivation führen wird.

2.2 Organisatorische und personelle Aspekte der Dokumentation

Die Erstellung der Software-Dokumentation bedarf eines umsichtigen Managements und einer geeigneten Organisation. Selbstverständlich ist im Einzelfall eine Abstimmung mit verschiedenen Merkmalen wie Unternehmensgröße, Projektumfang, Art der Software, Anzahl und regionale Verteilung der Benutzer, Standard- oder Individualsoftware usw. vorzunehmen. Die nachfolgenden Ausführungen müssen sich daher auf einige wichtige Aspekte beschränken. Sie haben den Charakter von Anregungen und allgemeinen Konzepten und sollten daher nicht als Rezept oder kopierbare Vorlage aufgefaßt werden.

Wichtige Fragen, die nachfolgend näher dargestellt werden, betreffen die Ablauforganisation bei der Erstellung der Dokumentation, die Festlegung der personellen Verantwortlichkeit sowie der Organisationsstruktur (Dokumentationsgruppe oder Team), sowie die Aktualisierung und Verteilung der Dokumentation. Das Mangement von Dokumentationsprojekten unterscheidet sich nicht grundsätzlich von den allgemeinen Anforderungen an ein Projektmanagement (vgl. Lehner et al. 1991). Dennoch weist es gewisse aufgabenspezifische Besonderheiten auf, die ebenfalls kurz angesprochen werden.

2.2.1 Aufbau und Ablauforganisation

Das methodische Vorgehen bei der Entwicklung der Software-Dokumentation wurde bereits in einem anderen Kapitel angesprochen (siehe Kapitel 1.2.1, "Dokumentationsprozeß und Dokumentationsprinzipien"). Insbesondere in größeren Organisationen ist es erforderlich, den Prozeß oder Ablauf nicht nur zu verstehen, sondern auch formal und institutionell festzulegen. In der Literatur finden sich dazu nur spärlich Beispiele, die als Vorlage herangezogen werden könnten (z.B. "Siemens" bei Hoffmann/Schlummer 1990).

Die Einordnung der Dokumentation in die Unternehmensorganisation hängt von vielen Faktoren ab. Hervorzuheben sind hier die Unternehmensgröße, der Projektumfang und die Nutzung bzw. Verbreitung der Software (und damit auch der Dokumentation). Selbstverständlich spielen auch allgemeine, unternehmensinterne Gegebenheiten und die Projektorganisation eine Rolle. Eine idealtypische Organisationsform kann es unter diesen variablen Voraussetzungen nicht geben. Dennoch gibt es einige Punkte, die bei der organisatorischen Regelung beachtet werden sollten. Zunächst sollten alle mit der Erstellung der Dokumentation verbundenen Tätigkeiten festgelegt und diee hierarchische sowie personelle Zuordnung vorgenommen werden (einschließlich externer Aufgaben). Besonders wichtig dabei ist, daß ein Dokumentationsverantwortlicher bestimmt wird, der organisatorisch auch in das Softwareentwicklungsteam sowie in die relevanten Gremien des Unternehmens eingebunden ist.

Die Organisation der Dokumentation ist in keinem Unternehmen je endgültig. Sie muß immer wieder neuen Rahmenbedingungen angepaßt und aktualisiert werden. Von den Mitarbeitern der Dokumentationsabteilung sollte außerdem eine gründliche Kenntnis der übrigen Unternehmensorganisation erwartet werden, weil hier vielfältige Bezüge zur Handbucherstellung existieren. Exemplarisch können Marketing und Vertrieb, Softwareentwicklung, Kundendienst, Produkttest, Übersetzungsdienst, Schulung und Öffentlichkeitsarbeit genannt werden. Der Kontakt kann formell oder institutionalisiert, aber auch auch informell sein.

Ein häufig zitierter Vorschlag zur Gestaltung der Ablauforganisation bei der Software-Dokumentation stammt von Rupietta (1987). Der Modellvorschlag stellt einen idealisierten Ablauf zur Erstellung einer Benutzerdokumentation dar. In der praktischen Arbeit wird die Reihenfolge bei der Bearbeitung meist davon abweichen. Dies stellt jedoch keinesfalls das Modell in Frage, das als Leitfaden und nicht als Abbild der Realität gedacht ist. Man sollte sich daher während der Entwicklung in regelmäßigen Abständen Klarheit darüber schaffen, in welcher Phase man gerade angelangt ist und wie weit man vom idealen Ablauf entfernt ist. In diesem Sinne wird das Modell als Instrument des Projektmanagements eingesetzt. Abbildung 2-2 zeigt den Vorschlag von Rupietta, der sich in seiner Grundstruktur an die Phasen des Software-Entwicklungsprozesses anlehnt.

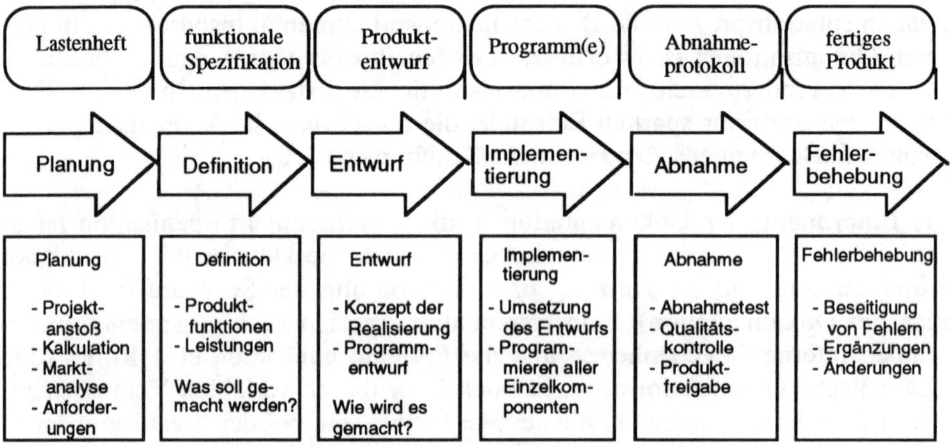

Abb. 2-2: Phasenkonzept für Softwareentwicklung und Dokumentation (Quelle: Rupietta 1987)

Der Grundgedanke des dargestellten Phasenmodells besteht darin, daß die zeitlich aufeinanderfolgenden Entwicklungsphasen definierte Zwischenergebnisse (Dokumente) produzieren. Jedes Dokument ist als Vorbedingung für die nächste Entwicklungsphase anzusehen. Die einzelnen Phasen werden nachfolgend kurz erläutert (vgl. Rupietta 1987):

- **Anforderungen festlegen:** Dieser Schritt ist notwendig, um in den späteren Phasen überprüfen zu können, ob der Entwurf den Anforderungen entspricht. Er dient außerdem als Hilfe bei der Erstellung des Konzepts für die Benutzerdokumentation.

- **Konzipieren:** In diesem Arbeitsabschnitt wird festgelegt, wie die vorher definierten Anforderungen erfüllt werden. Es ist darauf zu achten, daß bereits in dieser Phase eine Überprüfung und gegebenfalls eine Korrektur des

Konzepts stattfindet, um überflüssige Arbeit zu vermeiden, wenn Fehler erst in einem späteren Schritt aufgedeckt werden. Das Konzept soll so ausführlich und eindeutig sein, daß auch ein nichtbeteiligter Handbuchautor die Umsetzung des Konzepts vornehmen kann.

- **Entwerfen:** Mit dem Entwurf wird das überarbeitete Konzept in einen Prototypen eines zukünftigen Benutzerhandbuchs umgesetzt. Bereits jetzt ist es sinnvoll, den Anwender mit einzubeziehen, um die Korrektheit, Vollständigkeit, Benutzbarkeit und andere Kriterien an diesem vorläufigen Handbuch überprüfen zu können.

- **Revidieren:** Diese Entwicklungsstufe ist mit dem Abnahmetest bei der Softwareentwicklung vergleichbar. Ein geeigneter Personenkreis überprüft den Entwurf. Das kann zur Folge haben, daß bei umfangreichen Überarbeitungen die Entwurfsphase nochmals durchlaufen werden muß.

- **Überarbeiten:** Führte die Revisionsphase nicht zu einem Rückschritt, so werden in diesem Schritt die bei der Überprüfung aufgetretenen Mängel beseitigt. Der Zyklus Revision/Überarbeitung ist solange zu wiederholen, bis keine Beanstandungen seitens der beteiligten Personen mehr auftreten.

- **Produzieren**: Herstellung des Handbuchs. So wie der Lebenszyklus der Softwareentwicklung mit der Inbetriebnahme nicht abgeschlossen ist, muß auch die Benutzerdokumentation an Änderungen angepaßt und weiterentwickelt werden.

Von einer etwas anderen Gliederung des Ablaufs bei der Dokumentationsentwicklung gehen Hoffmann/Schlummer (1990) aus. Den Ausgangspunkt bildet ebenfalls das Phasenkonzept zur Softwareentwicklung. Die Strukturierung der Prozeßschritte orientiert sich allerdings klar an der Situation in Großunternehmen. Abb. 2-3 zeigt die einzelnen Schritte der Handbucherstellung, die mit der Auslieferung des Handbuchs endet.

Prozeßschritte	Arbeitsschritte (Was ist zu tun?)
Einarbeiten und Aufwand abschätzen	Manualinput durcharbeiten Zeitplan grob erstellen
Manual feinplanen	Manualinhalt planen Kapitel detailliert gliedern Zeitplan erstellen
Manualstruktur- und Produktionsbesprechung abhalten	Einladung zur Besprechung Besprechung Ergebnisprotokoll

Manuskriptdatei und Grafiken erstellen	Manuskript erstellen Manuskript als Datei erfassen Manuskriptdatei korrigieren Grafiken entwerfen
Erster Korrekturlauf	Korrekturlauf vorbereiten Korrekturexemplare versenden Korrekturen einarbeiten Erstlieferung an den Übersetzungsdienst
Manuskriptdatei und Grafiken fertigstellen	Manuskriptdatei fertigstellen Beispiele testen und einarbeiten Grafiken in Auftrag geben
Zweiter oder letzter Korrekturlauf	Korrekturlauf vorbereiten Korrekturexemplare versenden Korrekturen einarbeiten Zweitlieferung an den Übersetzungsdienst
"Vorabmanual" an den Software-Kundendienst übergeben	"Vorabmanual" erzeugen An Software-Kundendienst übergeben
Manualprüfung	Manualdatei an die Gruppe Satz übergeben Überprüfen der Manualdatei bezüglich Produzierbarkeit und Qualität
Satz	Manualdatei für Druck vorbereiten Druckvorlagen erstellen Druckvorlagen korrigieren
Produktion	Druckvorlagen an die Druckerei weitergeben Druck der Manuale Manualdatei archivieren Kennung auflösen
Manualerstellung abschließen	Fertiges Manual im Druckschriftenlager Kundeneinsatz des Manuals

Abb. 2-3: Prozeßschritte bei der Erstellung eines Handbuchs
(Quelle: Hoffmann/Schlummer 1990)

2.2.2 Berufliche Perspektiven und Weiterbildungsangebot

Im Tätigkeitsbereich technischer Redakteure gibt es viele Ansatzpunkte für Verbesserungen. Die dokumentierten Mängel sprechen für eine Professionalisierung der Aus- und Weiterbildung von Technikautoren. Leider ist hierzulande in bezug auf die Dokumentation ein kurzfristiges Kosten-/Nutzen-Denken noch immer weit verbreitet und das einschlägige Bildungsangebot noch wenig bekannt. Wir unterscheiden uns in diesem Punkt stark vom anglo-amerikanischen Sprachraum, aber auch von manchen europäischen Ländern. Als positives Beispiel kann Schweden genannt werden, wo sich das Communication Education Center AB (kurz: COMED) bereits seit 30 Jahren der Ausbildung technischer Autoren widmet (vgl. Hoffmann/Schlummer 1990, Bock 1994).

Bevor auf das Ausbildungsangebot etwas näher eingegangen wird, sollen aber nochmals einige wichtige Gründe angeführt werden, welche den Stellenwert einer qualifizierten Ausbildung von Autoren verdeutlichen. Mängel der Dokumentation verursachen gewöhnlich Folgekosten sowohl beim Anwender als auch beim Hersteller. Die indirekten Folgewirkungen sind zwar quantitativ schwer erfaßbar, dürften aber in ihren negativen Auswirkungen unmittelbar einsichtig sein (z.B. gestörtes Vertrauensverhältnis zum Kunden, Schaden am Produktimage). Eine wirksame Unterstützung von Marketingmaßnahmen und die Förderung einer Corporate Identity bedarf professionell erstellter Dokumentationsunterlagen. Dazu kommt, daß die Abhängigkeit der Anwender von guter Dokumentation durch die zunehmende Komplexität der Software stark gestiegen ist, sodaß die Qualität der Dokumentation zunehmend zum kaufentscheidenden Faktor wird (vgl. Krause 1994).

Vor diesem Hintergrund sind die beruflichen Perspektiven von Technikautoren relativ positiv zu beurteilen (vgl. auch Herzke et al. 1989). Dies zeigt sich u.a. auch in einer leicht zunehmenden Tendenz bei den Stellenangeboten. Verstärkt wird diese Entwicklung noch durch den Aufschwung von Fachzeitschriften und Fachbüchern. Dieses Wachstum zieht einen verstärkten Bedarf an Fachjournalisten und Autoren nach sich, wobei Technikautoren für solche Tätigkeiten im allgemeinen gute Voraussetzungen mitbringen. Böse Zungen behaupten allerdings, daß der Bedarf an einführender oder weiterführender Fachliteratur im DV-Bereich wesentlich geringer wäre, wenn die Originaldokumentation besser wäre (man beachte z.B. das Angebot an Zusatzliteratur für PC-Software). Für die Zukunft des Berufsstands ist zu erwarten, daß insbesondere bei Software die Programmierung und die Dokumentation noch stärker ineinandergreifen werden. Im Grunde gilt das Prinzip der begleitenden Dokumentation auch jetzt schon als wichtiges Qualitätskriterium. Dennoch wird seine Bedeutung in Zukunft, bedingt durch technologische Entwicklungen (z.B. Objektorientierung, Hypermedia, Multimedia) weiter zunehmen.

In Deutschland wurde 1978 eine berufliche Standesvertretung gegründet, nämlich die Gesellschaft für technische Kommunikation e.V. (kurz: tekom). Diesem Berufsverband, dessen Bekanntheitsgrad in der breiten Öffentlichkeit leider noch immer viel zu gering ist, gehören inzwischen über tausend Mitglieder an, die von der tekom als "Technische Autoren" bezeichnet werden. Die Ziele der tekom können wie folgt zusammengefaßt werden (vgl. Hoffmann/Schlummer 1990, Herzke et al. 1989):

- Förderung der Weiterbildung technischer Autoren,

- rationelle Erstellung technischer Informationen und Dokumentationen,
- benutzergerechte Information sowie
- Schaffung eines Berufsbilds "Technischer Autor".

Zu diesem Zweck werden von der tekom regelmäßig Tagungen und Seminare zur Weiterbildung veranstaltet. Trotz dieser Initiative ist im deutschsprachigen Raum noch ein erheblicher Defizit auf diesem Gebiet feststellbar. Dies gilt insbesondere für den Hochschulbereich. Während an zahlreichen amerikanischen Hochschulen ein Abschluß als "Technical Author" erworben werden kann (vgl. Hoffmann/Schlummer 1990, Herze et al. 1989), existiert in Deutschland nur an der Fachhochschule Hannover ein 8-semestriges Vollstudium, das mit dem Diplom zum Technikredakteur abschließt. Daneben existieren noch einige weitere Hochschulen und Fachhochschulen, an denen es zumindest Studienschwerpunkte oder regelmäßige Lehrveranstaltungen gibt (vgl. Krause 1994, Herzke et al. 1989). Meist sind sie in medienwissenschaftliche Studiengänge oder in den Bereich Information und Dokumentation eingebettet. Das Thema Dokumentation hat an den Hochschulen aber insgesamt betrachtet noch nicht die gebührende Beachtung gefunden.

Art der Ausbildung	Anbieter		
	privat	halbprivat	öffentlich
Volontariat	+++	-	-
Umschulung	+++	+	-
berufliche Weiterbildung			
• Fernkurs	++	+	+
• Wochenendseminare	+	++	++
Studium			
• Fernstudium	-	+	+
• Aufbaustudium	-	+	++
• Studienschwerpunkt	-	+	+++
• Vollzeitstudium	-	+	+++

Denkbare (+), geplante (++) und praktizierte (+++) Formen institutioneller Anbindung der Ausbildung im Bereich Technikkommunikation

Abb. 2-4: Überblick über Ausbildungsformen für Technikautoren (Quelle: Krause 1994)

Die Aus- und Weiterbildung technischer Autoren hängt damit in hohem Maße von den Unternehmen selbst ab. Eine institutionelle Unterstützung erfolgt dabei, neben der bereits erwähnten Gesellschaft für technische Kommunikation e.v. in Stuttgart, durch verschiedene private oder halbprivate Institutionen.

Darüberhinaus spielen auch "Training on the Job" und die innerbetriebliche Ausbildung eine wichtige Rolle. Eine gewisse Systematisierung erfährt diese Art der Ausbildung im sogenannten "Patensystem", bei dem ein erfahrener Mitarbeiter für einen bestimmten Zeitraum mit der Einarbeitung und Betreuung des neuen Kollegen betraut wird.

Als Beispiele für institutionelle Anbieter können die Fernkurse der Axel-Andersson-Akademie (AAA) in Hamburg, Wochenendkurse des Deutschen Industrie- und Handelstages (DIHT) in Bonn, die Seminare der Riedel Gesellschaft für Informationsgestaltung und Dokumentation in München, das Programm zum Thema technische Dokumentation und Kommunikation der Berufsakademie Ravensburg, das Service von tech-writers in Berlin, Seminarangebote von DIFF in Tübingen sowie ein im Rahmen des Programms für Erwachsenenbildung geplantes Weiterbildungsprogramm der Universität Bielefeld genannt werden. Abbildung 2-4 zeigt die derzeit üblichen Ausbildungsformen, wie sie sich nach einer neueren Untersuchung präsentieren, im Überblick.

2.2.3 Verfasser von Benutzerhandbüchern

Während Systemdokumentation von der Sache her eher von Programmierern oder DV-Spezialisten erstellt werden sollte, ist dies bei Benutzerdokumentation nach dem heutigen Stand des Wissens nicht ideal (vgl. dazu Kapitel 2.3.1, "Situation und Stellung von Technikautoren"). Die mit der Entwicklung und Erstellung von Benutzerhandbüchern zusammenhängenden Aufgaben sollten von spezialisierten Fachleuten (technische Autoren, Technikredakteure) wahrgenommen werden. Vor diesem Hintergrund stellen sich unter anderem folgende Fragen:

- Wer sind in der Praxis die Verfasser einer Dokumentation?
- Wer sollte Verfasser einer Dokumentation sein?
- Was sind Gründe für Widersprüche zwischen beiden Fragen?

Die Beantwortung dieser Fragen ist z.T. abhängig von der Art und Größe der Unternehmensorganisation. In vielen Fällen sind die Verfasser der Benutzerdokumentation Programmierer (insbesondere bei Individualsoftware), welche bei der Entwicklung der Software aktiv beteiligt waren. Dies ist nicht darin begründet, daß sich Programmierer für diese Arbeit besonders interessieren oder eignen (eher das Gegenteil trifft zu), sondern daß diese Arbeit einfach deligiert wird. Das Interesse der Programmierer für die Entwicklung der Benutzerdokumentation ist im allgemeinen nicht sehr hoch. Gründe hierfür können sein:

- Nach Abschluß der Entwicklungsarbeiten an einem Softwarejekt ist "die Luft draußen"; der Programmierer ist meist froh, daß das Projekt beendet ist und ist nur mehr mit reduziertem Einsatz bei der Sache.
- Programmierer fühlen sich nicht verantwortlich für die Dokumentation oder sehen sie als zweitrangige Aufgabe an;
- Termindruck, d.h. es wird für diese Arbeit nicht genügend Zeit veranschlagt.

In größeren Unternehmen gibt es meist Mitarbeiter, die auf die Erstellung von Benutzerhandbüchern spezialisiert sind. Diese Personen sind entweder in der Softwaregruppe integriert, welche ein Projekt realisiert, oder in einer separaten Dokumentationsabteilung organisiert. Sie sind daher in der Lage, die Dokumentation parallel zur Softwareentwicklung zu verfassen. Ist im Unternehmen eine eigene Schulungsabteilung oder eine eigene Abteilung für Anwenderunterstützung vorhanden, so könnten auch die Mitarbeiter dieser Abteilung Verfasser von Benutzerhandbüchern sein. Der Vorteil bei dieser Lösung ist, daß durch das Verfassen der Schulungsunterlagen soviel Wissen über die Software erworben wird, daß eine Weiterführung bzw. Abänderung dieser Unterlagen zum Benutzerhandbuch eine praktikable Lösung scheint. Ein weiterer Vorteil liegt in der Zusammenarbeit der Schulungsabteilung mit den zukünftigen Anwendern dieses Softwaresystems. Daher kann bei der Entwicklung der Benutzerdokumentation gezielt auf die Wünsche und Probleme der Anwender eingegangen werden.

Eine weitere Möglichkeit ist, daß Mitarbeiter des Projekts die Benutzerdokumentation in Zusammenarbeit mit den betroffenen Abteilungen erstellen. Hierbei darf es nicht entscheidend sein, welche Position ein Mitarbeiter im Projekt einnimmt, sondern es sollte derjenige ausgewählt werden, der die beste Qualifikation für diese Arbeit mitbringt.

Folgende Gründe können für Probleme oder Konflikte verantwortlich sein:

- Dokumentieren ist eine scheinbar unproduktive Arbeit;
- das Verfassen von Benutzerhandbüchern wird als zweitrangig angesehen;
- die Motivation für die Abschlußarbeiten an einem Projekt, zu denen auch die Erstellung des Benutzerhandbuchs gehört, ist nicht mehr im nötigen Ausmaß vorhanden. Diese Arbeiten werden daher an die unteren Hierarchiestufen delegiert;
- Zeit- und Personalmangel;
- es ist sehr schwierig, komplexere Zusammenhänge mit einfachen Worten verständlich zu machen.

2.2.4 Verwaltung und Verteilung der Dokumentation

Softwareprodukte werden an Änderungen im Betriebsablauf, an die Wünsche und Erfordernisse des Anwenders, an gesetzliche Änderungserfordernisse usw. angepaßt (vgl. Lehner 1991). Hand in Hand mit diesen Erweiterungen bzw. Änderungen muß auch die Dokumentation adaptiert werden. Änderungen in den Handbüchern können Korrektur, Ergänzung und die Beschreibung neuer Funktionen betreffen (vgl. Rupietta 1987). Die technische Unterstützung erfolgt durch entsprechende Hilfsmittel und Werkzeuge wie z.B. Konfigurations- und Versionsverwaltung (vgl. Kapitel 1.3.5). Nachfolgend wird daher primär auf organisatorische Aspekte eingegangen.

Um später hinzuzufügende Änderungen in das Gesamtkonzept der Benutzerdokumentation sinnvoll einzufügen, müssen gewisse Richtlinien (z.B. Seitennumerierung, modularer Aufbau) beim erstmaligen Erstellen und Gestalten der Dokumentation bereits berücksichtigt werden. Darüberhinaus sind diese Änderungen allen Betroffenen möglichst umgehend zu übermitteln, und es muß überprüfbar sein, ob eine Änderung in einem bestimmten Handbuch tatsächlich durchgeführt wurde (vgl. Scheibl 1985).

Die Organisation des Änderungsdienstes für die Software-Dokumentation muß sicherstellen, daß (vgl. Scheibl 1985, Weiss 1991)

- Änderungen schnell bekanntgegeben werden,
- Änderungsverfahren möglichst einfach und fehlerfrei abgewickelt werden und
- die Dokumention und die Software konsistent bleiben.

Die Berücksichtigung von Änderungen in späteren Phasen der Benutzerdokumentation erfordert bereits bei der Erstellung der Dokumentation Kenntnisse über die ungefähre Häufigkeit und den Umfang von Änderungen. Während vereinzelte und kurze Änderungen durch Verteilung einzelner Korrekturblätter vorgenommen werden, ist bei umfangreichen Änderungen unter Umständen ein neues Handbuch aufzulegen oder zumindest ein Ergänzungsband dem bisherigen Handbuch hinzuzufügen (vgl. Weiss 1991). Für den Anwender ist es unbefriedigend, wenn er beim Update der Dokumentation einen Ausdruck erhält, auf welchem die Änderungen in der derzeitigen Version aufgelistet werden. Dies ist nur als Zusatzinformation zu Korrekturblättern oder einer neuen Handbuchversion geeignet.

Liegt das Benutzerhandbuch beim Anwender als Loseblatt-Sammlung in einem Ordner auf, so ist es für den Anwender sehr vorteilhaft, wenn er Korrekturblätter erhält, welche er nur gegen die ursprünglichen Blätter auszuwechseln braucht. Dies stellt dann die einfachste Art des Updates der Benutzerdokumentation dar, sofern nicht das ganze Handbuch neu verteilt wird. Dieses Verfahren ist jedoch gleichzeitig mit hohen Kosten verbunden (vgl. Simpson/McCasey 1988). Hilfreich für den Benutzer ist dabei, wenn er mit den auszutauschenden Korrekturblättern eine Berichtigungsliste erhält, in der genau aufgeschlüsselt ist, welche Seiten zu ersetzen bzw. welche Seiten neu in das Handbuch einzuordnen sind.

Beim Austausch einzelner Blätter ist noch zu berücksichtigen, daß nicht jeder Anwender diese Arbeit beim Eintreffen der Austauschblätter vornimmt, sondern daß diese Blätter oft gesondert aufbewahrt werden. Sind Änderungen bei einem Softwareprodukt und in der Folge beim Benutzerhandbuch sehr häufig, so kommt es schnell zu einer Auseinanderentwicklung von Handbuchinhalten und der dazugehörigen Software. Aus diesem Grund sollte bei häufigen Änderungen in bestimmten Zeitabständen die gesamte Benutzerdokumentation neu aufgelegt und verteilt werden.

Sind neue Seiten in das Handbuch cinzuordnen, ist auf die laufende Seitennumerierung zu achten. Aus diesem Grund empfiehlt sich bereits bei der Entwicklung der ersten Version des Benutzerhandbuchs jedes Kapitel mit der Seitennummer "1" zu beginnen, vorangestellt die jeweilige Kapitelnummer (z.B.: 8-15 ist die 15te Seite im 8ten Kapitel). Bei der Verwendung dieses Numerierungssystems kommt es beim Einfügen von neuen Seiten nur in dem betroffenen Kapitel zum Umsturz der Seitennumerierung und nicht im ganzen Handbuch.

Um die eingeordneten Korrekturblätter von den ursprünglichen Blättern unterscheiden zu können, müssen diese mit speziellen Daten gekennzeichnet werden. Ein aktuelles Datum oder eine Versionskennzeichnung auf jeder einzelnen Seite unterstützt die Überprüfung der Aktualität des Handbuchs.

Bei der Verteilung eines Updates zur Benutzerdokumentation muß sichergestellt sein, daß alle Anwender, welche von den Änderungen betroffen sind, auch die entsprechenden Unterlagen erhalten. Die Verteilung sollte gemeinsam mit dem Update des dazugehörigen Softwareprodukts erfolgen, um die Konsistenz sicherzustellen.

Ein typischer Verfahrensablauf könnte wie folgt aussehen aussehen (vgl. Scheibl 1985):

1. Zusammenstellen aller Änderungen und Anfertigen einer Berichtigungsliste;
2. Verteilen laut Verteilplan;
3. Ausführen der Änderungen laut Berichtigungsübersicht.

Um ein Benutzerhandbuch verteilen zu können, muß dieses zuerst vervielfältigt werden. Hier bestehen im wesentlichen drei Möglichkeiten, welche sich durch den Umfang des Handbuchs, die Höhe der Auflage und sonstige Anforderungen unterscheiden (vgl. Rupietta 1987):

- bei **geringer Auflage und geringem Umfang** des Handbuchs genügt zur Vervielfältigung ein **Kopiergerät** mit hoher Qualität.

- bei **größerer Auflage und großem Umfang** des Handbuchs ist es kostengünstiger, die Vervielfältigung in einer **Druckerei** vornehmen zu lassen. Ist der Text mit den entsprechenden Steuerzeichen auf einem Datenträger verfügbar, so kann die Druckerei mit einer geeigneten Ausstattung den Text direkt setzen. Dazu sind Angaben zu folgenden Punkten erforderlich: Umfang in Seiten, Höhe der Auflage, Druckverfahren, Papierqualität und -farben, Format, Verpackung sowie Termine für Korrekturabzüge und Fertigstellung.

- werden keine sehr hohen Anforderungen an die Benutzerdokumentation gestellt, d.h. keine Verwendung von Fotos usw., so ist eine weitere Möglichkeit der Verteilung, den Text auf einem Datenträger (meist einer Diskette) dem Anwender zur Verfügung zu stellen, welcher den Ausdruck an seinem Arbeitsplatz selbständig durchführt.

Es ist auch bei der Vervielfältigung der Benutzerdokumentation darauf zu achten, daß diese durch ihre äußere Form zum Erscheinungsbild des Unternehmens beiträgt. Daher sollte der Form des Handbuchs entsprechende Sorgfalt gewidmet werden, auch wenn die Kosten dadurch etwas höher liegen.

2.3 Empirische Befunde

2.3.1 Situation und Stellung von Technik-Autoren

Das Dokumentieren von Technik hat bereits eine lange Tradition (vgl. Bock 1994). Trotzdem kommt dem Thema "Dokumentation" heute eine viel größere Bedeutung zu als früher. Dies läßt sich u.a. mit der weiten Verbreitung von Produkten sowie mit der wachsenden Komplexität und gleichzeitig Erklärungsbedürftigkeit erklären. Obwohl also offensichtlich kein Zweifel über die Wichtigkeit der Dokumentation besteht, finden sich in der Praxis viele Mängel. Die Ursachen werden im allgemeinen bei den Autoren, beim Zeitdruck bis zur Fertigstellung des Manuskripts oder beim geringen Stellenwert der Dokumentation in Unternehmen gesehen. Da es sich hierbei um qualitative Aussagen handelt, besteht ein großes Interesse an einer eventuellen empirischen Bestätigung. Die genannten Faktoren wirken sich zwar mit Sicherheit auf die Qualität einer Dokumentation aus, sie sind aber selbst wieder abhängig von der

Ausbildung sowie den Arbeitsbedingungen und Hilfsmitteln, die den Autoren zur Verfügung stehen.

Gesicherte Informationen zu den angesprochenen Themen sind - zumindest für den deutschsprachigen Raum - sehr spärlich. Dies gilt für die Technik generell und für die Computer- und Softwareindustrie im speziellen. So kann z.B. nicht einmal eine genaue Aussage darüber gemacht werden, wieviele Personen sich mit Dokumentationsaufgaben befassen, weil dies in vielen Unternehmen vom Entwicklungspersonal gemacht wird, oder weil es als Nebentätigkeit angesehen wird, die zu keinem Ausweis in der Stellengliederung führt. Schätzungen zufolge sind in Deutschland derzeit etwa 30.000 Personen mit Dokumentationsaufgaben in technischen Bereichen beschäftigt (vgl. Herzke et al. 1989).

Eine Befragung unter tekom-Mitgliedern, die von Alexa (1989) durchgeführt wurde, befaßte sich mit der Situation von Technik-Redakteuren generell. Eine Bestandsaufnahme der Arbeitsmittel, Arbeitsbedingungen und der organisatorischen Einbindung, in der speziell auf die Situation in der Computerindustrie eingegangen wird, gibt Bock (1994) in ihrer 1992 durchgeführten Untersuchung. Aufgrund ihrer Relevanz für das vorliegende Buch werden die Ergebnisse nachfolgend zusammengefaßt wiedergegeben.

An der erwähnten Untersuchung beteiligten sich letztlich 177 Unternehmen, davon 58 aus der EDV-Branche, der Rest aus den Bereichen Maschinen- und Anlagenbau. Insgesamt wurden rund 1400 Personen in die Untersuchung einbezogen, sodaß den Ergebnissen ein größerer Aussagewert als bisherigen Untersuchungen zugemessen wird. Die Darstellung der empirischen Ergebnisse folgt der Reihenfolge des Fragebogens, wobei folgende Punkte unterschieden werden (vgl. Bock 1994):

- organisatorische Einbettung der Technikdokumentation,
- Aufgabenverteilung und Arbeitsorganisation bei der Dokumentationserstellung,
- soziodemografische Daten und Berufsausbildung der Technikredakteure,
- Weiterbildungsmöglichkeiten sowie
- Status der Technikautoren.

Die **organisatorische Einbettung** von technischen Redakteuren und Autoren wird in Abbildung 2-5 gezeigt. Die Bezugsbasis der Prozentangaben bildet die Anzahl der befragten Unternehmen, wobei Mehrfachnennungen möglich waren. Die Ergebnisse bestätigen insbesondere die Vermutung, daß die Dokumentation sehr unterschiedlichen Unternehmensbereichen zugeordnet wird und daß Dokumentationsabteilungen nur in größeren Unternehmen vorzufinden sind.

In bezug auf die **Aufgabenverteilung und Arbeitsorganisation** bestätigen sich viele gängige Vorurteile. In etwa einem Drittel der befragten Unternehmen waren die Technikautoren überwiegend mit anderen Aufgaben befaßt (z.B. Kundenberatung, Schulung, Präsentation), wobei solche Mehrfachbelastungen in der Computerbranche sogar wesentlich häufiger vorkamen. In ca. 40 % der Unternehmen müssen Technikautoren praktisch alle mit der Herstellung von Dokumentation verbundenen Techniken übernehmen. Das Tätigkeitsspektrum reicht dabei von der Planung über die Konzeptionierung, das Schreiben, die Druckvorbereitung, die Erstellung der Bilder und Grafiken, bis zur Drucküberwachung und manchmal sogar der Archivierung und Distribution (vgl. Bock 1994). Von einer ähnlichen Einschätzung der Arbeitsbedingungen gehen Hoffmann/Schlummer (1990) aus. Um Störfaktoren möglichst zu vermeiden, leiten sie Konsequenzen und Anforderungen für den Arbeitsplatz ab, die einer solchen Mischarbeitstätigkeit entsprechen.

	Maschinen-/ Anlagenbau (N = 119)		Computer-industrie (N = 58)		Gesamte Stichprobe (N = 177)	
	abs.	% *	abs.	% *	abs.	% *
Dokumentationsabteilung	80	67	20	35	100	56
Forschung und Entwicklung	28	24	22	25	50	28
Konstruktion und Fertigung	43	36	3	5	46	26
Werbung/Öffentlichkeitsarbeit	20	17	9	16	29	16
Vertrieb	14	12	10	17	24	14
Kundendienst/Service	11	9	6	10	17	10
anderer Bereich	11	9	8	14	19	11
Unternehmen zu klein für Abteilungsstruktur	-	-	10	17	10	6
Summe aller Nennungen	207		88		295	

* Bezugsbasis der Prozentzahlen ist die Zahl der Unternehmen

Abb. 2-5: Organisatorische Eingliederung der Dokumentationsfunktion (Quelle: Bock 1994)

Teamarbeit ist bei der Erstellung von Dokumentationen - zumindest in der Computerbranche - selten. Die gesamte Dokumentation bzw. abgeschlossene Teile davon werden meistens von einzelnen Mitarbeitern erstellt. Über die Gründe gibt es allerdings keine empirisch gesicherten Aussagen. Auch der geringe Stellenwert, der diesen Aufgaben beigemessen wird, kommt in der Untersuchung wieder einmal zum Ausdruck. Daß sich die festgestellte Aufgabenvielfalt und das heterogene Anforderungsprofil vor diesem Hintergrund negativ auf die Qualität der Dokumentation auswirken, ist dann kaum mehr verwunderlich (vgl. Bock 1994).

In den **soziodemografischen Daten** wurden Alter, Geschlecht und Berufsbildung erfaßt. Für die Computerindustrie konnten die Antworten von über 400 Personen auf 58 Unternehmen herangezogen werden. 77 % der Autoren waren 40 Jahre oder jünger. Dieses Ergebnis war insofern überraschend, als man häufig hören konnte, daß diese Tätigkeit von älteren Mitarbeitern ausgeübt wird, für die eine andere Verwendung nicht mehr in Frage kommt. Ein personeller Ersatz ist zumindest aus Altersgründen nicht vertretbar. Relativ ausgewogen ist das Verhältnis zwischen der Anzahl der Männer (58 %) und Frauen (42 %) in diesem Berufsfeld. Abbildung 2-6 zeigt die Umfrageergebnisse zur beruflichen Vorbildung der Technikautoren.

	Maschinen-/ Anlagenbau		Computer-industrie		Gesamte Stichprobe	
	abs.	%	abs.	%	abs.	%
kaufmännische Lehre	61	7	14	7	75	7
handwerkliche Lehre	45	5	11	5	56	5
technische Lehre	195	24	7	3	202	19
Fachschulabschluß	151	18	22	11	173	17
geistes- od. sozial-wiss. Studium	32	4	51	24	83	8
technisches Studium	269	33	60	29	329	32
naturwiss. oder math. Studium	48	6	30	14	78	8
andere Ausbildung	24	3	14	7	38	4
Summe	825	100	209	100	1034	100

Abb. 2-6: Berufsausbildung von Technikautoren (Quelle Bock 1994)

Auffällig an den Ergebnissen ist, daß vor allem in der Computerindustrie viele Hochschulabsolventen mit Aufgaben der Dokumentation befaßt sind. Darunter befindet sich ein relativ hoher Anteil von Personen mit einem geistes- oder sozialwissenschaftlichen Studium. In der Praxis besteht aber auch ein größerer Bedarf an "schreibenden Technikern" ohne Hochschulabschluß. Insbesondere gilt dies für die mittelständische Industrie, für die akademische Mitarbeiter in diesem Bereich oft zu teuer sind (vgl. Bock 1994).

Die **Weiterbildungsmöglichkeiten** und die Arbeitsmittel werden als Problembereich identifiziert. Etwa 90 % der rund 1400 befragten Technikautoren bzw. Mitarbeitern, die Dokumentation erfassen, eigneten sich ihr Wissen durch "Training on the Job" an. Selbst wenn man davon ausgeht, daß ein solches Training-on-the-Job unentbehrlich ist, deuten die Ergebnisse der Untersuchung auch auf Defizite in der Ausbildung oder im Ausbildungsangebot hin. Feststellen läßt sich außerdem, daß in kleineren Unternehmen der Computerbranche tendenziell weniger Weiterbildungskurse durch Technikautoren in Anspruch genommen werden, was primär auf ökonomische Gründe zurückzuführen scheint (vgl. Bock 1994).

Der **Status von Technikautoren** wurde im letzten Teil des Fragebogens erfaßt. Mit den Fragen sollten der Stellenwert und das Ansehen der Dokumentation und ihrer Verfasser ermittelt werden. Die Einschätzung erfolgte anhand unterschiedlicher Merkmale (z.B. Bezahlung, Aufstiegsmöglichkeiten, Ausstattung des Arbeitsplatzes) mit Hilfe einer fünfstufigen Skala. Positiv bewertet wurden die technische Ausstattung, insbesondere die Computerarbeitsplätze. Die negativen Punkte überwiegen allerdings, wobei es sich überdies um bekannte Probleme handelt. Die wichtigsten dieser Probleme sind (vgl. Bock 1994):

- zu knappe Mittel für die Entwicklung der Dokumentation,
- zu wenig Mitarbeiter,
- hoher Zeitdruck,
- geringe Anerkennung und
- schlechte Aufstiegsmöglichkeiten.

2.3.2 Qualität und Eigenschaften von DV-Handbüchern

In einer breit angelegten Umfrage, die von tech-writers anläßlich der SYSTEMS´89 in München begonnen und zur CeBIT´90 in Hannover fortgesetzt wurde, sollte herausgefunden werden, wo heute Reibungsverluste durch die Dokumentation entstehen und welche Anforderungen künftig an wirkungsvolle Handbücher gestellt werden. tech-writers ist ein Berliner Unternehmen, das sich auf technische Dokumentationen spezialisiert hat. Das Spektrum reicht von Gebrauchsanleitungen, grafischen Kurzanleitungen bis hin zum mehrbändigen Handbuch, Anleitungsvideos oder zur optimalen Gestaltung von Benutzeroberflächen. Die Ergebnisse der Umfrage, die zur SYSTEMS´91 wiederholt und auf Onlinehilfen und Benutzeroberflächen ausgedehnt wurde, wurden dem Autor freundlicherweise zur Verfügung gestellt (Die vollständigen Daten können bei tech-writers, Geisbergstraße 38, Berlin, bezogen werden).

Die Ergebnisse der Umfragen sollten zum "Nachdenken" anregen, da sie auf einer relativ großen Anzahl ausgewerteter Fragebögen beruhen, die überdies eindeutig der DV-Branche (als Hersteller oder Anwender) zugeordnet werden können. Diese Tatsache sowie die ohnehin nur spärlich verfügbaren empirischen Daten zum Thema Softwaredokumentation lassen methodische Mängel bei der Durchführung der Umfrage in den Hintergrund treten. Der Stichprobenumfang der verwendeten Zwischenergebnisse betrug 984 ausgewertete Fragebögen bei der SYSTEMS´89, 1670 Fragebögen bei der CeBIT´90 und 53 Fragebögen bei der SYSTEMS´91, wobei im letzten Fall nur Hersteller befragt wurden, die mit einer Produktpräsentation vertreten waren (ca. 500). Einige Ergebnisse aus diesen Umfragen werden nachfolgend etwas näher dargestellt. Alle Angaben erfolgen in Prozent bezogen auf den Stichprobenumfang.

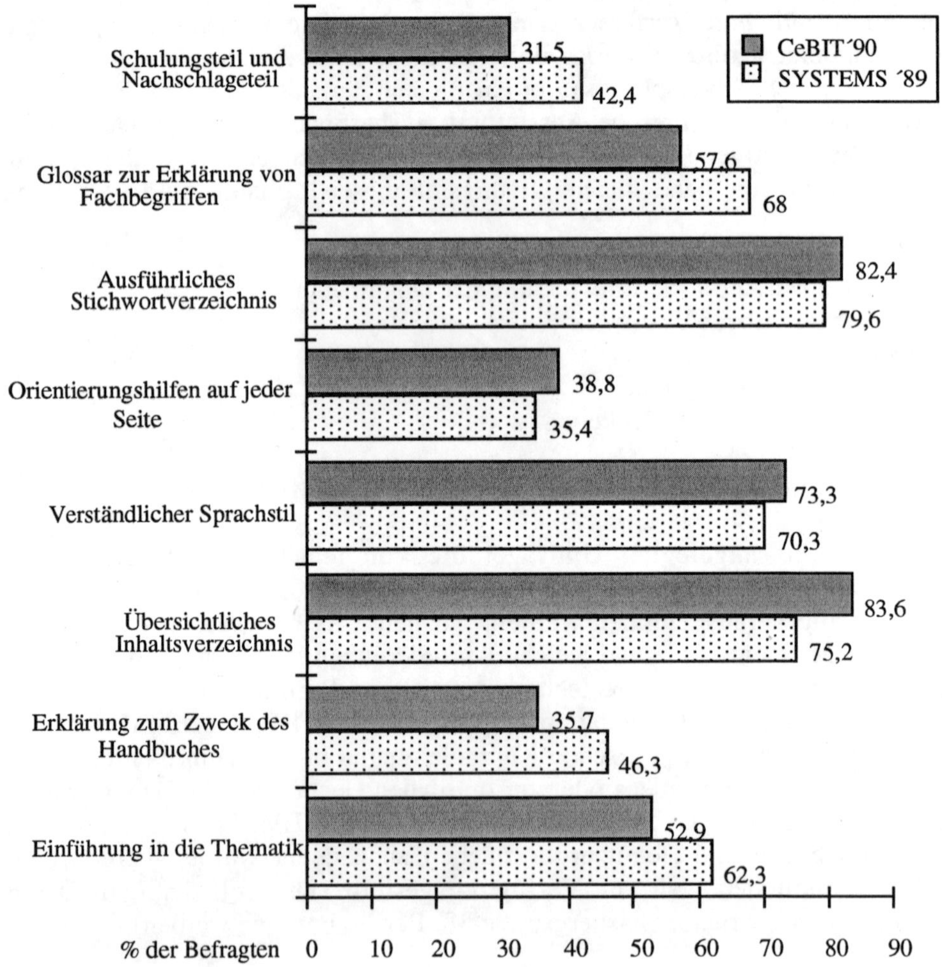

Abb. 2-7: Merkmale eines guten Handbuchs (tech-writers-Umfrage)

Ein Resultat der ersten Umfrage war, daß die meisten Handbücher die in sie gesetzten Erwartungen nicht erfüllen. Auf die unmittelbare Zielgruppe "Benutzer" wird zuwenig Rücksicht genommen. Die Sprache und Darstellung wird häufig als unverständlich oder zu technisch empfunden. Als Konsequenz aus Mängeln in Handbüchern ergab sich, daß fast die Hälfte der Befragten (48,3 %) angab, den Zugang zur Software über zeitaufwendiges Ausprobieren gefunden zu haben. Aus dieser Gruppe rekrutiert sich dann auch die große Zahl derjenigen, die nicht bereit sind, Fehler in den Handbüchern hinzunehmen (52,95 %), da sie mit einem hohen Zeitverlust verbunden sind (36,4 %).

Als wichtigste Merkmale für ein gutes Handbuch wurden ein ausführliches Stichwortverzeichnis, ein übersichtliches Inhaltsverzeichnis, ein verständlicher Sprachstil sowie Glossare für die Erklärung von Fachbegriffen genannt. Abbildung 2-7 zeigt die Antworten der Befragten zu dieser Frage, wobei die Ergebnisse der beiden Umfragen gegenübergestellt wurden.

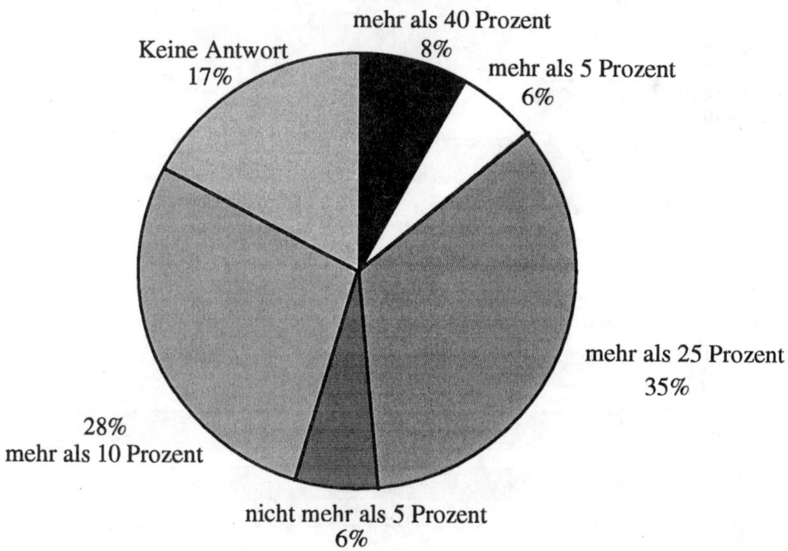

Abb. 2-8: Anteil der Dokumentation am Aufwand für die Softwareentwicklung

Die Unterschiede zwischen den beiden Umfragen scheinen nicht signifikant zu sein. Auch bei der zweiten Umfrage (CeBIT´90) wurde deutlich, daß sich viele Benutzer von den Handbüchern im Stich gelassen fühlen. Etwa 49 % der Befragten gaben an, bei Problemen wieder ganz von vorne anzufangen, umd ca. 25 % benutzen in einem solchen Fall das Handbuch überhaupt nicht mehr. Der überwiegende Teil der Benutzer (53,3 %) ist dieser Umfrage zufolge nicht bereit, Fehler im Handbuch zu tolerieren, da sie viel Zeit kosten (46,7 %) bzw. stark verunsichern (21,9 %). Neben den in Abbildung 2-8 ersichtlichen inhaltlichen Anforderungen wünschen etwa 88 % der Befragten mehr Grafiken, Illustrationen und Bildschirmabbildungen.

Die 1991 im Rahmen der CeBIT durchgeführte Umfrage ist insofern nicht direkt mit den beiden vorhergehenden Umfragen vergleichbar, als die Zielgruppe keine Benutzer sondern Entwickler und Hersteller waren. Es ist daher nicht weiter verwunderlich, daß die Mehrheit (nämlich 77 %) angeben, mit der Qualität ihrer Handbücher im allgemeinen zufrieden zu sein. Wieviel Prozent vom Entwicklungsaufwand eines Programms für seine Dokumentation veranschlagt werden, geht aus Abbildung 2-8 hervor.

Abbildung 2-9 zeigt die organisatorische Zuständigkeit für das Schreiben des Handbuchs. Die Beteiligung von Programmierern ist zwar noch immer relativ hoch, scheint aber keineswegs kritisch zu sein. Lediglich 8 % der Befragten gaben nämlich an, daß die Handbücher ausschließlich durch Programmierer erstellt werden.

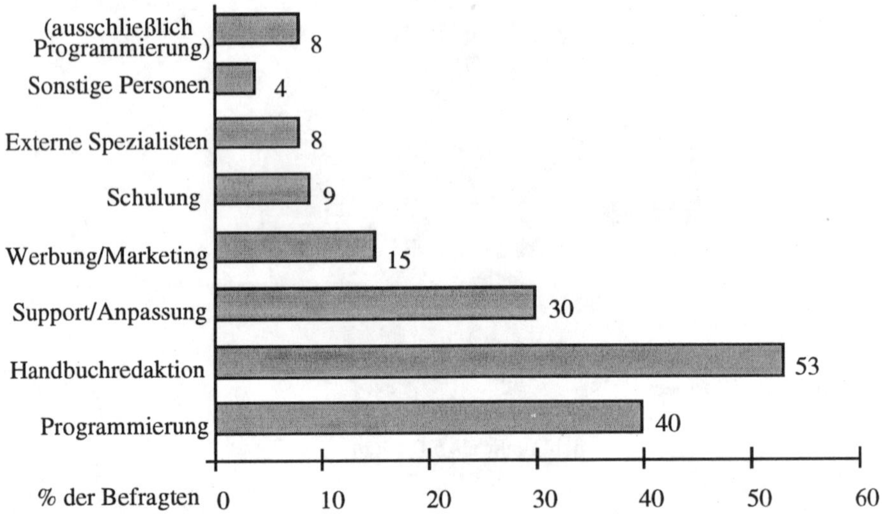

Abb. 2-9: Organisatorische Zuständigkeit für Schreiben von Handbüchern

Die mit einem Handbuch verbundenen Ziele sind beim Hersteller verständlicherweise etwas anders gelagert als bei Benutzern. Abbildung 2-10 gibt darüber Auskunft. Besonders deutlich fällt die Notwendigkeit auf, das Handbuch mit der Benutzeroberfläche und der Online-Hilfe abzustimmen sowie seine Verwendung als Medium, um dem Anwender den Produktnutzen nahezubringen (Verkaufshilfe).

Die übrigen nachfolgend dargestellten Umfrageergebnisse beziehen sich auf den Themenkomplex "Onlinehilfe". Abbildung 2-11 zeigt, inwieweit konkrete Hilfen bereits realisiert sind. Abbildung 2-12 zeigt den potentiellen Wert, welcher der Online-Dokumentation beigemessen wird. Auffallend ist dabei die Bevorzugung gegenüber Handbüchern sowohl in der Benutzung als auch zur Einschulung.

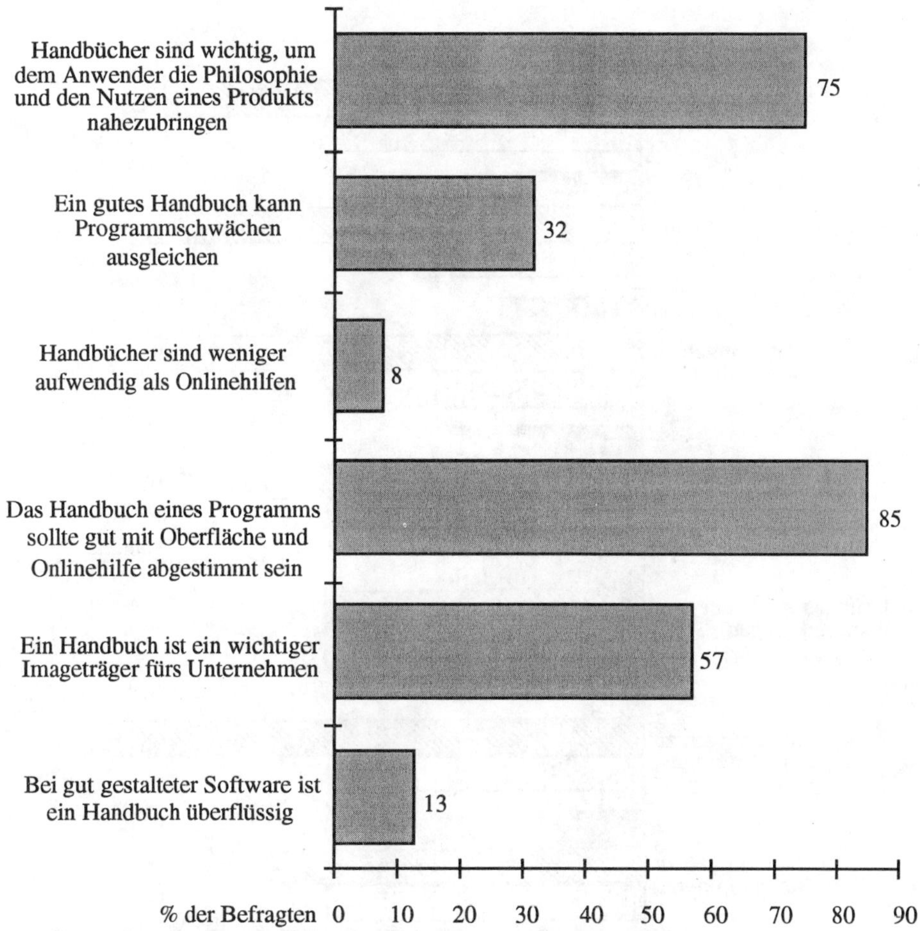

Abb. 2-10: Gründe für die Notwendigkeit von Handbüchern

Auf die Frage nach den vorhandenen Funktionen, gaben die Mehrheit der Hersteller "Hilfe-Index" an. Die übrigen Funktionen sind hingegen deutlich seltener realisiert (vgl. Abbildung 2-13).

Die Zuständigkeit für das Schreiben der Hilfetexte geht aus Abbildung 2-14 hervor. Hier sind keine großen Unterschiede beim Vergleich mit der organisatorischen Verantwortlichkeit zu erkennen. Der Grund wird vermutlich sein, daß es sich hier um die gleiche Gruppe von Befragten handelt, und daß in diesen Unternehmen die Zuständigkeit zwischen Software-Handbüchern und Online-Dokumentation selten getrennt ist Auffallend ist aber, daß in deutlich mehr Fällen die Programmierung für das Schreiben der Online-Hilfetexte zuständig ist, als dies bei der Erstellung von Handbüchern der Fall ist.

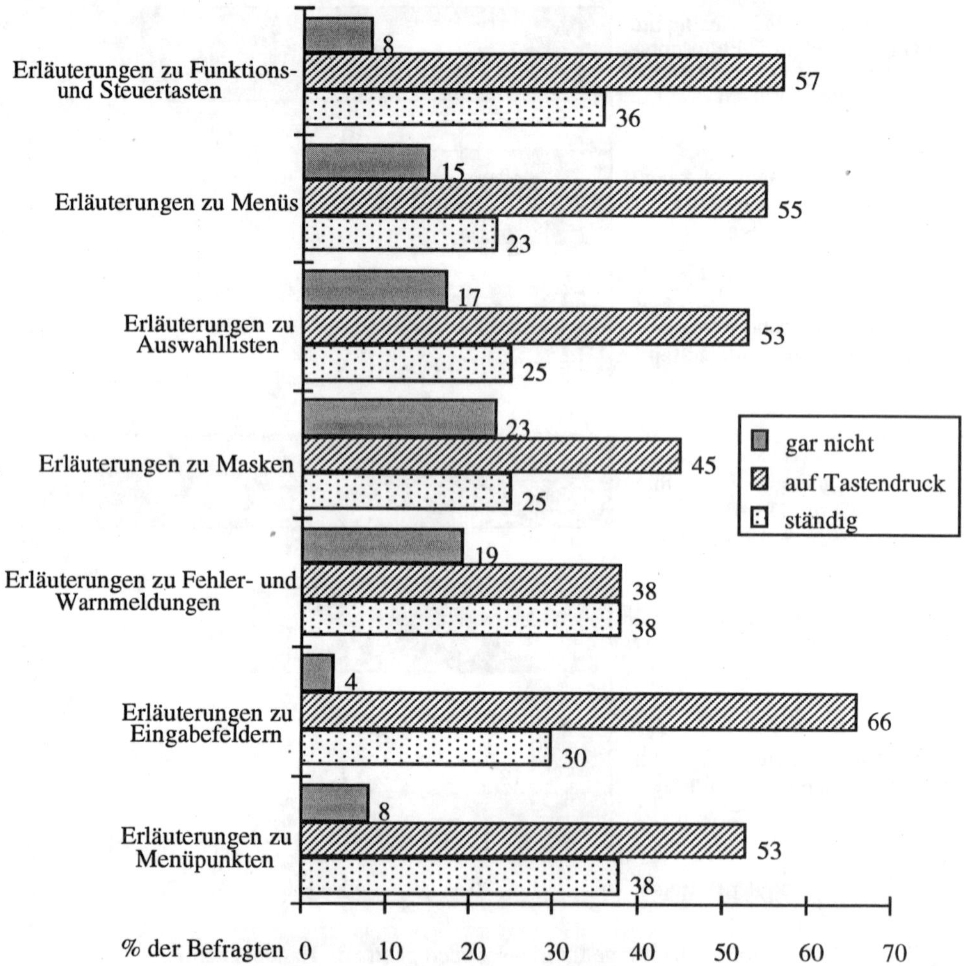

Abb. 2-11: Realisierung von Online-Hilfen

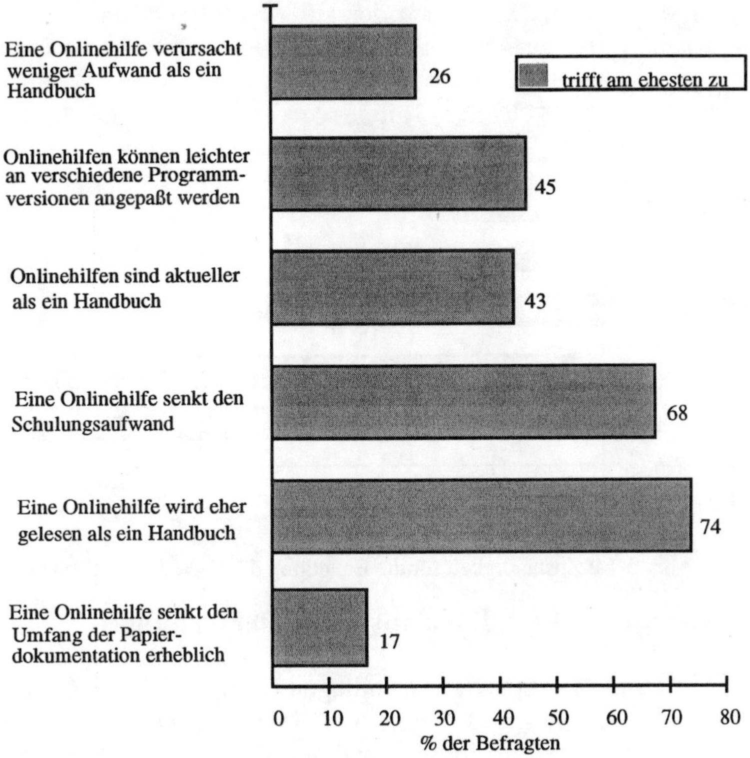

Abb. 2-12: Potentieller Wert von Online-Hilfen

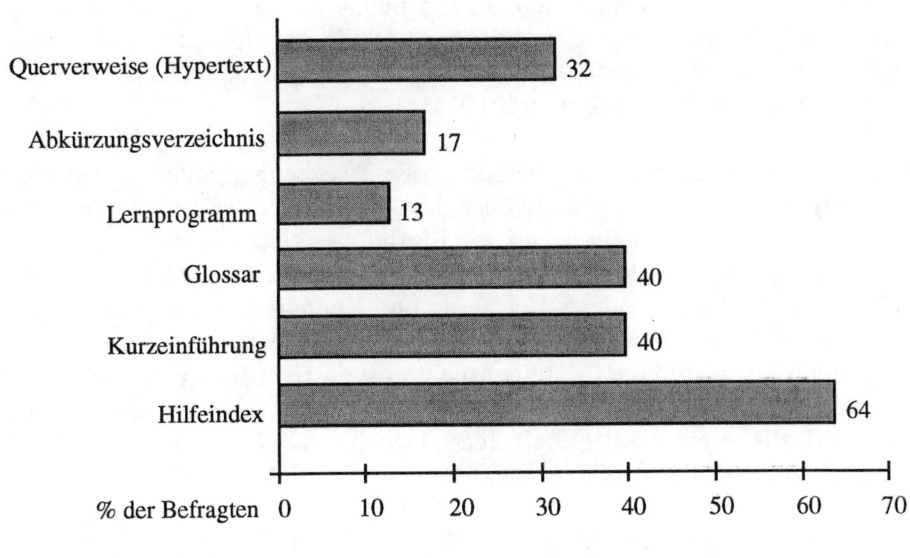

Abb. 2-13: Softwaretechnisch realisierte Hilfefunktionen

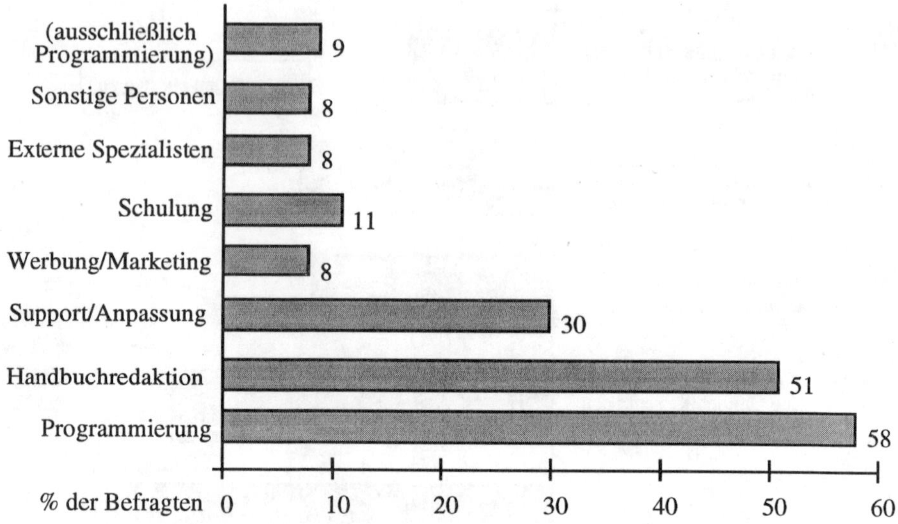

Abb. 2-14: Zuständigkeit für die Erstellung der Online-Hilfetexte

2.3.3 Sprachstatistik und linguistische Untersuchungen

Die empirischen und theoretischen Grundlagen für die optimale Gestaltung von Texten, für das "Verstehen des Verstehens", für den Aufbau von Dokumentationssystemen u.a.m. liefert die Sprachwissenschaft, die bereits auf eine relativ lange Tradition verweisen kann: Aus der Vielfalt an vorliegenden Untersuchungen werden nachfolgend zwei ausgewählt, welche den Beitrag dieses Forschungszweigs für die Gestaltung der Dokumentation verdeutlichen sollen. Bezüglich ausführlicher Informationen wird auf die angeführte Quellenliteratur verwiesen (siehe z.B. Biere 1991, Gebhardt 1991, Groeben/Christmann 1989, Briest 1974, Mihm 1973, Weintraub 1971).

Im Rahmen der Sprachstatistik werden große Textmengen untersucht und z.B. die Häufigkeit bestimmter Wörter oder das Anwachsen des Vokabulars analysiert. Auf der Textebene geht es um den Einfluß von Satzkonstruktionen auf die Lesbarkeit oder Verständlichkeit des Textes. Eine Zusammenstellung vieler in der Sprachstatistik verwendeter Verfahren und Kenngrößen findet sich z.B. bei Edmundson (1977). Für die Erstellung eines Handbuchs sind weniger die Worthäufigkeiten als bestimmte Texteigenschaften von Interesse. Unter Einschränkung auf quantifizierbare Größen stellte Briest (1974) folgende **negative Einflüsse auf die Verständlichkeit** fest (Der Korrelationskoeffizient R gibt jeweils das Ausmaß des Einflusses an):

- Wörter pro Satz (Satzlänge) $R = 0{,}71$
- Zahl der Satzglieder pro Satz $R = 0{,}64$

- Zahl der Fremdwörter pro Satz R = 0,42
- Zahl der Abstrakta pro Satz R = 0,40
- Zahl der substantivischen Attribute R = 0,38
- Zahl der Wörter im Satzrahmen R = 0,25

Positive Einflüsse auf die Verständlichkeit:

- Verbintensität pro Satz R = 0,48

Unter Verbintensität versteht man den prozentualen Anteil der Zeitwörter bezogen auf die Gesamtwortzahl eines Satzes oder Textes. Der Einfluß weiterer Merkmale auf die Verbesserung der Lesbarkeit konnte statistisch nicht signifikant nachgewiesen werden (vgl. Briest 1974). Dieses Ergebnis steht im Einklang mit neueren Untersuchungsergebnissen und Empfehlungen, welche der Verbintensität ebenfalls eine wichtige Bedeutung beimessen (vgl. Kapitel 1.4.5, "Sprache und Stil"). Da es sich bei dem vorgestellten Untersuchungsergebnis lediglich um eine willkürlich ausgewählte Studie handelt, ist an dieser Stelle noch auf die relativ große Anzahl ähnlicher Studien hinzuweisen. Häufig stehen sie in Verbindung mit der Entwicklung oder Validierung von Lesbarkeitsformeln, wie sie auch im vorliegenden Buch vorgestellt werden (siehe z.B. Chall 1958, Flesch 1948, Fey 1990, Mihm 1973, McLaughlin 1969, Tauber et al. 1980, Weintraub 1971).

Mit etwas anderer Zielsetzung erfolgte die Überprüfung von Verständlichkeitsdimensionen durch Groeben (vgl. Groeben/Christmann 1989). Im theoretischen Modell werden vier relevante Text- bzw. Verständnisdimensionen unterschieden, nämlich stilistische Einfachheit, semantische Redundanz, kognitive Strukturierung und konzeptueller Konflikt. Im Rahmen der Untersuchung Groebens wurden die Dimensionen "kognitive Strukturierung" und "konzeptueller Konflikt" zu einem Faktor zusammengefaßt, der als inhaltliche Strukturierung bezeichnet wurde. Die genannten Dimensionen stellten in der Untersuchung die unabhängigen Variablen dar. Als abhängige Variable wurden Behalten, Interesse und Verständnis erfaßt.

Die Behaltensleistung wurde mittels Cloze-Procedure überprüft. Die Verständlichkeitsmessung erfolgte mittels eines auf Shannon zurückgehenden und von Weltner vereinfachten Rateverfahrens zur subjektiven Informationsmessung (vgl. Groeben/Christmann 1989). Bei diesem Verfahren muß ein Text sukzessive von links nach rechts erraten werden, sodaß aus den Ergebnissen der Rateversuche der Informationsgehalt bestimmbar ist. Es wird argumentiert, daß eine solche informationstheoretische Messung den Untersuchungsanforderungen am besten gerecht wird, weil sie direkt am Rezeptionsvorgang ansetzt.

Die Ergebnisse der Untersuchung sind für die Gestaltung von Software-Handbüchern von unmittelbaren Interesse. Als wichtigster Faktor für die Verständlichkeit eines Textes erwies sich nämlich die inhaltliche Strukturierung. Die statistische Signifikanz war hier mit 86 % Varianzerklärung sehr hoch. Ebenfalls signifikant war der Faktor "sprachliche Einfachheit", wobei hier allerdings nur 3,5 % der Varianz erklärt werden konnte. Maßnahmen zur Verbesserung von Texten unter diesen Gesichtspunkten zielen auf eine entsprechende inhaltlich-organisatorische Textgestaltung ab. Als verständnisfördernd gelten z.B. der Einsatz von Vorstrukturierungen (advance organizer), Hervorhebungen, sequentielles Arrangieren der Inhalte nach logischen Zusammenhängen und absteigender Wichtigkeit, Zusammenfassungen, Beispiele u.a.m. (vgl. Groeben/Christmann 1989).

2.4 Rechtliche Bedeutung der Software-Dokumentation

Gleich vorweg ist festzuhalten, daß die rechtliche Betrachtung der Dokumentation, insbesondere für Software, in der Literatur einen relativ geringen Raum einnimmt. Dies ist umso erstaunlicher, als die Softwaredokumentation gerade in rechtlichen Auseinandersetzungen immer wieder einen zentralen Stellenwert einnimmt (vgl. z.B. Lehner 1988). Eine mangelhafte oder fehlerhafte Dokumentation kann jedoch unmittelbare rechtliche Konsequenzen haben. Es muß daher an dieser Stelle ein Rückgriff auf die Darstellung allgemeiner rechtlicher Bestimmungen zur technischen Dokumentation vorgenommen werden. Die Ausführungen können unter gewissen Einschränkungen oder Anpassungen auf die Situation bei der Softwaredokumentation übertragen werden.

2.4.1 Gesetzliche Grundlagen

Allgemein betrachtet lassen sich folgende rechtliche Problemkreise feststellen (vgl. Hoffmann/Schlummer 1990, Noack 1994, Scheibl 1985, Schuppenhauer 1984, Arbeitskreis für wirtschaftliche Verwaltung 1989):

- Handelsrecht, Vertragsrecht und vertragliche Anforderungen an die Dokumentation,
- Bundesdatenschutzgesetz (BDSG),
- Grundsätze ordnungsgemäßer Speicherbuchführung (GoS) und Grundsätze ordnungsgemäßer Datenverarbeitung (GoDV),
- Produkthaftungsgesetz.

Die verschiedenen Bestimmungen und Vereinbarungen dienen als Grundlage für die Entscheidungsfindung oder zur Wahrnehmung von Kontrollfunktionen. Entsprechende Instanzen sind Gerichte, Finanzbehörden, Aufsichtsbehörden,

Wirtschaftsprüfer usw. Für die Praxis sind die Einflußbereiche der einzelnen Gesetzen meist nicht exakt zu trennen, sondern überlappen sich. Beispielsweise müssen in einem Programm zur Personalabrechnung neben betriebsinternen Vertraulichkeitsgrundsätzen und dem Bundesdatenschutzgesetz u.a. auch das Handelsrecht und das Einkommensteuerrecht beachtet werden. Dies findet in der Folge direkt oder indirekt seinen Niederschlag in der Dokumentation, auch wenn dies vielen technischen Autoren nicht bewußt ist.

Die juristische Bedeutung der Dokumentation ergibt sich zunächst aus der Tatsache, daß durch den Kauf oder Verkauf von Software eine Rechtsbeziehung zwischen Käufer und Verkäufer entsteht. Die wechselseitigen Pflichten und Ansprüche ergeben sich zunächst aus dem Kaufvertrag. Tritt nun bei der Benutzung eines gekauften Produkts ein Schaden ein, so erhebt sich die Frage der Haftung für diesen Schaden. Die grundlegende Regelung findet sich im Bürgerlichen Gesetzbuch (BGB), in dem in § 823 die allgemeinen Haftungsvoraussetzungen festgeschrieben sind. Diese allgemeinen Haftungsvoraussetzungen werden ergänzt durch weitere gesetzliche Bestimmungen, die u.a. für die meisten technischen Produkte (zu denen Software eindeutig zählt) eine Anwenderdokumentation zwingend vorschreiben. Es ist dem Entwickler und Anbieter von Software demnach nicht freigestellt, ob er eine Dokumentation mitliefert oder nicht: Die Dokumentation wird heute als integraler Bestandteil der Software verstanden. Darüberhinaus sind auch bestimmte Mindestanforderungen an eine Anwenderdokumentation gesetzlich festgelegt. Im wesentlichen handelt es sich dabei um Haftungsbestimmungen und um die Instruktionspflicht. Auf einige der genannten Punkte wird nachfolgend noch näher eingegangen.

Das **Produkthaftungsgesetz** nimmt besonders auf die sogenannte Darbietung des Produkts Bezug und bezieht hier auch den technischen Redakteur ein. Die Darbietung umfaßt dabei jede Art der Darstellung des Produkts, d.h. neben der eigentlichen Produktbeschreibung auch Werbung, Gebrauchs-, Bedienungs- und Installationsanleitung, Verkaufsgespräche, damit zusammenhängende Korrespondenz u.a.m. Eine unmittelbare, persönliche Haftung durch den technischen Autor gegenüber einem durch mangelhafte Dokumentation geschädigten Anwender entsteht aber nur bei einem vorsätzlichen oder grob fahrlässigen Handeln des Autors. Ein Beispiel für ein schuldhaftes Verhalten wäre, wenn trotz Bekanntsein von inhaltlichen Fehlern im Benutzerhandbuch deren Korrektur unterlassen wird.

Das Produkthaftungsgesetz selbst unterlag im Laufe der Zeit verschiedenen Anpassungen und Änderungen. Insbesondere ist hier die verschärfte Haftung nach dem EG-einheitlichen Produkthaftungsgesetz zu erwähnen, das mit 1. Januar 1990 in Kraft trat. Es sieht u.a. bei gefährlichen Produkten eine

Beweislastumkehr vor, sodaß der Geschädigte dem Hersteller keine schuldhafte Pflichtverletzung mehr nachzuweisen braucht. Ausdrücklich hingewiesen wird dabei auf die Tatsache, daß ein Produkt auch dann als fehlerhaft gilt, wenn seine "Darbietung" zu sicherheitsrelevanten Mängeln führt (vgl. Hoffmann/-Schlummer 1990). Abweichungen gibt es insofern, als jedes EU-Mitgliedsland Ausnahmen bezüglich der Haftung zulassen kann. Es ist also im Einzelfall erforderlich, sich mit dem jeweils aktuellen und im nationalen Einflußbereich gültigen Stand des Gesetzes vertraut zu machen. Eine Zusammenfassung des neuen deutschen Produkthaftungsgesetzes findet sich z.B. bei Noack (1994).

Einige Gedanken sollen an dieser Stelle noch dem Thema "gefährliche Produkte" gewidmet werden. In diesem Zusammenhang kommt der **Instruktionspflicht** gegenüber dem Benutzer eine besondere Bedeutung zu. Zwar ist die Software an sich im allgemeinen nicht als gefährliches Produkt einzustufen. Ihr Einsatz in Verbindung mit anderen Produkten (z.B. Software zur Steuerung von Flugzeugen, zur Überwachung von Sicherheitssystemen, zur Kontrolle eines chemischen Produktionsvorgangs, zur Unterstützung medizintechnischer Einrichtungen) rückt sie jedoch in den Definitionsbereich solcher Produkte. Eine Gefahr entsteht nämlich mitunter erst durch einen fehlerhaften Einsatz der Software (z.B. Bedienungsfehler) oder durch Fehler in der Software selbst. Ensteht bei der Verwendung ein Schaden, welcher auf fehlende oder mangelhafte (z.B. falsche oder unvollständige) Dokumentation zurückgeführt werden kann, so haftet der Hersteller auch nach dem Kaufvertragsrecht für den entstandenen Schaden. Man spricht in diesem Fall von einer Haftung aus positiver Vertragsverletzung. Wenn für ein Produkt eine Dokumentation oder Bedienungsanleitung sachlich notwendig ist, so wird ihre Lieferung zur vertraglichen Nebenpflicht, auch wenn dies im Kaufvertrag nicht gesondert erwähnt ist. Bei Software kann diese Notwendigkeit im allgemeinen als gegeben angenommen werden.

Die Anforderungen, die sich aus dem **Bundesdatenschutzgesetz** (BSDG) ergeben, betreffen vor allem die Überwachung der ordnungsgemäßen Anwendung von Software, wenn mit dieser personenbezogene Daten verarbeitet werden. Eine wichtige Voraussetzung für die Wahrnehmung dieser Aufgabe durch den Datenschutzbeauftragten ist im allgemeinen die Dokumentation der Software.

Etwas weiter gefaßt sind die Konsequenzen, welche sich aus den **Grundsätzen ordnungsgemäßer Speicherbuchführung** (GoS) ergeben. Insbesondere die Anwendungsbereiche, die sich mit der Buchführung oder mit der Verarbeitung finanzwirksamer Daten befassen, unterliegen besonderen gesetzlichen Regelungen und Vorschriften. Die wesentlichen Vorschriften zur Dokumentation sind im Handelsgesetzbuch (HGB), in der Abgabenordnung (AO), im Aktiengesetz, im GmbH-Gesetz sowie im Genossenschaftsgesetz enthalten. Darüber hinaus existieren weitere Richtlinien und Merkblätter, wovon an dieser Stelle insbesondere auf das ADV-Merkblatt hingewiesen werden soll, das vom Bundesminister für Finanzen und von den Finanzministern der Länder herausgegeben wurde (vgl. Scheibl 1995).

Wesentlich erscheint an dieser Stelle noch ein Hinweis auf die Mehrdeutigkeit des Dokumentationsbegriffs, welche sich aus dem Sprachgebrauch ergibt. Gemeint ist die Unterscheidung in Dokumentation der Software (z.B. Benutzerhandbuch, Systemdokumentation) und Dokumentation der Ergebnisse (z.B. Archivierung und Ablage von Buchungsjournalen). Die genannten Verordnungen regeln primär den letztgenannten Bereich. Zu diesem Zweck ist aber gewöhnlich auch die exakte Verfahrensdokumentation unerläßlich, sodaß letztlich die Software-Dokumentation unmittelbar davon betroffen ist.

2.4.2 Normen, Standards und Richtlinien

Ein etwas anderer Charakter als den gesetzlichen Regelungen kommt den Normen, Standards und Richtlinien zu, welche hinsichtlich der Dokumentation existieren. Auch hier gilt wieder, daß speziell für die Software-Dokumentation nur relativ wenige Veröffentlichungen existieren, sodaß wieder ein Rückgriff auf das weite Gebiet der technischen Dokumentation erfolgt. Eine unmittelbare Relevanz zum bisher Gesagten besteht durch ihre Verwendung als betriebsinterne Dokumentationsrichtlinie, als Bestandteile von Verträgen oder als Voraussetzung bei der Qualitätsprüfung. Neben den Normungsinstituten (z.B. DIN, ISO, IEEE, ANSI) haben sich verschiedene weitere Institutionen in diesem Bereich engagiert. Stellvertretend können an dieser Stelle VDI-Richtlinien, VDE-Bestimmungen, VDMA-Einheitsblätter und die Richtlinien der Gesellschaft für technische Kommunikation (tekom) genannt werden. Dazu kommen noch die EG-Richtlinien und Europanormen, welche von der Europäischen Union herausgegeben werden.

Der nachfolgende Überblick (vgl. tekom 1991, Scheibl 1985) erhebt keinen Anspruch auf Vollständigkeit oder Aktualität. Er stellt den Versuch dar, einen Einblick in dieses schwer überschaubare Feld zu geben und gleichzeitig Anregungen für individuelle Gestaltungsanforderungen zu bieten. Auf die Erwähnung allgemeiner Normen zur Gestaltung von Schriftstücken, Darstellungstechniken der Datenverarbeitung u.ä. wird hier verzichtet (vgl. z.B. Heinrich/-Lehner/Roithmayr 1994). Da die Normen im Umfeld des Computers nicht losgelöst von der technischen Weiterentwicklung gesehen werden können, sind sie einem permanenten Änderungsprozeß unterworfen. Ähnlich wie bei gesetzlichen Bestimmungen obliegt es auch hier der Verantwortung des Einzelnen, sich über Änderungen auf dem laufenden zu halten.

DIN 66230 - Programmdokumentation

Durch diese Norm soll die Vollständigkeit und Vergleichbarkeit jener Angaben und Beschreibungen zu einem Programm sichergestellt werden, welche zur Anwendung des Programms benötigt werden. Der Inhalt der Norm soll nachfolgend an jenem Ausschnitt, der sich auf Anwendungshandbücher bezieht, etwas näher verdeutlicht werden. Die Wiedergabe erfolgt in leicht gekürzter Form nach Boedicker (1990):

Nr.	Titel	Erklärung
1	Programmkenndaten	dazu gehören: Name, Versionskennzeichen, Deskriptoren, Kurzbeschreibung der Aufgabe, Gerätebedarf, Programmgröße und -bedarf, verwendete Programmiersprachen, Dateien, Angaben über technische, organische und rechtliche Bedingungen für die Anwendung, Preise, ...
2	Aufgabenstellung	dazu gehören: eine detaillierte Beschreibung der Aufgaben, die die Anwender mit dem Programm lösen können, theoretische Grundlagen der fachlichen Lösungen, Randbedingungen, verwendete Maßeinheiten, berücksichtigte Gesetze, Normen, Richtlinien (mit Quellenangaben), Literaturhinweise, ...
3	Aufgabenlösung	dazu gehören: Vereinbarungen über die Darstellungsform und -regeln und Konventionen über Wertebereiche, Genauigkeiten und so weiter, Algorithmen, Format und Bedingung verwendeter Verschlüsselungen, Fehlerbehandlung, Änderungen
4	Daten	das sind: Eingabedaten (bereits in Dateien gespeicherte und solche, die erst erfaßt werden müssen), Erfassungsregeln und -formate, und Ausgabedateien (Dateien und andere Ausgabe-Arten)
5	Anwendungsgrenzen	hier erscheinen die Bedingungen, die bei der Anwendung des Programms zu beachten sind, bespielsweise die maximal verarbeitbare Datenmenge
6	Anwendungsbeispiel	mindestens ein typischer Anwendungsfall soll die Funktion des Programms demonstrieren; dazu gehören weitere Unterlagen: Beschreibung des Anwendungsfalls, Eingabe und Ergebnisse
7	Datensicherung	hierher gehören die Angaben, wie der Datenbestand vor unabsichtlicher oder beabsichtigter Beeinträchtigung bewahrt werden kann.

DIN 66231 - Programmentwicklungsdokumentation

In dieser Norm werden die Angaben zur Dokumentation einer phasenorientierten Progammentwicklung festgelegt. Unterschieden werden die vorausgehende Planung, die Realisierung, der Test und die Einführung von Programmen oder Programmsystemen.

DIN 66232, 66233 - Datei-, Datensatz- und Datenfelddokumentation

Diese Norm geht von der Hierarchie Datei, Datensatz und Datenfeld aus und regelt deren Beschreibung unabhängig von verarbeitenden Programmen bzw. ihrer Verwendung und Verwaltung. Für die Beschreibung von Datenbanken oder Dateisystemen ist eine weitere Hierarchiestufe einzuführen. Sie könnte aber im Prinzip ähnlich wie die Dateibeschreibung erfolgen.

DIN V 66055 - Gebrauchsanweisungen für verbraucherrelevante Produkte

Diese (Vor-)Norm legt die Inhalte von Gebrauchsanweisungen für Produkte des täglichen Lebens fest, welche für den sogenannten "Normalverbraucher" hergestellt werden.

DIN 69901 - Projektmanagement, Begriffe

DIN V 8418 - Benutzerinformation (Vornorm)

Die Norm gibt Hinweise für die Erstellung von Benutzerinformationen. Insbesondere befaßt sie sich damit, wie eine Dokumentation aufgebaut und gestaltet sein soll.

EG-Richtlinie Maschinen

In dieser Richtlinie wird beschrieben, welche Mindestanforderungen an eine Betriebsanleitung gestellt werden und in welcher Sprache die Dokumentation verfaßt sein muß.

ISO 9000 - Softwarequalitätssicherung

Europanorm EN 29004 - Qualitätsmanagement und Elemente eines Qualitätssicherungssystems-Leitfaden

Europanorm EN 292 - Sicherheit von Maschinen

In dieser Norm wird im Detail festgelegt, wie Benutzerinformationen bzw. Dokumentationen beschaffen sein sollen. Beispielsweise gibt es Empfehlungen über die Art und Größe der Schrift, über die Amtssprache und über Illustrationen. Aussagen zu den Inhalten betreffen die Erfordernisse von Informationen über Transport, Handhabung, Installation und Inbetriebnahme sowie Verwendung und Instandhaltung.

Zusammenfassend läßt sich festhalten, daß technische Autoren durch die erwähnten Regelungen erstmals auch Unterstützung vom Gesetzgeber bekommen. Die Normen und Richtlinien können als Hilfestellung in Form von Empfehlungen verstanden werden (vgl. Noack 1994). Eine Weiterentwicklung für die Zukunft ist zwar zu erwarten, wenngleich im Bereich der Software vorläufig weiterhin andere Probleme im Vordergrund stehen dürften. Möglicherweise wird ein Durchbruch auf dem Gebiet der Software-Dokumentation in Verbindung mit Bestimmungen zur Softwarequalität (z.B. ISO 9000) gleichsam durch die Hintertür erfolgen. Außerdem soll nicht verschwiegen werden, daß einige der genannten Normen (darunter auch DIN) sehr kritisch zu betrachten sind und kaum als Vorbild für eine übersichtliche Dokumentation herangezogen werden können. Beispielsweise löste die Herausgabe von DIN 66230 (Programmdokumentation) bei Herstellern und Anwendern gleichermaßen eine Vielzahl von Protesten aus (vgl. Baumann 1982). Die Proteste führten zwar zur Überarbeitung der Normen, die aber trotzdem noch immer nicht allgemein anwendbar sind.

2.4.3 Anforderungen an eine ordnungsgemäße Dokumentation

Bereits in der DIN-Norm 66230 wird auf die Notwendigkeit der Einhaltung bestimmter Anforderungen an die Dokumentation hingewiesen. Die Grundforderung lautet dabei, daß die mitgelieferte Dokumentation in jedem Fall sicherstellen muß, daß die Software im vollen Funktionsumfang eingesetzt werden kann. Diese generelle Anforderung wird in weiteren Teilanforderungen präzisiert, nämlich:

- Die in der Dokumentation angebotene Information muß fehlerfrei und vollständig sein;

- Die Dokumentation muß so organisiert sein, daß der Benutzer die gewünschten Informationen leicht finden kann;

- Die Dokumentation muß ansprechend gestaltet sein.

Obwohl Normen mitunter zum Vertragsbestandteil gemacht werden, sind die tatsächlichen Anforderungen an die Ordnungsmäßigkeit der Dokumentation umfangreicher. Die Prüfungspraxis zeigt allerdings, daß oft nur die letzte Umwandlungsliste eines Programms als Dokumentation vorliegt, daß die Dokumentation unvollständig oder widersprüchlich ist bzw. daß sie überhaupt nicht aktuell ist (vgl. Beier et al. 1987). Von den Prüfern und von den Geprüften werden für diese Mängel z.T. unterschiedliche Gründe genannt (vgl. Beier et al. 1987):

- Gründe von Prüfern: mangelndes Problembewußtsein, keine Durchführung von Kontrollen, fehlende Qualitätssicherung, Unkenntnis des damit verbundenen, eigenen Risikos.

- Gründe von geprüften Unternehmen: Zeitaufwand für die Dokumentation ist zu groß, Kosten zu hoch, Dokumentation nicht zwingend vorgeschrieben, keine Rechnerunterstützung für Dokumentationsaufgaben verfügbar.

Unabhängig von den genannten Gründen und Ursachen ist festzuhalten, daß bei fehlender oder mangelhafter Dokumentation eine Abhängigkeit des Unternehmens von einzelnen Mitarbeitern entsteht. Darüberhinaus ist die Software nicht mehr wirklich überprüfbar, d.h. ihre Ordnungsmäßigkeit kann entweder gar nicht oder nur mit sehr hohem Aufwand festgestellt werden. Die wichtigsten gesetzlichen Grundlagen, welche Bestimmungen zur Ordnungsmäßigkeit der Software-Dokumentation enthalten, sind (vgl. Rautenberg/Sova 1983, 13): Buchführungsvorschriften des Handelsgesetzes (Verpflichtung zur Buchführung, Grundsatz der Ordnungsmäßigkeit, Form der Buchführung, Aufbewahrung der Bücher und Belege), Aktiengesetz, Abgabenordnung, GmbH-Gesetz und Genossenschaftsgesetz.

Die Anforderungen lassen sich in formelle und materielle Anforderungen an die Ordnungsmäßigkeit unterscheiden (vgl. Rausch 1983, 52-58 und 85-127, Schuppenhauer 1984). Zu den **formellen Anforderungen** zählen zunächst die allgemeinen Prinzipien der Richtigkeit, Klarheit, Stetigkeit und Zeitgerechtigkeit. Aus diesen wiederum lassen sich eine Reihe weiterer Anforderungen wie Lesbarkeit, Systematik, Dokumentationstechnik, Vollständigkeit und Zuständigkeit für die Kontrolle ableiten. Zu den **materiellen Anforderungen** zählen die Vollständigkeit bezüglich des Umfangs und des Inhalts. In den nachfolgenden Ausführungen sollen die Bestimmungen und Anforderungen anhand der einschlägigen Literatur etwas näher dargelegt werden.

Die Anforderungen an die Dokumentation werden in den *"Grundsätzen ordnungsmäßiger Speicherbuchführung"* (Veröffentlichung 5.6.1978 im Bundessteuerblatt) präzisiert (zit. nach Scheibl 1985):

6. Die Speicherbuchführung muß wie jede Buchführung von einem sachverständigen Dritten hinsichtlich ihrer formellen und sachlichen Richtigkeit prüfbar sein; dies muß sowohl durch die Prüfbarkeit einzelner Geschäftsvorfälle (fallweise Prüfung) als auch durch die Prüfbarkeit des Abrechnungsverfahrens (Verfahrensprüfung) möglich sein.

6.1 Aus der dazu erforderlichen Verfahrensdokumentation müssen Aufbau und Ablauf des Abrechnungsverfahrens vollständig ersichtlich sein. Sie kann verbal, z.B. durch Ablaufpläne, und/oder tabellarisch, z.B. durch Entscheidungstabellen, erfolgen.

6.2 Die Verfahrensdokumentation muß sich insbesondere erstrecken auf

6.2.1 sachliche Beschreibung des DV-Abrechnungsverfahrens im Sinne von Anweisungen an die DV-Programmierung; diese muß folgende Problembereiche behandeln:

- Aufgabenstellung
- Beschreibung der Dateneingabe
- Regelung der Datenerfassung
- Verarbeitungsregeln einschließlich Kontrollen und Abstimungsverfahren
- Fehlerbehandlung
- Beschreibung der Datenausgabe
- Datensicherung
- Sicherung der ordnungsgemäßen Programmanwendung.

6.2.2 Anweisung zur Regelung der Kommunikation des DV-Abrechnungsverfahrens mit dem Gesamtsystem der Buchführung, wie z.B. die manuelle Vor- bzw. Nachbehandlung von Daten an den Schnittstellen zu anderen Abrechnungsverfahren.

6.2.3 Beschreibung des Freigabeverfahrens, mit dem die Übereinstimmung der Anweisungen (s. 6.2.1) mit den Funktionen der DV-Programme festgestellt wurde.

6.3 Änderungen des Abrechnungsverfahrens sind in der Dokumentation so zu vermerken, daß die zeitliche Abgrenzung einzelner Verfahrensversionen ersichtlich ist.

6.4 Die Verfahrensdokumentation gehört zu den Arbeitsanweisungen und sonstigen Organisationsunterlagen im Sinne der §§ 44 HGB bzw. 147 AO, jeweils Absatz 1, Nummer 1.

6.5 Der Buchführungspflichtige hat zu gewährleisten, daß die gespeicherten Buchungen jederzeit innerhalb angemessener Frist lesbar gemacht werden können. Er muß die dafür erforderlichen Darstellungsprogramme sowie Maschinenzeiten und sonstigen Hilfsmittel, z.B. Personal, Bildschirm, Lesegeräte, bereitstellen. Auf Verlangen hat er die gespeicherten Buchungen unverzüglich auszudrucken oder bei Ausgabe auf Bildträgern ohne Hilfsmittel lesbare Reproduktionen beizutragen.

Unmittelbar aus dem bisher Gesagten ergibt sich die Dualität von Programmen und Daten bzw. Ergebnissen. In einer vollständigen und ordnungsgemäßen Dokumentation müssen beide Aspekte berücksichtigt sein. Nebem den erwähnten Journalen, Buchungs- und Belegnachweisen zählen dazu auch ein Einsatznachweis der verwendeten Programme sowie eine detaillierte und nachvollziehbare Verfahrens- und Ablaufdokumentation. Hinsichtlich dieser Verfahrensdokumentation heißt es u.a. im ADV-Merkblatt des Bundesministeriums für Finanzen, daß sie nicht nur für steuerliche Zwecke zu erstellen ist, sondern im gleichen Maße auch für außersteuerliche Revisionsdienste, insbesondere für die Wirtschaftsprüfung und für die interne Revision. Die Verfahrensdokumentation kann im allgemein üblichen Fachjargon der sogenannten Systemdokumentation gleichgesetzt werden. Eine kurze Erläuterung der einzelnen Inhalte aus der Sicht des genannten ADV-Merkblatts findet sich bei Scheibl (1985). Scheibl nimmt ferner eine Gegenüberstellung der beiden erwähnten Richtlinien für die Verfahrensdokumentation vor, die in Abbildung 2-15 wiedergegeben wird. Aus dieser Abbildung läßt sich entnehmen, daß die Inhalte bzw. die gesetzlichen Anforderungen weitgehend in Übereinstimmung gebracht werden können, wenngleich z.T. sehr unterschiedliche Begriffe verwendet werden. Keine Hinweise lassen sich dabei allerdings über das "Wie" der Dokumentation entnehmen.

Bezüglich der Anforderungen, die an eine Dokumentation gestellt werden, machen Beier et al. (1987) folgende Angaben:

- Die Dokumentation muß aktuell und lesbar sein.

- Eine Dokumentation, die Aufgabe und Modell einerseits, und das zur Lösung der Aufgabe eingesetzte DV-System oder Programm andererseits beschreibt, muß vollständig, richtig und prüfbar sein.

- Während die Aktualität eindeutig aus Vollständigkeit und Richtigkeit gefolgert werden kann, ist die Lesbarkeit eine notwendige Voraussetzung für die Prüfbarkeit.

- Eine Dokumentation muß die gültigen Rahmenbedingungen einbeziehen, die für die Anwendung eines Programms oder Systems gelten.

Merkblatt für die Prüfung von Rechnungsverfahren	Grundsätze ordnungmäßiger Speicherbuchführung (GoS)
Problembeschreibungen	Aufgabenstellung
Arbeitsanweisungen	sämtliche Bereiche
Datenverzeichnis, Dateibeschreibungen	Datenein- und -ausgabe
Formularmuster, Listenbilder, Bildschirmmasken	Datenein- und -ausgabe
Schlüsselverzeichnisse	Kommunikation mit dem System
Verzeichnis der organisatorischen Kontrollen	sämtliche Bereiche
Verzeichnis der Programme	Aufgabenstellung, Verarbeitungsregeln
Programmbeschreibung mit Verarbeitungsregeln, programmmierten Kontrollen	Verarbeitungsregeln
Fehlerbearbeitung	Fehlerbehandlung
Programmprotokolle	Verarbeitungsregeln, Sicherung der ordnungsgemäßen Programmanwendung
Testunterlagen	Freigabeverfahren
Unterlagen über Datensicherung	Datensicherung
Unterlagen über Änderungsdienst	Änderungen

Abb. 2-15: Gegenüberstellung der Anforderungen an die Verfahrensdokumentation (Quelle: Scheibl 1985)

Aus dem eben Dargestellten läßt sich aus rechtlicher Sicht ein Zwang zur Dokumentation sowie zur Kontrolle durch eine übergeordnete Instanz ableiten. Ferner ist die Handhabbarkeit der Dokumentation im Aufgabenumfeld sicherzustellen (Prinzip des "Need to Know"), wozu insbesondere auch die Ordnungsmäßigkeit zählt. Für den Aufbau der Dokumentation, für ihre Verwendung sowie für die Hilfsmittel, die zu ihrer Anfertigung eingesetzt werden, ergeben sich noch einige weitere Anforderungen (vgl. Beier et al. 1987):

- Versionsprinzip bei der Dokumentation: Die historische Folge der Änderungen muß nachvollziehbar sein und Programmänderungen dem eingesetzten Programmstand eindeutig zuordenbar sein.

- eindeutige Zuordnung von Programmen und ihrer Dokumentation.

- Konsistenz und Querverweise zwischen Gesamt- und Teildokumentation müssen eindeutig festgelegt und aktuell gehalten werden (z.B. auch zwischen Programmsystem und einzelnen Teilmoduln oder zwischen unterschiedlichen Komponenten, die optional gewählt werden können).

- modularer Aufbau der Dokumentation. Diese Forderung dient insbesondere der Übersichtlichkeit und der einfacheren Wartbarkeit der Dokumentation.

- Redundanzfreiheit der Gesamtdokumentation. Auch diese Forderung dient der einfacheren Pflege der Dokumentation sowie der Konsistenzerhaltung.

- softwaretechnische Unterstützung. Das Angebot an einer solchen Dokumentation ist heute äußerst vielfältig. Es sollte vor allem unter ökonomischen Gesichtspunkten nicht außer Acht gelassen werden.

Ähnliche Schlußfolgerungen finden sich auch bei Schuppenhauer (1989). Er bringt die Dokumentation mit dem Hauptgrundsatz der Transparenz in Verbindung. Ableiten lassen sich aus gesetzlichen Grundlagen, aus der Komplexität von Abrechnungsverfahren u.a.m. der Dokumentationsumfang, die Gliederung der EDV-Dokumentation, Inhalt und Gestaltung der EDV-Dokumente, Handhabung des Änderungsdienstes und Aufbewahrungsregeln. Neben der Verständlichkeit weist er vor allem noch auf die Tatsache hin, daß eine EDV-Dokumentation in angemessener Zeit aus sich heraus überblickt und verstanden werden muß. Der Personenkreis umfaßt die sogenannten "sachverständigen Dritten", die jedoch nicht unbedingt DV-Spezialisten sein müssen. Gemeint sind u.a. Mitarbeiter einer Fachabteilung, Mitarbeiter einer Prüfungsinstanz (z.B. Finanzbehörde) oder DV-Mitarbeiter, die sich ohne fremde Hilfe der Dokumentation einen Überblick über das Prüfungsgebiet verschaffen können müssen.

Unter Berücksichtigung der in der Literatur und verschiedenen Erlässen aufgestellten Anforderungen an die Datenverarbeitung leitet Schuppenhauer folgende Grundsätze einer ordnungsmäßigen EDV-Dokumentation ab (vgl. Schuppenhauer 1989, Votteler 1982):

- **Vollständigkeit**: Aufzeichnung aller relevanten Informationen, wobei sich der Umfang nach der Komplexität und Größe des beschriebenen Systems richtet. Besondere Probleme bereiten dabei z.B. verteilte Systeme, Datenbanksysteme usw., die in vielfacher Weise miteinander verknüpft sein können. Eine "Mindestdokumentation" aus Umwandlungsliste, Testdokumentation, Betriebsanleitung und Änderungsunterlagen wird daher für solche Systeme mit Sicherheit nicht genügen.

- **Übersichtlichkeit**: Dieses Prinzip zielt auf die klare Gliederung der Dokumentation ab. Neben der Befolgung allgemeiner Grundsätze wie Hierarchisierung oder Modularisierung können auch Normen dabei eine Hilfe sein (z.B. DIN 66230, DIN 66231, DIN 66232). Hinzuweisen ist aber auch auf die bereits an anderer Stelle erwähnte Gliederung nach Zielgruppen bzw. Arbeitsgebieten (vgl. Kapitel 1.2.2, "Arten der Software-Dokumentation").

- **Transparenz**: Dieses Prinzip betrifft den Inhalt und die Gestaltung der Dokumente. Es geht insbesondere um Fragen der Eindeutigkeit und um Querverweise zwischen Dokumenten. Eine Hilfe sind dabei Verzeichnisse, Verwendung von Formularen, Kennzeichnung der Dokumente mit dem Datum der Erstellung usw.

- **Zeitgerechtigkeit**: Dokumentation aller Verfahrensänderungen und Nachweis der Gültigkeit verschiedener Verfahrenszustände während des Zeitraums der Überprüfung. Dies ist von erheblicher Bedeutung, da Programmänderungen von Außenstehenden im allgemeinen gar nicht erkennbar sind, obwohl sie gravierende Auswirkungen auf die Ergebnisse haben können.

- **Prüfbarkeit**: Aufbewahrung der Dokumentation für nachträgliche Prüfungen. Angesprochen ist hier primär die Frage nach der Aufbewahrungsfrist, die in einem eigenen Abschnitt behandelt wird.

Die angeführten Literaturquellen erwecken den Eindruck einer gewissen Meinungsvielfalt in bezug auf die gesetzlich festgelegten Anforderungen. Dies stimmt allerdings nur in einem sehr geringen Maß. Der Eindruck entsteht z.T. durch die verwendeten Begriffe, in der Sache besteht jedoch weitgehend Einigkeit. Die Anforderungen sind relativ genau ausformuliert und von manchen Autoren auch ausführlich kommentiert worden (vgl. Schuppenhauer 1989, Votteler 1982). Die technologische Weiterentwicklung und das veränderte Umfeld der betrieblichen Informationsverarbeitung ändern daran ebenfalls nichts. Die Systeme sind häufig größer und komplexer geworden, was die Notwendigkeit einer guten, transparenten Dokumentation schon aus Gründen des sicheren Betriebsablaufs verstärkt. Auch neue Programmiersprachen, Software-Entwicklungsumgebungen, Paradigmenwechsel (z.B. KI-Technologien) ändern lediglich die Art und Weise der Dokumentation, nicht aber die grundsätzlichen Anforderungen. Die Anforderungen sind daher nach wie vor gültig und bedürfen lediglich in den Details der Anpassung an neue Begriffe und Systeme. Hier besteht auch ein gewisser Bedarf an Aktualisierung bei den einschlägigen Erlässen und Kommentaren. Außerdem existiert heute eine umfassendere Vorstellung zu Qualitätsmerkmalen in bezug auf die Dokumentation. Diese sollten allein schon aus Gründen der "Benutzerfreundlichkeit" berücksichtigt werden.

2.4.4 Dokumentation von Standardsoftware

Der Einsatz von Standardsoftware nimmt heute in Unternehmen aller Branchen und Größenordnung kontinuierlich zu. Dies wird zum Anlaß genommen, diesem Aspekt zumindest einen kurzen Abschnitt zu widmen. Im Prinzip müßten dabei zwei Perspektiven unterschieden werden, nämlich die des Entwicklers und die des Nutzers von Standardsoftware. Da die Entwicklerperspektive im Prinzip Thema des gesamten Buchs ist, soll nachfolgend primär der Standpunkt des Nutzers von Standardsoftware betrachtet werden. Da sich die Situation beim Einsatz von Fremdsoftware (z.B. Entwicklungsauftrag an ein Systemhaus) aus Dokumentationssicht nicht von der Standardsoftware unterscheidet, werden beide gemeinsam behandelt. Als wichtigster Grundsatz kann dabei angenommen werden: Mit der Entwicklung und dem Vertrieb von Software auf dem Markt ist auch die Verpflichtung zur Bereitstellung einer ausreichenden Dokumentation verbunden.

Der Umfang an Dokumentationsanforderungen ist unterschiedlich und muß im Einzelfall festgestellt werden. Er hängt z.B. davon ab, ob die Software ohne Änderungen übernommen wird, oder ob selbständig indiduelle Anpassungen vorgenommen werden sollen (vgl. Grupp 1991). Ein weiterer Faktor ist die "Selbsterklärungsfähigkeit" der Software. Zwar gibt es de facto keine wirklich selbsterklärende Software. Dennoch kann festgestellt werden, daß der Umfang der erforderlichen Benutzerdokumentation z.B. von der Menuführung, von den Online-Helpfunktionen und von aussagefähigen Mechanismen zur Ablaufsteuerung abhängt. Erfahrungsgemäß ist die Qualität der Dokumentation bei extern erstellter Individualsoftware im allgemeinen eher schlecht, bei Standardsoftware zwar auch nicht immer zufriedenstellend, aber doch erheblich besser, da die Dokumentation immer mehr als verkaufswirksamer Erfolgsfaktor erkannt wird.

Den Rahmen für die Dokumentationsplanung bei der externen Beschaffung sollte ein Vorgehens- oder Phasenkonzept sein. Die wichtigsten Schritte dabei sind die Erstellung des Pflichtenhefts, die Softwareauswahl bzw. die Vergabe eines Entwicklungsauftrags, die Installation und Einführung der Software einschließlich der Mitarbeitereinschulung und schließlich die Nutzungs- und Wartungsphase. Aus dem Phasenkonzept leitet sich der entsprechende Dokumentationsbedarf ab. Auf eine begleitende Projektdokumentation sollte auch bei kleineres Anwendungen nicht verzichtet werden. Sie kann als Garant für eine ordnungsgemäße Projektführung angesehen werden. Den kritischen Teil der Dokumentation bildet jedoch das Pflichtenheft, (Spezifikation, Lastenheft, Anforderungsdefinition u.ä.). Hier ergeben sich gewisse Unterschiede zwischen dem Einsatz von Standardsoftware und einem Entwicklungsauftrag, auf die nicht näher eingegangen wird. Es sollte jedoch in beiden Fällen klar festgehalten werden, welche Anforderungen an die Software gestellt werden und welche Funktionen erwartet werden. Die Form der Dokumentation ist eher sekundär. Wichtig ist vielmehr, die Anforderungen zum Teil des Vertrags zu machen bzw. im Auswahlverfahren zu benutzen.

Es wurde bereits darauf hingewiesen, daß Art und Umfang der Dokumentation nicht generell vorgegeben werden können und daß sie z.B. vom Anwendungsgebiet, von der Komplexität der Software, den voraussichtlichen Benutzerkenntnissen und ähnlichen Faktoren abhängen. Im allgemeinen sind aber folgende Dokumentationsunterlagen und -inhalte erforderlich (vgl. Grupp 1991):

- Übersichtsbeschreibung oder Organisationsdokumentation, über den Zweck, die organisatorischen Zusammenhänge und die Struktur der einzelnen Programme;
- Benutzerhandbuch (einschließlich Fehlerlisten);
- Installationshandbuch;
- Rechenzentrumshandbuch oder Operatorhandbuch;
- Demonstrationsbeispiel, in dem alle wichtigen Funktionen der Software erläutert werden.
- Datei-, Datenbank- und Schnittstellenbeschreibungen.

In der Praxis folgt die Gliederung der mitgelieferten Dokumentation nicht unbedingt der hier gewählten Aufzählung. Es sollte aber möglichst darauf geachtet werden, daß alle Komponenten vorhanden sind. Die Überprüfung der Dokumentation muß unbedingt vor dem Vertragsabschluß erfolgen. Dabei sollte im Rahmen der ohnehin üblichen Softwarevorführung auch stichprobenweise überprüft werden, ob Software und Dokumentation übereinstimmen. Ein wichtiges Kriterium ist schließlich noch die Sprache. Bereits bei der Auswahl sollte auf die Kenntnisse der späteren Benutzer Rücksicht genommen werden, da gerade die Dokumentation in einer fremden Sprache (meist englisch) ein Anwendungshindernis oder eine Fehlerquelle sein kann. Als vorteilhaft haben sich in der Praxis getrennte Schulungsunterlagen erwiesen. Der Inhalt und der Umfang der Benutzerdokumentation wurde dadurch oft erheblich entlastet. Abbildung 2-16 zeigt noch eine Checkliste, in der die wichtigsten Punkte aufgeführt sind, auf die bei der Dokumentation von Standardsoftware geachtet werden sollte (vgl. Grupp, 1991, 173).

NR	Dokumentationspunkte	Erläuterungen
A	**Anwendungs-/Benutzerhandbuch**	
A01	Organisationsbeschreibung (Zweck, Inhalt, Zusammenhänge, Schnittstellen usw.)	
A02	Anmelde- und Abmeldeprozeduren	
A03	Programmenü	
A04	Transaktionsbeschreibungen	
A05	Datenbeschreibungen	
A06	Eingabe-/Ausgabebeschreibungen (Bildmasken, Listenbilder u. a.)	
A07	Fehlernachrichten und -behebung	
A08	Help-Möglichkeiten bei Arbeitsschwierigkeiten	
A09	Benutzerhandbuch (im System hinterlegt)	
A10	Periodische Auswertungen	
A11		
B	**Demonstrationsbeispiel / Schulungsbeispiel**	
C	**Installationshandbuch / Anpassungshandbuch / Programmdokumentation**	
C01	Voraussetzungen (Hardware, Betriebssystem, Tools)	
C02	Installationsschritte	
C03	Bildmasken, Tabellen und Dateien zur Installation	
C04	Systemflußpläne (o.ä.)	
C05	Programmablaufpläne (o.ä.)	
C06	Testdaten	
C07		
D	**Operator-Handbuch**	
D01	Arbeitsanweisungen	
D02	Datensicherung	
D03	Datenrekonstruktion bei Systemausfall	
D04	Verwaltung Paßworte u.ä.	
D05		

Abb. 2-16: Dokumentationsanforderungen an Standardsoftware (Quelle: Grupp 1991)

2.4.5 Dokumentation bei externer Softwareentwicklung

Immer häufiger nutzen Unternehmen heute leistungsfähige Standardpakete oder beziehen die Software von externen Softwarehäusern. Grundsätzlich ist festzuhalten, daß die Verpflichtung zur Dokumentation und zur Aufbewahrung der Dokumentationsunterlagen unabhängig davon gilt, ob die Software selbst erstellt wurde oder ob sie extern beschafft wurde. Der Käufer ist daher auf eine vollständige und ordnungsgemäße Dokumentation angewiesen. Der Käufer hat sich davon selbst zu überzeugen bzw. bei Überlassungsverträgen einen entsprechenden Passus vorzusehen, wonach die Unterlagen und Orginalprogramme bei Bedarf beim Hersteller eingesehen werden können. Auch für den Fall einer Auflösung des Unternehmens (d.h. des Softwareherstellers) sollte eine entsprechende Vorkehrung getroffen werden (vgl. Schuppenhauer 1989).

Eine besondere Situation entsteht, wenn die Dokumentation extern, d.h. im Auftrag, angefertigt wird. In diesem Fall muß sich der Hersteller des Produkts bzw. der Auftraggeber davon überzeugen, daß der beauftragte Autor zuverlässig, verantwortungsbewußt und fachkompetent ist (vgl. Hoffmann/Schlummer 1990). Bei Unterlassung haftet er für Schäden, die durch Mängel in der extern erstellten Dokumentation auftreten.

In der Praxis kann immer wieder festgestellt werden, daß wesentliche Unterlagen beim Softwarehersteller verbleiben (vgl. z.B. Lehner 1988). Die Ursachen dafür sind vielfältig (Kostengründe, Mißbrauchsgefahr Wettbewerbsvorteil usw.). Der Käufer trägt allerdings in einer solchen Situation ein erhebliches Risiko, da er z.B. bei Bedarf nicht beweisfähig ist. Die Probleme mit den Softwareherstellern sind bekannt. Da die vorgebrachten Argumente aber im allgemeinen nicht wirklich stichhaltig sind und da die Nachteile für den Käufer von Software offensichtlich sind, sollte unbedingt darauf geachtet werden, daß beim Vertragsabschluß entsprechende Absicherungen getroffen werden.

2.4.6 Aufbewahrungsfristen für die Dokumentation

Für die Aufbewahrung der Dokumentation sind handelsrechtliche, steuerrechtliche und betriebliche Vorschriften relevant. Folgende Fragen sind in diesem Zusammenhang zu beantworten (vgl. z.B. Beier et al. 1987, Grupp 1991, Arbeitskreis für Wirtschaftliche Verwaltung 1989):

- Welche Teile der Dokumentation sind aufzubewahren?
- Wie lange sind sie aufzubewahren?
- Wie sind sie aufzubewahren?
- Wo sind sie aufzubewahren?

Grundsätzlich sind nur jene Teile der Dokumentation aufzubewahren, die es einem sachverständigen Dritten ermöglichen, alle Entwicklungs- und Änderungsschritte nachzuvollziehen und das System vollständig zu verstehen (Prinzip der Prüfbarkeit). Konkret folgt daraus z.B. bei einem phasenorientierten Vorgehen die Aufbewahrung aller Ergebnisse einer Phase, welche die Arbeitsgrundlage für die nächste Phase bilden. Ähnliches gilt für Änderungen. Nicht realisierte Entwürfe sind hingegen nicht davon betroffen (vgl. Beier et al. 1987). Die gesamte Dokumentation muß mindestens während der Lebens- bzw. Einsatzdauer der Software aufbewahrt werden. Dies gilt nicht für Teildokumentationen, sofern sie sich mit einem vertretbaren Aufwand wieder aus der Gesamtdokumentation (z.B. aus dem Quellprogramm) rekonstruieren lassen. Bestehen allerdings für bestimmte Ergebnisse (z.B. Rechnungsabschluß, Bilanz) besondere gesetzliche Aufbewahrungsfristen, so ist auch die Dokumentation der dafür eingesetzten Software für die gleiche Zeitdauer aufzubewahren.

Die Form der Aufbewahrung und der Aufbewahrungsort sind nicht generell festgelegt. Dies kann z.B. Papier, Mikrofilm oder ein computergestütztes Medium sein. Wesentlich dabei ist nur, daß der Zugriff auf die Dokumentation durch berechtigte Personen jederzeit möglich sein muß. Außerdem sind entsprechende organisatorische und technische Maßnahmen zu treffen, um die Dokumentation vor Verlust, Verfälschung oder Beschädigung zu schützen. Dazu werden heute die auch bei Programmen und Daten üblichen Verfahren angewendet (z.B. Anfertigung von Duplikaten, Auslagerung).

Aus den Aufbewahrungspflichten läßt sich beispielsweise ableiten, daß jene Teile der Softwaredokumentation, die zum Verständnis von Finanzaufzeichnungen (z.B. Jahresabschluß) erforderlich sind, die somit Buchfunktion haben, über eine Zeitdauer von 10 Jahren aufbewahrt werden müssen (vgl. Arbeitskreis für wirtschaftliche Verwaltung 1989). Bei strenger Auslegung würde dies in der Praxis zu einem unzumutbaren Aufwand führen. Die Projektdokumentation hingegen braucht nur solange aufbewahrt zu werden, wie ein Rückgriff auf diese Unterlagen nach Projektabschluß zu erwarten ist. Üblicherweise beträgt die Aufbewahrungsdauer hier 9 bis 12 Monate (vgl. Grupp 1991).

Auch wenn es kaum neuere Literatur zur Judikatur über Aufbewahrungsfristen für die Software-Dokumentation zu geben scheint, so läßt sich die Sachlage dennoch anhand der wenigen verfügbaren Publikationen zu diesem Thema verdeutlichen. Am prinzipiellen Sachverhalt der Dokumentationspflicht und vermutlich auch an der Rechtsauffassung der Behörden hat sich praktisch nichts geändert. Die kontrovers diskutierten Punkte betreffen die Abgrenzbarkeit der DV-Dokumentation, Unterscheidung von Dokumentationskategorien, Aufbewahrung von Quellprogrammlisten und Aufbewahrungsfristen (vgl. Schuppenhauer 1989).

- Die DV-Dokumentation ist "... soweit sie zum Verständnis der Buchführung erforderlich ist ..." mit dieser aufzubewahren. Dies ist insofern mehrdeutig, als nach der Interessenlage eine Buchführung gerade noch ohne Kenntnis der Dokumentation oder im Extrem sogar nur unter Verwendung der selben geprüft werden kann. Die Aufbewahrung der vollständigen Unterlagen ist aber in vielen Fällen unangemessen, sodaß es hier einer differenzierten Betrachtung bedarf. Entscheidend ist die Dokumentation vor allem bei komplexen Systemen, wo unter Umständen bestimmte Vorgänge nur unter Zuhilfenahme der Verfahrensdokumentation geklärt werden können.

- Vorschläge für die Unterscheidung von Dokumentationskategorien gibt es sowohl für die Art Buchführung (z.B. einfaches Abrechnungsverfahren, Verfahren mit verdichteten Zahlen, integrierte Buchführung) als auch für die Dokumentationsart (z.B. Benutzerhandbuch, technische Dokumentation). Der Umfang der archivierungspflichtigen Dokumentation läßt sich demnach in Verbindung mit der "Dokumentationsintensität" der Software bringen. D.h. der Umfang kann sich reduzieren, wenn jede einzelne Buchung und Bewegung auf einer Liste dokumentiert und nachvollziehbar ist. Allerdings ist auch hier die Komplexität größerer Systeme zu beachten. Komplizierter ist die Lage bei der DV-Dokumentation. Solange es keine zwingend vorgeschriebenen Standards für die aufbewahrungspflichtige Dokumentation gibt, wird es weiterhin notwendig sein, die gesamte Dokumentation aufzubewahren, zu groß ist das Risiko, daß Änderungen an der Software vorgenommen werden, welche in der Ergebnisdokumentation nicht mehr sichtbar sind.

- Bei der Aufbewahrung von Quellprogrammlisten wurde oft angeführt, daß sie ohnehin nur für DV-Spezialisten verständlich seien. Die Erfahrung lehrt allerdings, daß im Zweifelsfall (z.B. bei Nichtübereinstimmung von Software und ihrer Dokumentation) nur die Quellprogramme verläßlich über den tatsächlichen Ablauf Auskunft geben. Die Quellprogramme werden daher in vielen Kommentaren zu den aufbewahrungspflichtigen Dokumenten gezählt.

- Das Problem der Aufbewahrungsfristen für Quellprogramme bzw. Codierlisten würde sich bei einer flexibleren Regelung durch die Behörden eindeutig reduzieren. In der Praxis dürfte eine Aufbwahrung von ca. 2 Janren für die Abschlußprüfung und von 5 - 6 Jahren für die Steuerprüfung ausreichend sein (vgl. Schuppenhauer 1989). Die Aufbewahrung der letzten Version ohne Vorgängerversion ist bedenklich, weil Manipulationen der Software nicht erkannt werden können.

Die aufbewahrungspflichtige Dokumentation ist im Geltungsbereich der Abgabenordnung aufzubewahren, wobei mit der Sorgfalt eines ordentlichen Kaufmanns zu verfahren ist. Eine einheitliche Regelung von Umfang und Fristen zur Aufbewahrung ist bislang nicht erkennbar und wird voraussichtlich auch in Zukunft nicht realistisch sein, da hier immer ein enger Zusammenhang mit gesetzlichen Vorschriften und Erlässen durch Behörden besteht. Eine umfangreiche Tabelle mit einem Vorschlag zur Archivierungsdauer für einzelne Teile der Dokumentation findet sich bei Schuppenhauer (1989). Auf eine Wiedergabe und Erörterung wurde verzichtet, weil sich manche DV-technischen Voraussetzungen seither geändert haben und die Gültigkeit der gesetzlichen Fristen unter heutigen Bestimmungen nochmals aktualisiert oder zumindest überprüft werden müßten.

3 Software-Dokumentationsqualität

Die Definition eines geeigneten Qualitätsmaßes für jene Komponente der Software, die nach allgemeiner Meinung besonders im Argen liegt, nämlich die Dokumentation, ist schwierig. Es entspricht der alltäglichen Erfahrung und ist durch zahlreiche Studien immer wieder bestätigt worden, daß verschieden gestaltete Texte mit gleichem Inhalt unterschiedlich gut verstanden oder behalten werden.

3.1 Qualitätsbegriff und Prüfverfahren

3.1.1 Qualitätsmerkmale der Dokumentation

Der Begriff der Qualität läßt sich in bezug auf Software-Dokumentation kaum objektiv beurteilen. Qualität wird auch von den Benutzern subjektiv beurteilt (z.B. aufgrund von vorhandenen Systemkenntnissen, allgemeiner DV-Erfahrung, Wissensstand). Unterschiedliche Einschätzungen sind möglicherweise auch durch die Zugehörigkeit zu verschiedenen Benutzergruppen bedingt. Weitere Einflüsse auf das Ergebnis der Beurteilung ergeben sich durch die prozeß- oder produktorientierte Betrachtung, durch die Beachtung der zeitlichen Dimension und durch externe Beurteilungsmaßstäbe wie z.B. die Grundsätze ordentlicher Buchführung (GoB).

Grundlagen für eine Qualitätsbeurteilung sollten einerseits die spezifischen Anforderungen sein, die an die Dokumentation gestellt werden (z.B. unternehmensinterne Richtlinien, projekt- und produktspezifische Erfordernisse, Zielgruppe, international empfohlene Standards, rechtliche Vorschriften), andererseits allgemeine Qualitätskriterien, die für Texte generell gültig sind. Die nachfolgenden Ausführungen versuchen einen Einblick in die gängigen Vorstellungen über wichtige Qualitätsmerkmale der Software-Dokumentation zu geben.

Rupietta schlägt dazu folgende Merkmale vor (vgl. Rupietta 1987, 124-129):

- *Korrektheit.* Unterschieden werden kann zwischen sprachlicher und sachlicher Richtigkeit. Die sprachliche Richtigkeit besteht in der korrekten Rechtschreibung, der Einhaltung grammatikalischer Regeln usw. und kann mit Hilfe von Software (z.B. Textverarbeitungsprogramme mit Wörterbuchfunktionen, Spell-Check-Programme) zumindest teilweise automatisch überprüft werden. Die sachliche Richtigkeit ist gegeben, wenn die Beschreibung in der Dokumentation mit dem beschriebenen Sachverhalt übereinstimmt.

- *Vollständigkeit.* Die Vollständigkeit kann unter formalen und inhaltlichen Gesichtspunkten betrachtet werden. Die formale Vollständigkeit ist gegeben, wenn alle Bestandteile der Dokumentation, die in der Anforderung und in Verzeichnissen (z.B. Inhaltsverzeichnis, Abbildungsverzeichnis) angeführt sind, vorhanden sind. Sachliche Vollständigkeit liegt dann vor, wenn alle Komponenten, Sachverhalte usw., die zum Gegenstandsbereich der Dokumentation gehören, beschrieben sind.

- *Verständlichkeit und Lesbarkeit.* (siehe Abschnitt 3.1 und Abschnitt 3.3).

- *Konsistenz.* Konsistenz bedeutet primär, daß es keine Widersprüche im Text gibt (z.B. unrichtige Querverweise, Mehrdeutigkeiten, widersprechende Definitionen). In einem umfassenden Sinn geht es jedoch auch darum, durchgehend gleiche Begriffe und Schreibweisen sowie ein einheitliches Layout zu verwenden.

Eine besonders umfassende Liste an Anforderungsmerkmalen für die Dokumentation findet sich bei Scheibl (1985). Die einzelnen Merkmale werden allerdings nicht näher spezifiziert oder operationalisiert. Vorgeschlagen wird, aus der Fülle der Merkmale für das jeweilige Projekt eine Teilmenge auszuwählen und zu einem Katalog von Qualitätseigenschaften zusammenzufassen. Folgende Liste wird angeführt:

- Aktualität,
- Phasenbezug,
- Handhabbarkeit/Umfang,
- Erlernbarkeit/Verständlichkeit/Transparenz,
- Entwurfsaufwand,
- Darstellungsmittel,
- maschinelle Erstellbarkeit,
- Unterstützung der strukturierten Programmierung,
- Änderungsaufwand,
- Korrektheitsnachweis,
- Zuverlässigkeit,
- Vollständigkeit,
- Einheitlichkeit,
- Kontrollierbarkeit,
- Konstistenz,
- Integrität,
- Redundanzfreiheit,
- Anpassungsfähigkeit,
- Portabilität/Maschinenunabhängigkeit,
- Kompatibilität,

- Normengerechtigkeit/Gesetzeskonformität.

Eine etwas kürzere Liste mit Qualitätsmerkmalen schlagen Hoffmann/Schlummer (1990) vor. Sie fordern von einer professionell erstellten Anwenderdokumentation sachliche Richtigkeit, Aktualität, Vollständigkeit, Zielgruppengerechtigkeit, Verständlichkeit, Einheitlichkeit und Wirtschaftlichkeit. Die einzelnen Merkmale werden jeweils in einem kurzen Absatz verbal erläutert, wodurch eine gewisse Annäherung an die Überprüfbarkeit angestrebt wird (vgl. Hoffmann/Schlummer 1990). Letztlich wird aber auch von diesen Autoren, wenn sie an anderer Stelle ein Beispiel für die Untersuchung einer Bedienungsanleitung samt Verbesserungsvorschlägen anführen, kein Rückgriff auf diese Anforderungsliste gemacht. Qualitätsmerkmale bleiben demnach häufig als isolierte (An-)Forderungen stehen.

Von der Deutschen Gesellschaft für Qualität (DGQ) werden folgende Merkmale für die Beschreibung bzw. Bewertung der Software-Dokumentation vorgeschlagen (vgl. Deutsche Gesellschaft für Qualität 1986, 28, 61f):

- *Änderbarkeit.* Erweiterungen und Änderungen sollen mit geringem Aufwand eingebracht werden können.

- *Aktualität.* Es muß gewährleistet sein, daß die Dokumentation auf dem letzten Stand ist, d.h. daß zwischen der geltenden Version der Software und ihrer Beschreibung Übereinstimmung besteht.

- *Eindeutigkeit und Einheitlichkeit.* Begriffe, Methoden usw. sollten durchgängig und einheitlich verwendet werden. Dazu kann es hilfreich sein, Richtlinien festzulegen, mißverständliche Formulierungen und nicht überprüfbare Aussagen zu vermeiden, Zahlenangaben nicht durch Text zu ersetzen usw.

- *Identifizierbarkeit.* Eindeutige Ansprechbarkeit von (Teil-)Dokumenten, die Angaben zu einem festgelegten Sachverhalt enthalten. Festzuhalten ist auch der Name des Autors, Erstellungs- und Änderungsdatum, Änderungsstand u.ä.

- *Normenkonformität.* Einhaltung der für die Erstellung der Dokumentation geltenden Vorschriften (firmeninterne Standards) sowie allgemein üblicher standardisierter Darstellungsmethoden.

- *Verständlichkeit.* Es muß sichergestellt werden, daß die in der Dokumentation enthaltenen Informationen, Aussagen usw. vom Leser verstanden werden. Dazu ist eine Abstimmung auf die Zielgruppe und auf das Benutzerumfeld erforderlich.

- *Vollständigkeit.* Alle für die jeweilige Zielgruppe und den Verwendungszweck notwendigen Informationen müssen enthalten sein.

- *Widerspruchsfreiheit.* Nichtvorhandensein sich entgegenstehender Aussagen in der Dokumentation. Widersprüche können aber auch zwischen dem Inhalt der Dokumentation und dem Sachverhalt, der in der Dokumentation dargestellt wird, auftreten.

Die Merkmale Änderbarkeit, Identifizierbarkeit, Normenkonformität und Verständlichkeit beschreiben die Eignung der Dokumentation als Medium zur Vermittlung von Informationen, die übrigen Merkmale beschreiben die Eignung des Inhalts zur Informationsübermittlung. Als Operationalisierung dieser Merkmale wird die Anzahl der Fehler vorgeschlagen, die bei der Dokumentenprüfung (z.B. im Zuge einer Revision) bezüglich des jeweiligen Merkmals gefunden wurden. Als Bezugsgröße dient die Anzahl der Seiten des Dokuments (vgl. Deutsche Gesellschaft für Qualität 1986, 61). Eine Übersicht über konstruktive Maßnahmen zur Beeinflussung dieser Qualitätsmerkmale zeigt die Abbildung 3-1.

Wallmüller empfiehlt noch die Beachtung folgender Dokumentationsprinzipien (vgl. Wallmüller 1990, 101):

- *Inhaltliche Güte.* Gemeint ist die Breite und Tiefe, mit welcher der jeweilige Textinhalt behandelt wird (inhaltliche Vollständigkeit, Ausgewogenheit der einzelnen Abschnitte im Detaillierungsgrad, Vermeidung von unnötiger Redundanz, Verweise auf Ausnahmen und Sonderfälle, Konsistenz).

- *Organisationsgüte.* Gemeint ist die Form und die Reihenfolge der Darstellung sowie die Orientierungsmöglichkeit im Text (Wo befinde ich mich gerade?). Unterstützend wirken hier eine konsequente Gliederung und klare Strukturen, Nummerierung, Indizes, aussagefähige Überschriften, Zusammenfassungen usw.

- *Formatgüte.* Gemeint sind der Gebrauch geeigneter Sprachmittel (z.B. Ausdrucksweise, Glossar) und die Unterstützung durch Illustrationen (Abbildungen, Diagramme usw.).

Qualitätsmerkmal / konstruktive Maßnahmen	Änderbarkeit	Aktualität	Eindeutigkeit	Identifizierbarkeit	Normenkonformität	Verständlichkeit	Vollständigkeit	Widerspruchsfreiheit
geeignete Abstraktionsniveaus			+			+		+
geeignete Darstellungen						+		+
Erklärung der Fachbegriffe						+		+
Vorgabe einer Gliederung	+					+		+
Stichwortverzeichnis	+							
Verweise	+					+		+
Redundanz	-					+		+
Angaben zum Zweck des Dokuments								
Zusammenfassung						+		+
Checklisten						+		+
Kennzeichen gemäß Firmenstandard	+	+		+	+			
Kennzeichnung aller Dok.-Teile	+	+		+				
Seitenzahlen	+	+		+				
Erstell-, Prüf-, Freigabedatum		+		+				
Versionsangabe		+		+				
Änderungsstand, Änderungsdatum		+		+				
Kennzeichnung von Funktionen				+		+		
Kennzeichnung von Datenstrukturen				+				
nachprüfbare Aussagen			+					
unmißverständliche Formulierungen			+					
Zahlenangabe statt unpräzisem Text			+					
geeignete Darstellungsmittel wie							+	
formale Sprachen			+				+	
standardisierte Sprachelemente					+			
abstrakte Datentypen			+				+	+
Datenflußpläne			+			+	+	+
Petri-Netze			+			+	+	+
Organisatorische Maßnahmen und Konfigurationsmanagement		+						
Dokumentations-Werkzeuge	+	+		+			+	+

\+ Qualitätsmerkmal wird positiv beeinflußt

\- Qualitätsmerkmal wird negativ beeinflußt

Abb. 3-1: Übersicht über Maßnahmen zur Beeinflussung der Dokumentationsqualität (Quelle: Deutsche Gesellschaft für Qualität 1986,32)

Aus der Sicht der Softwarewartung fordern Wix/Balzert folgende Eigenschaften für Dokumente, ohne diese allerdings im Detail zu erläutern (vgl. Wix/Balzert 1987, 53-54):

- adressatengerecht,
- aufgabengerecht (Abstimmung auf den geforderten Zweck),
- inhaltsgerecht (der Inhalt muß den Aufgaben entsprechend gewählt sein),
- formgerecht (Übereinstimmung mit Aufgaben und Inhalt),
- sprachgerecht (Abstimmung der Sprache auf Aufgaben und Adressaten),
- didaktikgerecht,
- zeitpunktgerecht,
- umfangsgerecht.

Rautenberg/Sova unterscheiden im Hinblick auf die DV-Dokumentation folgende Funktionen: Beschreibungsfunktion, Retrieval-Funktion, Kommunikations-Funktion und Analyse-Funktion (vgl. Rautenberg/Sova 1983, 27-28). Sie leiten daraus Grundsätze der DV-Dokumentation ab, die in der nachfolgenden Liste wiedergegeben werden und deren Beachtung ein entsprechendes Qualitätsniveau sicherstellen soll (vgl. Rautenberg/Sova 1983, 28-30):

- Personenunabhängigkeit,
- Übersichtlichkeit,
- Anschaulichkeit
- Einheitlichkeit,
- Gleichartigkeit,
- Genauigkeit,
- Vollständigkeit,
- Aktualität,
- Rechtzeitigkeit,
- Benutzerfreundlichkeit,
- Mehrfachverwendbarkeit,
- Anpassungsfähigkeit,
- Wirtschaftlichkeit.

Ein besonderer Aspekt der Dokumentations-Qualität ist schließlich noch die Einhaltung externer Vorschriften. Diese beziehen sich meistens auf den Grundsatz der Ordnungsmäßigkeit und sind Grundlage für die Kontrolle durch Finanzbehörden, Revisionsorgane, Wirtschaftsprüfer u.ä. Dokumentation wird in diesem Zusammenhang oft in einem erweiterten Sinn verstanden, da z.B. auch die Ergebnisse von Programmausführungen "dokumentiert", d.h. archiviert, werden müssen; dabei handelt es sich um eine homonyme Begriffsverwendung, die nicht mit dem originären Dokumentationsbegriff verwechselt werden sollte (siehe dazu den Abschnitt 2.4, "Rechtliche Bedeutung der Dokumentation"). Die Software-Dokumentation, wie sie hier verstanden wird, bildet die notwendige Grundlage für die Nachvollziehbarkeit von Vorgängen (z.B. welcher Algorithmus wurde verwendet).

Zusammenfassend kann festgestellt werden, daß die Dokumentations-Qualität sehr viele Facetten aufweist und keine eindimensionale oder leicht meßbare Größe darstellt. Außerdem können der Wert und die Qualität der Dokumentation bei einer umfassenden Betrachtung kaum isoliert von der dokumentierten Software und auch nicht unabhängig vom Prozeß der Software-Entwicklung beurteilt werden. Die Auffassungen über die Relevanz einzelner Qualitätsmerkmale, aber auch über ihre Konkretisierung (z.B. in Form von Meßvorschriften) unterscheiden sich z.T. noch erheblich. Vor diesem Hintergrund wird auf einen Vergleich der unterschiedlichen Ansätze sowie auf den Entwurf einer neuen Liste von Qualitätsmerkmalen verzichtet. Die vorherrschende Praxis bei der Qualitätsprüfung von Dokumentationen zeigt nämlich auch, daß die genannten Merkmale meist gar nicht unmittelbar angewendet werden. Sie dienen eher der Schaffung eines allgemeinen Qualitätsbewußtseins. Der Wert der Auflistungen wird daher primär in der Vorlage und Anregung für die Entwicklung unternehmensspezifischer Qualitätssicherungssysteme gesehen.

Die Aufzählung von Qualitätsmerkmalen weisen überdies meist einen starken Brainstorming-Charakter auf. Bis zur Verfügbarkeit eines umfassenden Verfahrens zur Qualitätsprüfung für die Dokumentation wird daher noch ein erheblicher Aufwand zu investieren sein. Die Kluft zwischen wünschenswerten Eigenschaften und ihrer formalen Überprüfung bzw. Realisierung wird daher auch in den nächsten Jahren kaum zu überbrücken sein. Der wichtigste Garant für die Qualität scheint auch bei der Software-Dokumentation vorerst der "Faktor Personal" zu sein.

3.1.2 Verständlichkeit und Lesbarkeit

Was als verständlich angesehen wird, ist zwar individuell unterschiedlich, es gibt aber einige Faktoren, die, unabhängig vom subjektiven Empfinden des einzelnen Lesers, für das Auffinden von Schwachstellen herangezogen werden können. Diese Texteigenschaften, die sich auf die Art der Darstellung beziehen, werden unter den Begriffen Verständlichkeit und Lesbarkeit zusammengefaßt. Dazu zählen u.a. (vgl. Rupietta 1987, 127, Briest 1974, Biere 1991, Groeben/Christmann 1989):

- *Wortschatz* (Angepaßtheit an das Wissen des Lesers, unbekannte Begriffe sollten definiert sein bzw. eine Definition auffindbar sein),

- *Satzbau* (einfacher Satzbau, Vermeidung langer Sätze und verschachtelter Nebensatzkonstruktionen),

- *Reihenfolge der Informationsdarstellung* (z.B. Grundlagen zuerst, steigender Schwierigkeitsgrad),

• *Beispiele* (z.B. Erläuterungen zu abstrakten Sachverhalten).

Manche Faktoren, die einen Einfluß auf die Verständlichkeit haben, können objektiv, d.h. durch Zählung oder Messung, bestimmt werden. Dazu gehören die Wortlänge (z.B. Silbenanzahl), die Satzlänge (Anzahl Wörter pro Satz) und die Struktur der verwendeten Sätze. Lesbarkeitsformeln und Lesbarkeitsindizes benutzen häufig die durchschnittliche Wortlänge und die mittlere Satzlänge für die Ermittlung der Lesbarkeit oder der Verständlichkeit eines Textes (siehe z.B. Höcker et al. 1984, 102-104, Tauber et al. 1980, Steinbach et al. 1972, Langer et al. 1974). Die Formeln wurden aufgrund statistischer (meist faktorenanalytischer) Untersuchungen gewonnen. Eine Zusammenfassung der bekanntesten Lesbarkeitsformeln findet sich in der angeführten Literatur (siehe insbesondere Klare 1963, Klare 1974).

Das Textverstehen wird u.a. durch folgende Modelle zu erklären versucht:

- Bottom-Up-Modell
- Top-Down-Modell
- interaktives Modell
- Verständnis-Modell
- Interrelation von Text- und Lesermerkmalen (z.B. Berücksichtigung der Aufmerksamkeit).

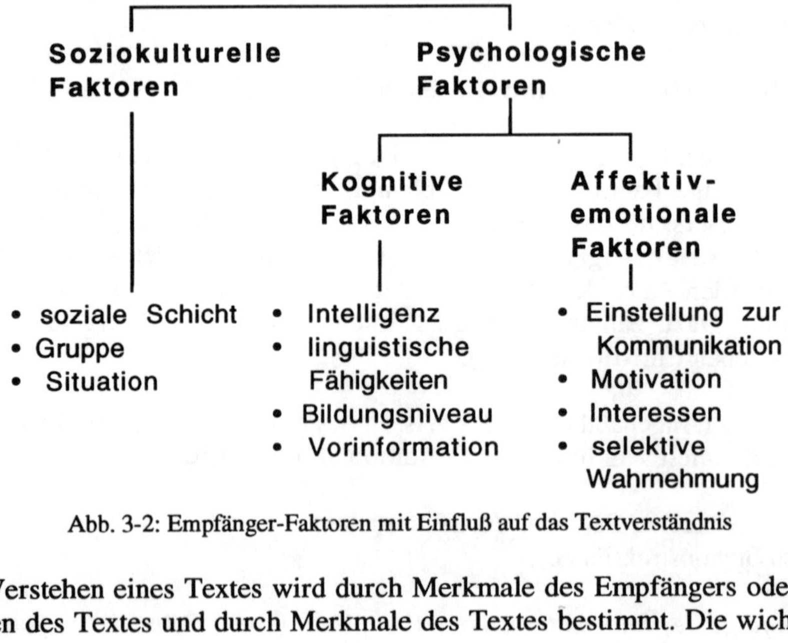

Abb. 3-2: Empfänger-Faktoren mit Einfluß auf das Textverständnis

Das Verstehen eines Textes wird durch Merkmale des Empfängers oder Rezipienten des Textes und durch Merkmale des Textes bestimmt. Die wichtigsten

Empfänger-Merkmale werden in Abbildung 3-2 zusammengefaßt (vgl. Amstad 1978).

Abbildung 3-3 zeigt die wesentlichen Text-Merkmale, welche die Verständlichkeit beeinflußen (vgl. Amstad 1978):

Wortfaktoren	Satzfaktoren	Textfaktoren
• Bekanntheitsgrad	• Satzlänge	• kognitive Strukturierung
• Worthäufigkeit	• Satzstruktur	• räumliche Gliederung
• Wortlänge	• Satzart	• Redundanz

Abb. 3-3: Text-Faktoren mit Einfluß auf die Textverständlichkeit

3.1.3 Messung von Textverständlichkeit und Textverständnis

Zur effektiven Textgestaltung und zur Messung ihrer Qualität gibt es zahlreiche Ansätze und Studien. Den meisten Konzeptionen liegen - mit unterschiedlicher Ausprägung - zwei gegensätzliche Auffassungen zugrunde: **Textverständlichkeit** als Eigenschaft des Textes und **Textverständnis** als Eigenschaft des Lesers (vgl. Tergan/Mandl 1983, 56). Überblicksmäßige Zusammenfassungen und Hinweise auf weiterführende Literatur finden sich in der angeführten Literatur (siehe u.a. Langer et al. 1974, 28-29, Tauber et al. 1980, Robinson 1981, Höcker et al. 1984, Tergan/Mandl 1983, Werlen et al. 1992, Groeben/Christmann 1989). Folgende Ansätze können aufgrund der vorliegenden Forschungsergebnisse unterschieden werden:

- *Cloze-Tests.* Diese können als Spezialfall der von Ebbinghaus eingeführten Vervollständigungsmethode, einem anerkannten psychologischen Testverfahren, aufgefaßt werden. Die Bezeichnung leitet sich vom "closure construct" der Gestaltpsychologie her, d.h. einer menschlichen Eigenschaft, die uns vertraute, aber unvollständige Zeichen vervollständigen läßt. In ihrer allgemeinsten Form erfolgt bei dieser Methode eine systematische Löschung einzelner Wörter in einem repräsentativen Textausschnitt, der ausgewählten Personen zur Vervollständigung vorgelegt wird. Cloze-Tests unterscheiden sich in der Konstruktion grundsätzlich von sogenannten Fill-in-the-Blank-Tests, bei denen genau festgelegte Wörter oder Wortklassen gelöscht werden. Das bekannteste Beispiel für einen Cloze-Test ist die Cloze Procedure von Taylor. Eine Weiterentwicklung des Cloze-Tests ist die sogenannte *Removal of Information Procedure* (RIP) von Tuinman (1971). Bei diesem Verfahren sind von den Testpersonen diejenigen Worte zu unterstreichen, die ihrer Ansacht nach bei einem Cloze-Test am schwierigsten einzufüllen wären.

- *Verständlichkeits-Formeln*. Die Lesbarkeit bzw. Verständlichkeit von Texten wird über den Ausprägungsgrad formaler, lexikalischer und syntaktischer Textmerkmale bestimmt. Die Ansätze stützen sich gewöhnlich auf Untersuchungsergebnisse, die zeigten, daß z.B. kürzere Wörter in der Regel geläufiger sind als längere, daß die Satzlänge einen Einfluß auf die Textverständlichkeit ausübt usw. Auch der Wortschatz und Ergebnisse informationstheoretischer Untersuchungen über die begrenzte Aufnahmekapazität des menschlichen Gehirns werden in diesem Zusammenhang häufig benutzt. Beispiele für diesen Ansatz sind der Reading Ease von Flesch, der Fog-Index und der Readability Index von Dale/Chall. Ein Überblick findet sich insbesondere bei (Klare 1963) und (Klare 1974).

- *Wiedererkennen (Multiple-Choice-Tests)*. Bei diesen Verfahren werden Fragen zum Inhalt des Texts gestellt. Diese Fragen müssen beantwortet werden, allerdings nicht mit eigenen Worten, sondern durch Markieren im Rahmen vorgegebener Antwortmöglichkeiten. Beispiele für dieses Verfahren sind der Nelson-Denny Reading Test und der Davis Reading Test (vgl. Davis 1966, Carroll 1972).

- *Anordnung von Informationen*. Bei der Messung der Verständlichkeit auf der Basis von Wort- oder Silbenzählungen kann die Textgliederung als wichtiges Gestaltungselement nicht erfaßt werden. Überlegungen dazu befassen sich im Detail mit kognitiven Strukturen und führen zu den Empfehlungen, einen organisierenden Vorspann voranzustellen ("advance organizer") und bei der Darstellung der Inhalte vom Allgemeinen zum Besonderen vorzugehen ("sequentielles Arrangieren"). Maße zur Bestimmung der Textverständlichkeit auf dieser Basis sind nicht bekannt (vgl. Ausubel 1960).

- *Einsatz spezieller Gestaltungsmittel*. Dabei geht es um den Einfluß von Wiederholungen im Text, Verständnisfragen usw. Empirische Befunde sprechen für die Verwendung solcher Gestaltungsmittel. Auch für diese Ansätze gilt, daß bisher keine konkreten Maße bekannt sind.

- *Intuitiver Erfahrungsniederschlag*. Diese Vorgehensweise ist frei von experimentellen Einflüssen. Einen relativ großen Bekanntheitsgrad haben z.B. die Stilregeln und Stilverbote Reiners erlangt, der auf dieser Basis ein Modell zur Bestimmung der Verständlichkeit entwickelte. Dies erfolgt mit Hilfe von vier Variablen: durchschnittliche Anzahl der Wörter (pro Satz) sowie aktive Verben, Personenbezeichnungen und abstrakte Hauptwörter (pro hundert Wörter). Die Variablen werden gemäß Abbildung 3-4 erhoben, wobei ausgewählte Textpassagen von 100 Wörtern als Berechnungsgrundlage dienen. Zur Berechnung der Gesamtverständlichkeit wird der Mittelwert aus den vier Einzelnoten gebildet vgl. Reiners 1967, Briest 1974).

Note	Bewertung	Wörter je Satz	aktive Verben	Personen-bezeichn.	abstrakte Hauptworte
1	Sehr leicht verständlich	1-13	über 14	über 12	0-4
2	Leicht verständlich	14-18	13-14	10-11	5-8
3	Verständlich	19-25	9-12	6-9	9-15
4	Schwer verständlich	25-30	7-8	3-5	15-20
5	Sehr schwer verständlich	über 30	0-6	0-2	über 20

Abb. 3-4: Benotung der Variablen nach Reiners (Briest 1974, Langer et al 1974 nach Reiners)

- *Eindrucksmethoden.* Die Verfahren sind eng an den Vorgang des Lesens selbst angelehnt. Die Beurteilung erfolgt durch subjektive Einschätzung. Als Beispiel kann das Verfahren von Langer et al. genannt werden, das auch unter der Bezeichnung Hamburger Verständlichkeitskonzept bekannt ist. Die Verständlichkeit eines Textes wird dabei als Ausprägungsgrad von vier Textdimensionen (Einfachheit, Gliederung-Ordnung, Kürze-Prägnanz, zusätzliche Stimulanz) mittels Beurteilung durch besonders geschulte Testpersonen erfaßt (vgl. Langer et al 1974).

- *Interrelation von Text- und Lesermerkmalen.* Die Textverständlichkeit ergibt sich nach dieser Auffasssung nicht nur durch bestimmte Textmerkmale, sondern immer mit Bezug auf den oder die jeweiligen Rezipienten. Als Beispiel für diese Auffassung kann das Verfahren von Groeben (deduktiver Ansatz) genannt werden (vgl. Groeben 1982).

Die Eindrucksmethoden werden auch als Rating-Methoden oder **induktive Ansätze** bezeichnet. Insgesamt zeichnen sich diese Methoden durch ihre ökonomische Erfassung der Textverständlichkeit aus. Die Kritik setzt an der fehlenden theoretischen Fundierung, am Rückgriff auf Experten-Ratings zur Erfassung der Textmerkmale und an den zu wenig konkretisierten Textmerkmalen an, die für die Erstellung konkreter Handlungsanweisungen zur Optimierung eines Textes nicht immer ausreichen (vgl. Groeben/Christmann 1989). Das Hamburger Verständlichkeitskonzept, als bekanntester Vertreter dieser Klasse, wird an anderer Stelle ausführlicher beschrieben (siehe Kapitel 3, "Software-Dokumentationsqualität").

Der von Groeben gewählte Ansatz versucht den genannten Kritikpunkten zu begegnen. Er wird daher auch als **deduktiver Ansatz** bezeichnet, da versucht wird, theoretische Ableitungen empirisch zu überprüfen. Der theoretische Ansatz von Groeben orientiert sich an kognitiven Theorien, wobei Textverstehen als "aktive kognitive Konstruktion einer semantischen Struktur" verstanden wird (vgl. Tergan/Mandl 1983, 64). Das Verstehen von Texten wird also als Interaktion zwischen Leser und Text aufgefaßt. Für Groeben leiten sich daraus zwei Frageperspektiven ab (Tergan/Mandl 1983, 64, zit. nach Groeben 1982, 10):

- *Individuelles Textverständnis*, d.h. welche Prozesse des Textverstehens laufen in Abhängigkeit von Lesermerkmalen bei allen Texten relativ einheitlich ab?

- *Interkulturelle Textverständlichkeit*, d.h. welche Prozesse des Verstehens von Texten laufen in Abhängigkeit von Textmerkmalen bei allen Texten relativ einheitlich ab?

Der Begriff Textverständnis meint die Einflüsse der Lesermerkmale, während Textverständlichkeit die Einflüsse von Textmerkmalen auf den Verstehensprozeß beschreibt. Zur Verbesserung des Textverständnisses können nun entweder die Aktivitäten des Lesers an den Text angepaßt werden oder die Textmerkmale an den Leser. Zur Anpassung des Lesers an den Text führt Groeben eine Reihe von Hilfen bzw. Techniken an, die sich auf folgende Wirkungen beziehen: Verbesserung der Sinnerfassung, Schnellesen, adaptives Lesen, kritisch-kreatives Lesen und selbstgesteuerte Textaufarbeitung (vgl. Groeben 1982). Die Textverständlichkeit kann mit einem von Groeben entwickelten Verständlichkeitskonzept beurteilt werden. Dieses Konzept basiert auf vier Textdimensionen, die theoretisch und empirisch begründet werden (vgl. Groeben 1982, nach Tergan/Mandl 1983, 64, Langer et al. 1974, Groeben/-Christmann 1989):

- *kognitive Strukturierung* (z.B. Vorstrukturierung, Advance Organizer, sequentielles Arrangieren von Textinhalten, Zusammenfassungen, Hervorhebungen und Unterstreichungen, Überschriften und Randbemerkungen, Fragen, Lernziele); die theoretische Erklärung dieser Dimension erfolgt auf der Grundlage der kognitiven Lerntheorie nach Ausubel (1963).

- *sprachliche Einfachheit und semantische Kürze* (z.B. kurze, geläufige, konkrete, anschauliche und persönliche Worte, Veranschaulichung durch Beispiele, Grafiken und Abbildungen, kurze und grammatikalisch einfache Sätze); den theoretischen Hintergrund bilden die hermeneutische

Stilforschung (vgl. z.B. Reiners 1967) sowie psycho-linguistische Erkenntnisse zur Satzverarbeitung.

- *semantische Redundanz* (z.B. Weitschweifigkeit oder knappe, gedrängte Darstellung, Sprachaufwand im Verhältnis zum Ziel des Textes, wobei zwischen inhaltlicher und sprachlicher Entbehrlichkeit zu unterscheiden ist); als theoretische Grundlage dient die Informationstheorie nach Shannon (1951) in den für die Gedächtnispsychologie und kybernetische Pädagogik relevanten Ausschnitten.

- *stimulierender kognitiver Konflikt* (z.B. inkongruenter Rückbezug auf Bekanntes, widersprüchliche Alternativen, Neuheit und Überraschung, Inkohärenz und Komplexität); den theoretischen Hintergrund bildet die konzeptuelle Neugier nach Berlyne (1960), wonach die Lesemotivation durch Wecken von Neugier gesteigert werden kann.

Eine andere Gliederungsmöglichkeit für die verfügbaren Ansätze basiert auf dem **Zeitpunkt der Messung** (bezogen auf den Lesevorgang). Folgende Gruppen können unterschieden werden:

- *Nach Beendigung des Lesevorgangs*: Messung der Lesegeschwindigkeit, Rating-Verfahren, Messung der Behaltensleistung (Erinnerung), Wiedererkennungs-Verfahren (Mehrfachwahl-Tests), Verständnistests (Lückentests, Cloze-Tests, Removal of Information Procedure, Chunked Reading Test, Progressive Cloze Procedure), Verständnistests (Fragebogen mit offenen und geschlossenen Fragestellungen), Aktions- und Reaktionstests (vgl. z.B. Carroll 1972, Davis 1966, Tuinman 1971).

- *Während des Lesevorgangs*: Thinking-Aloud-Protokolle, Messung der Augenbewegungen (vgl. z.B. Jacob 1991).

- *Unabhängig vom Lesevorgang*: Lesbarkeitsformeln (Formeln auf der Basis von Wort- und Satzmerkmalen, wortschatzbezogene Formeln sowie weitere, wie z.B. Messung der Konkretheit/–Abstraktheit und Human Interest Score), Hamburger Verständlichkeitskonzept, Verständlichkeitskonzept von Groeben, Verständlichkeitskonzept von Kintsch/Vipond.

Neuere Ansätze versuchen die Beschränkungen klassischer Verständlichkeitskonzepte auf zweifache Weise zu überwinden (vgl. Tergan/Mandl 1983, 57-58). Zum einen wird versucht, bei Konzepten der Textverständlichkeit Leser- (bzw. Lerner-) und Textmerkmale zu berücksichtigen. Ihre Beziehungen sollen in einer Verstehenstheorie begründet, auf der Ebene des Verarbeitungsprozesses konzeptualisiert sowie für die Verständlichkeitsmessung und Lernerfolgsprognose entsprechende Prozeßindikatoren herangezogen werden. Zum anderen wird von dem noch immer unbefriedigenden Kenntnisstand über das Textverstehen (d.h. von Merkmalen des Verarbeitungsprozesses) ausgegangen. Die vielen, z.T. einander widersprechenden, Untersuchungsergebnisse dienen dabei als Basis für die Entwicklung mehr oder weniger integrativer, globaler Verständlichkeitskonzepte (vgl. z.B. Baker 1985, Groeben/Christmann 1989, Biere 1991).

Im Mittelpunkt eines weiteren Ansatzes, der sich speziell mit Software-Dokumentation befaßt und der sich in die vorgestellte Klassifikation nicht einordnen läßt, stehen die sogenannten *Document Quality Indicators (DQIs)* von Arthur/-Stevens (vgl. Arthur et al. 1989, Arthur/Stevens 1992). Zwei Fragen interessieren dabei besonders: Was macht eine "angemessene" Dokumentation aus und wie läßt sich Angemessenheit operationalisieren bzw. messen? Eine Untersuchung dieser Fragen führte zur Formulierung einer allgemeinen Taxonomie für die Beurteilung von Computer-Dokumentation. Diese Taxonomie wird durch ein dreistufiges Modell in Form einer Baumstruktur beschrieben. Abbildung 3-5 zeigt die Dekomposition der Qualitätsmerkmale in Faktoren und quantifizierbaren Größen.

Bezüglich näherer Details zu den DQIs und ihrer Metrisierung wird auf die angeführte Quellenliteratur verwiesen (siehe Arthur et al. 1988, Arthur et al. 1989, Stevens et al. 1988, Arthur/Stevens 1992). Die im Modell vorgesehenen Daten sind schwierig zu erheben bzw. zu messen. Ein breiter Einsatz ist daher derzeit noch nicht vorstellbar. Ein wichtiges Ziel der weiteren Entwicklung wird neben der Validierung der Erhebungsprozedur die Automatisierung des Meßverfahrens sein (vgl. Arthur/Stevens 1992).

3.1.4 Verfahren zur Prüfung der Dokumentationsqualität

Der Test und die Überprüfung von Handbüchern sind teuer. Eine umfassende Prüfung ist vor allem dort erforderlich, wo der voraussichtliche Nutzen oder das mit der Dokumentation verbundene Risiko entsprechend hoch ist (z.B. Handbücher mit einer großen Leserschaft, Handbücher für kritische Anwendungen). Die Auswahl eines geeigneten Testverfahrens wird ebenfalls davon abhängen. Nur ein geringer Teil der Verfahren, die heute zur Qualitätsprüfung von Texten eingesetzt werden, bauen auf theoretisch fundierten Ansätzen des Textverstehens auf. Folgende Verfahren können unterschieden werden:

- Experteneinschätzung,
- Checklisten,
- Feld-Tests,
- Review und Revision.

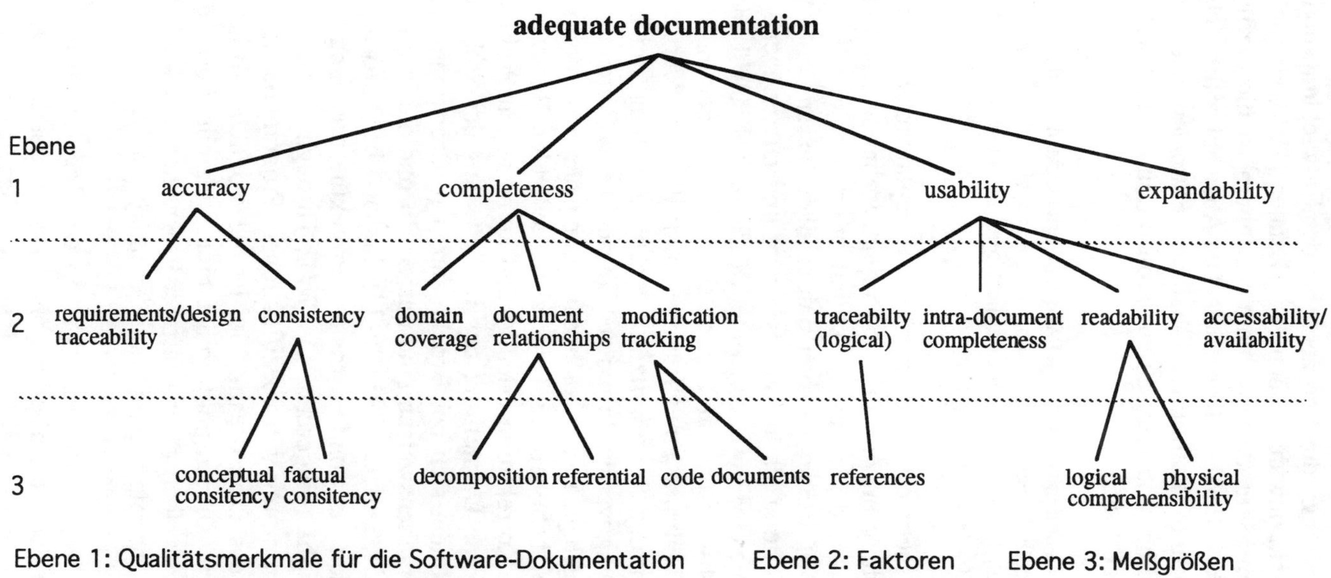

Abb. 3-5: Dekomposition der Qualitätsmerkmale nach Arthur/Stevens (1989, 44)

Am bekanntesten unter den genannten Verfahren sind das *Review*, die *Revision* und der *Feld-Test*, die sich auch bei der Entwicklung und Wartung von Software allgemein bewährt haben (vgl. Lehner 1991). Unabhängig von der jeweils gewählten Methode bzw. vom Verfahren ist die Definition entsprechender Qualitätsmerkmale erforderlich. Die Auswahl sollte sich dabei an den heute bekannten und akzeptierten Qualitätsmerkmalen orientieren. Eine Einführung in die Methodik der Dokumentationsprüfung findet sich bei Asam et al. (siehe Asam et al. 1986).

Beispiel Feld-Test: Das neu entwickelte SOM-Benutzerhandbuch wurde zunächst als Vorabversion fertiggestellt. Diese Vorabversion wurde an ca. 600 interne Mitarbeiter der Firma Siemens verteilt. Die Erfahrungen und die Korrekturhinweise werden bei der Schlußredaktion berücksichtigt und eingearbeitet.

Ein **Review** ist ein mehr oder weniger formal geplanter und strukturierter Analyse- und Bewertungsprozeß, in dem Projektergebnisse einem Team von Gutachtern präsentiert und von diesem kommentiert oder genehmigt werden (Wallmüller 1990, 146). Reviews haben sich in allen Phasen der Softwareentwicklung und der Wartung als überaus wirksam und nutzbringend erwiesen. Insbesondere bieten sie eine besonders gute Möglichkeit, Mängel oder Abweichungen bei der Softwarequalität festzustellen. Die einzelnen Vorgehensschritte bei der Durchführung eines Reviews sind: Planung, Vorbesprechung, individuelle Vorbereitung, Reviewsitzung, Nachbearbeitung und Bewertung. Im Rahmen der Planung werden Prüfziele, Zeitpunkt und Zeitdauer sowie der Teilnehmerkreis festgelegt. In der Nachbearbeitungsphase werden vom Autor die urgierten Mängel behoben. Ziel der abschließenden Bewertung ist die Feststellung, ob alle Korrekturen erledigt und keine neuen Probleme verursacht worden sind. Eine Darstellung des Reviews aus der Sicht der Dokumentations-Prüfung findet sich bei Brockmann (vgl. Brockmann 1990, 253-259). Verwandte Vorgehensweisen sind das **Audit** und die **Inspektion** (vgl. Wallmüller 1990, 147f, Lehner 1991, 76-77). Speziell bei Software-Entwicklungsprojekten werden als Sonderform der Projektbesprechung noch sogenannte **Walk-Throughs** eingesetzt. Ein Walk-Through ist die gemeinsame Beurteilung und Überprüfung von Spezifikationen, Programmcode, Dokumentationen usw. durch das Projektteam. Ziel ist die möglichst frühzeitige Entdeckung von Fehlern. Die Inspektion ist eine spezielle Form des Walk-Throughs. Sie dient zur Überprüfung fertiger Programme auf Vollständigkeit, Richtigkeit und Übereinstimmung mit dem Gesamtsystem.

Der erste Entwurf einer Dokumentation ist in der Regel noch nicht perfekt, sondern bedarf noch der Überarbeitung. Der Prozeß der Begutachtung und Beurteilung dieses Entwurfs wird als **Revision** bezeichnet (vgl. Rupietta 1987, 118f). Eine eindeutige Abgrenzung zwischen Review und Revision ist nicht möglich und auch nicht unbedingt erforderlich. Als besonderes Ziel der

Revision kann vielleicht hervorgehoben werden, daß sie auf den Dokumentationsentwurf abzielt, während das Review für eine allgemeinere Anwendung gedacht ist.

Vor der Durchführung einer Revision der Software-Dokumentation ist der Personenkreis zu klären (d.h. wer nimmt die Revision vor) und der Inhalt festzulegen (d.h. was soll geprüft werden). Die Überprüfung des Entwurfs durch die Gutachter erfolgt anhand der vorher festgelegten Prüfkriterien. Eine genaue Beschreibung für den Ablauf einer Revision konnte in der Literatur nicht gefunden werden. Rupietta gibt allerdings eine Checkliste an, die als Unterstützung herangezogen werden kann (vgl. Rupietta 1987, 133-134). Kriterien, die zur Überprüfung vorgeschlagen werden, sind die Korrektheit des Entwurfs, die Vollständigkeit, die Verständlichkeit und die Lesbarkeit sowie die Konsistenz des Entwurfs. Darüber hinaus werden bei Benutzerhandbüchern noch spezielle Kriterien wie Inhalt, Gliederung, Zugriffspfade, Relevanz für die unterstützte Arbeitsaufgabe u.ä. geprüft. Die Ergebnisse der Revision werden klassifiziert in Fehler, notwendige Änderungen, Verbesserungen und Ergänzungen. Aufgrund der daraus abgeleiteten Konsequenzen wird über Neuentwurf oder Überarbeitung entschieden.

Beim **Feld-Test** wird die Dokumentation ausgewählten Benutzern zur Verwendung überlassen, um herauszufinden, ob sie eingesetzt werden kann (vgl. Brockmann 1990, 261-263). Der Ablauf eines Feld-Tests erfolgt in drei Schritten: Auswahl der Testpersonen und Festlegen des Zeitraums für die Testdurchführung, Durchführung des Feld-Tests, Feedback und Auswertung der Ergebnisse. Feld-Tests sind zwar im allgemeinen mit hohen Kosten verbunden, sie sind aber gleichzeitig eine besonders authentische Form der Überprüfung.

Weitere Verfahren zur Überprüfung der Dokumentationsqualität, die sich in der anglo-amerikanischen Literatur finden, sind die **Educated-Observation-and-Debriefing-Method**, das **Reading-Protocol** und die **Playback-Technique** (vgl. Brockmann 1990, 181). Die drei genannten Methoden unterscheiden sich vor allem im erforderlichen Zeitaufwand. Sie können bereits in den frühen Phasen des Dokumentationsentwurfs angewendet werden und werden von großen Computerherstellern oder Softwarehäusern bei der Dokumentation von weit verbreiteten Software-Produkten eingesetzt.

Die bisher angeführten Verfahren können noch um die Ansätze zur **Messung** von **Textverständlichkeit** und **Textverständnis** ergänzt werden, die primär von der Linguistik entwickelt wurden. Dabei handelt es sich meist um isolierte Methoden, die bisher in kein umfassendes Verfahren integriert wurden. Sie werden im nächsten Kapitel ausführlich beschrieben. Außerdem erfordert ein umfassendes Verfahren auch die **Prüfung** nach den **Grundsätzen der Ordnungsmäßigkeit**. Ein Vorschlag dafür findet sich bei Rausch (vgl. Rausch 1983, 182-296). Bezüglich weiterer Einzelheiten wird auf den Abschnitt 2.4, "Rechtliche Bedeutung der Dokumentation" in diesem Buch verwiesen.

Meist gelten für jede einzelne der vorhandenen Komponenten bzw. Dokumentationsarten verschiedene Anforderungen bezüglich Inhalt, Form und Umfang (siehe z.B. Haag 1981, Rupietta 1987, Brockmann 1990, Simpson/McCasey 1988). Generell läßt sich jedoch sagen, daß die Dokumentation dann mangelhaft ist, wenn sie redundant, überflüssig, unverständlich, vage oder unpräzis, falsch oder unvollständig ist. Abbildung 3-6 zeigt in zusammengefaßter Form die Eignung bestimmter Prüfmethoden für einzelne Qualitätsmerkmale.

Qualitätsmerkmal / Prüfmethode	Änderbarkeit	Aktualität	Eindeutigkeit	Identifizierbarkeit	Normenkonformität	Verständlichkeit	Vollständigkeit	Widerspruchsfreiheit
Design-Review, Walk-Through, Inspektion	x	x	x	x	x	x	x	x
Checklisten	x	x	x	x	x	x	x	
Dokumentations-Werkzeuge							x	x
Vergleich mit "Vorgängerdokument"							x	x
Beweise bei Verwendung abstrakter Datentypen							x	x
Analyse/Simulation bei Verwendung von Flußplänen, Petri-Netzen u.ä.							x	x

Abb. 3-6: Eignung von Prüfmethoden für Qualitätsmerkmale von Dokumenten (Quelle: Deutsche Gesellschaft für Qualität 1986,35)

3.2 Werkzeugunterstützung bei der Qualitätsprüfung

Der Werkzeugunterstützung kommt im Zusammenhang mit der Analyse der Textqualität eine besondere Bedeutung zu. Die ersten Werkzeuge zur automatischen Messung der Lesbarkeit von Texten stammen aus den 60er und 70er Jahren, einer Zeit, in der man sich mit Fragen der Lesbarkeit und Verständlichkeit intensiv beschäftigte. Die Werkzeugentwicklung wurde dabei überwiegend von der Sprachwissenschaft getragen. Es gibt zwar einige Anwendungen, die sich mit Software bzw. Software-Dokumentation befaßten (z.B. Smith/Kincaid 1970, Lemos 1983), spezielle Werkzeuge wurden jedoch für diesen Zweck nicht entwickelt. In der Zwischenzeit hat das Thema Qualitätssicherung für die Software-Dokumentation eine Bedeutung erlangt, die damals nicht vorhersehbar war. Insbesondere der Prozeß der Qualitätsbeurteilung erfordert die Unterstützung durch geeignete Methoden und Werkzeuge. Es müssen dabei z.T. erst Verfahren überprüft bzw. adaptiert werden, da die bestehenden Verfahren nicht unmittelbar für die Überprüfung der Software-Dokumentation gedacht waren. Die Notwendigkeit einer Neuorientierung ergibt sich aber auch durch die Verfügbarkeit einer neuen Generation von Werkzeugen, sogenannten Grammar-Check- und Style-Check-Programmen.

3.2.1 Überblick über existierende Werkzeuge

Aus der Perspektive der historischen Entwicklung lassen sich zwei Klassen von Werkzeugen unterscheiden, nämlich Werkzeuge zur sprachlichen Analyse von Texten und Werkzeuge zur Ermittlung von Lesbarkeitsindizes.

Computerunterstützte Werkzeuge für die **sprachliche Analyse von Texten** überprüfen die Satzstrukturen, die Verwendung bestimmter Wörter oder Wortarten, Passivkonstruktionen usw. Beispiele für solche Werkzeuge sind *Readability* von der Encyclopedia Britannica Educational Corporation und *Epistle* von IBM (vgl. Brockmann 1986, 22 sowie 41-42). Diese Werkzeuge leisten einen Beitrag zur Verbesserung der Lesbarkeit, geben selbst aber keine Unterstützung bei ihrer Messung. Die Hinweise bzw. Ergebnisse betreffen z.B. die Nichtübereinstimmung der Person zwischen Subjekt und Verb, den Wechsel der Zeitform, Einzahl und Mehrzahl, unübliche Redewendungen, mehrdeutige Referenzen u.ä. Im weitesten Sinne zählen zu dieser Werkzeugklasse auch Wörterbuch-Funktionen ("Dictionaries") u.ä., die heute schon fast zum Standard von Textverarbeitungsprogrammen gehören.

Die **Ermittlung von Lesbarkeitsindizes** kann mit softwaretechnischen Mitteln besonders gut unterstützt werden. Derartige Werkzeuge geben aber im allgemeinen aber keine Überarbeitungshinweise zum untersuchten Text. Erstaunlicherweise wurden trotz der guten Algorithmisierbarkeit von Lesbarkeitsformeln nur relativ wenige Hinweise auf Werkzeuge gefunden. Die Werkzeuge werden nachfolgend überblicksmäßig aufgeführt, bezüglich näherer Einzelheiten wird auf die angeführte Literatur verwiesen:

- An der California State University wurde von Barry ein Fortran-Programm entwickelt, das keine Bezeichnung hat und das die Berechnung folgender

Formeln unterstützt: Readability Index von Dale/Chall, Fog-Index, Reading Ease von Flesch, Spache Readability Index, New Reading Ease Index von Farr/Jenkins/Patterson-Index und für spanischsprachige Texte den Spaulding-Index (Barry 1980).

- Von Danielson/Bryan stammt ein Programm zur Berechnung des Index von Farr/Jenkins/Patterson sowie einer von Danielson/Bryan entwickelten Formel (Danielson/Bryan 1963).

- *STAR*. Das Programm wurde bei der General Motors Corporation entwickelt und errechnet den Reading Ease von Flesch (Lemos 1983).

- *Readability Assessment Program*. Das Programm wurde vom Human Engineering Laboratory der US Army in Basic entwickelt und errechnet den Flesch-Kincaid-Index (Höcker et al. 1984).

- *CRES* (Computer Readability Editing System). Das System errechnet den Flesch-Kincaid-Index und enthält außerdem eine "Dale/Chall-Liste", d.h. ein Wörterverzeichnis mit ca. 4300 allgemein gebräuchlichen Wörtern sowie drei zusätzliche Verzeichnisse mit technischen Fachausdrücken. Diese Verzeichnisse dienen zur Identifikation seltener oder wenig geläufiger Wörter (Kincaid et al. 1981).

- *ARI*. Das Programm wurde für die Lockheed-Georgia Company entwickelt und errechnet den Automated Readability Index (ARI) (Smith/Kincaid 1970).

- *The Writer´s Workbench*. Das Programm wurde von den Bell Laboratories für Unix-Systeme entwickelt und errechnet den Flesch-Kincaid-Index (Gingrich et al. 1981, Höcker et al. 1984).

- *T-V-C-Programm* (Text-Verständlichkeits-Computer-Programm). Das Programm errechnet den Reading Ease von Flesch, den New-Reading-Ease-Index von Farr et al., den adaptierten Reading Ease von Amstad und die Formel von Dickes/Steiwer. (Fey 1990)

- *TEXAN* . Das Programm errechnet den Reading Ease von Flesch, den Spache-Readability-Index und den eher selten verwendeten Human Interest Score (Klare 1974).

- *READABLE*. Das Programm wurde auf einer Honeywell DPS 8/70 für LADC entwickelt und errechnet den Reading Ease von Flesch, den Flesch-Kincaid-Index und den Fog-Index (James 1985).

Weitere Werkzeughinweise finden sich bei Klare (vgl. Klare 1974, 87-91) und Weintraub et al. (1971). Es konnte nicht festgestellt werden, welche der angeführten Werkzeuge noch im Einsatz sind, bzw. in welcher Form sie weiterentwickelt wurden. Es gibt darüber hinaus verschiedene weitere Hinweise auf eine Computerunterstützung, die jedoch in der Literatur nicht näher ausgeführt werden (vgl. z.B. Höcker et al. 1984, 96-103, Dickes/Steiwer 1977, Kincaid et al. 1981, 38, Groeben 1982, 177, McLaughlin 1969). Meistens wurden die Werkzeuge zu einer Zeit entwickelt, in der die Leistungsfähigkeit der verwendeten Hard- und Softwareumgebungen sowie der Programmiersysteme noch sehr begrenzt waren, was nicht ohne Auswirkungen auf den Funktions- und Leistungsumfang solcher Werkzeuge bleiben konnte. Dies erklärt z.T., warum meist nur einfache Formeln implementiert wurden und warum es - der Literatur nach zu schließen - nur zu einer sehr begrenzten Verbreitung kam. Einige Werkzeuge waren allerdings bereits mit Wörterbüchern ausgestattet und ermöglichen die Errechnung wortschatzabhängiger Indizes. Die meisten Werkzeuge sind zwar heute in technischer Hinsicht veraltet, sie können aber brauchbare Anregungen für die Struktur bei der Neugestaltung liefern.

Die beiden unterschiedenen Werkzeugklassen entwickelten sich lange Zeit unabhängig voneinander. Die neuere Entwicklung auf diesem Gebiet wird von **hybriden Systemen** geprägt, die als Grammar- und Style-Checker bezeichnet werden und die im nächsten Abschnitt näher beschrieben werden.

3.2.2 Grammar-, Style- und Spell-Checker

Grammar- und Style-Checker (manchmal auch als Syntax-Checker bezeichnet) unterstützen die interaktive Bearbeitung von Texten in Form von stilistischen und grammatikalischen Analysen. Gleichzeitig werden von diesen Werkzeugen auch Lesbarkeitsindizes ermittelt. Beispiele für solche Werkzeuge, welche die Analyse englischsprachiger Texte unterstützen, sind Grammatik Mac, RightWriter, Sensible Grammar und Correct Grammar (vgl. Piller 1991, Eglowstein 1991, Reference Software 1990). Auch in manchen Textverarbeitungsprogrammen (z.B. Word 5.0 für Apple Macintosh) werden solche Werkzeuge als Zusatzfunktion angeboten; der Funktions- und Leistungsumfang ist allerdings gegenüber Stand-alone-Werkzeugen noch gering.

Das nachfolgende Textbeispiel zeigt einen Textausschnitt, der mit Grammatik Mac analysiert wurde:

> The importance of software documentation and the effects of poor documentation in data processing **[#Passive voice: `are underrated`. Consider revising using active voice. See Help for more information.#]**are often underrated. Little research has **[#Passive voice: `been published`. Consider revising using**

active voice. See Help for more information.#]been published that evaluates the quality of software documentation. Software quality, on the other hand, is by comparison a buzzword. **[#Long sentences can be difficult to read and understand. Consider revising so that no more than one complete thought is expressed in each sentence.#]**Discussions of software quality measurement usually **[#Simplify.#]**make reference to software documentation; **[#-Simplify.#]**however, the literature on the subject of software quality assurance has offered neither adequate **[#Single-word spelling error.#]**operationalization nor any usable instrument for quality measurement and quality control in software documentation.

Die Abbildung 3-7 gibt einen Einblick in den Vorgang der interaktiven Analyse eines Textes mit Hilfe von Grammatik Mac. Der analysierte Text kann während der Bearbeitung korrigiert werden. Die Regel-Basis, welche die Grundlage für die Analyse bildet, kann mit einem Regel-Editor angepaßt oder erweitert werden. Dies ist insofern von Bedeutung, als in der Grundeinstellung der Regel-Basis sehr viele redundante Hinweise produziert werden, sodaß wesentliche Anmerkungen oft leicht übersehen werden können.

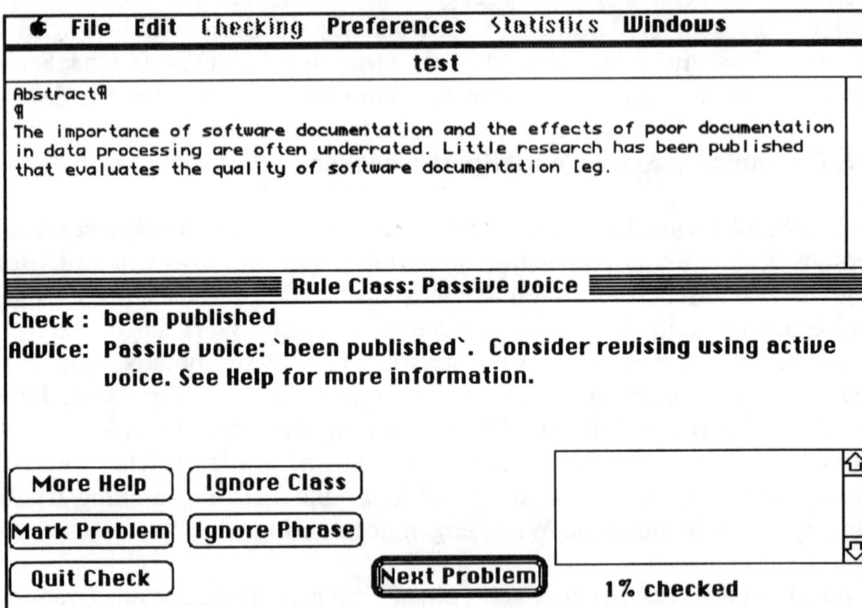

Abb. 3-7: Interaktive Textanalyse mit Grammatik Mac

Parallel zur sprachlichen Analyse werden verschiedene Textmerkmale gemessen und Statistiken erstellt (diese enthalten u.a. auch Lesbarkeitsformeln bzw. Indizes). Abbildung 3-8 zeigt die Ergebnisse an einem Beispiel.

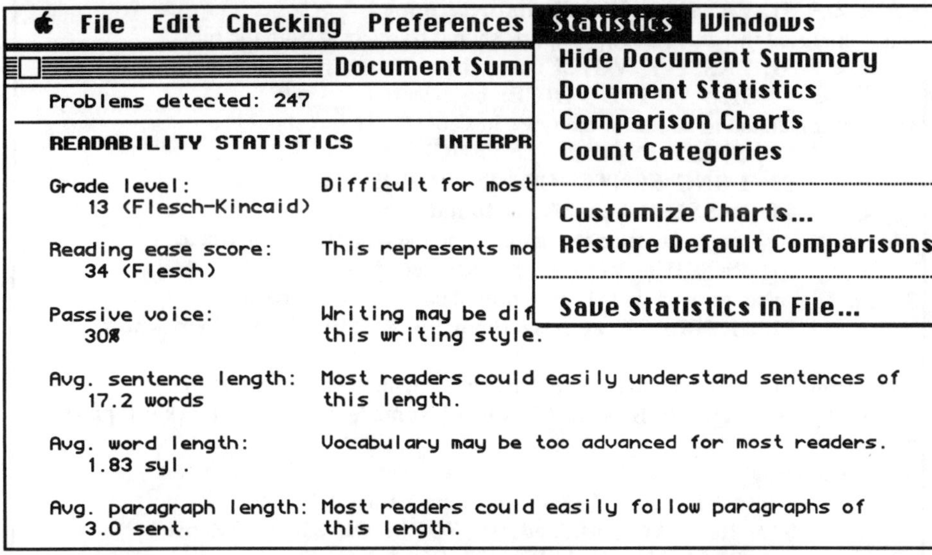

Abb. 3-8: Zusammengefaßtes Ergebnis der Textanalyse mit Grammatik Mac

Abbildung 3-9 zeigt an einem weiteren Beispiel das Ergebnis einer Textanalyse mit RightWriter (vgl. Weiss 1991). Eine generelle Einsatzempfehlung für geübte und sprachlich versierte Autoren kann derzeit für solche Programme noch nicht gegeben werden. Sie können aber mittelmäßigen Autoren oder Anfängern eine gewisse Hilfe sein. Für Personen, die ansonsten keine Unterstützung bei der Korrektur oder Verbesserung ihrer Texte erhalten würden, kann daher ein Style-Checker zumindest Unterstützung auf einer sehr elementaren Ebene geben.

Textprobe: Prior to inserting a graphic into the document, it is required that the file format be determined. If the format is determined to be one of the bit-mapped types which are listed in Table A, then "Import" should be-selected from the File Menu. If it is found to be one of the types in Table B, "Open" should be selected. The operator who can not determine the file type should contact their System Administrator who will either apprise them of the file type or alternatively make a recommendation that some graphics conversion program must be utilized.

Ergebnis der Analyse:

Prior to inserting a graphic into the document, it is required that the file format

< < * U12. WORDY. REPLACE Prior to BY before * > >

< < * S1. PASSIVE VOICE: is required * > >

be determined. If the format is determined to be one of the bit-mapped types

< < * S1. PASSIVE VOICE: be determined * > >

< < * S1. PASSIVE VOICE: is determined * > >
which are listed in Table A, then "Import" should be selected from the File
< < * S1. PASSIVE VOICE: are listed * > >
< < * S1. PASSIVE VOICE: be selected * > >
Menu. If it is found to be one of the types in Table B, "Open" should be
< < * G3. SPLIT INTO 2 SENTENCES * > >
< < * S3. LONG SENTENCE: 28 WORDS * > >
< < * S1. PASSIVE VOICE: is found * > >
selected. The operator who can not determine the file type should contact their
< < * S1. PASSIVE VOICE: be selected * > >
System Administrator who will either apprise them of the file type or
< < * S13. REPLACE apprise them BY SIMPLER let them know? * >
>
alternatively make a recommendation that some graphics conversion program
< < * S15. IS THIS AMBIGUOUS? some graphics conversion program
*** > >**
must be utilized.
< < * S1. PASSIVE VOICE: be utilized * > >
< < * S13. REPLACE utilized BY FORM OF SIMPLER use? * > >
< < * G3. SPLIT INTO 2 SENTENCES? * > >
< < * S3. LONG SENTENCE: 36 WORDS * > >

READABILITY INDEX (Flesch-Kincaid): 11.91

Readers need a 12th grade level of education.

SENTENCE STRUCTURE RECOMMENDATIONS:
1. Most sentences contain multiple clauses.
   Try to use more simple sentences.
3. Most sentences start with nouns.
   Try varying the sentence starts.

Abb. 3-9: Ergebnis einer Textanalyse mit RightWriter (Quelle: Weiss 1991)

Syntax-Check-Programme für die **deutsche Sprache** sind dem Autor bisher nicht bekannt. Der Grund für das Fehlen eines diesbezüglichen Angebots dürfte die Schwierigkeit der deutschen Grammatik sein. Seit längerer Zeit werden allerdings Hilfsmittel zur partiellen Überprüfung deutscher Texte auf ihre sprachliche Korrektheit angeboten. Die Unterstützung bezieht sich dabei auf die Schreibweise bzw. Rechtschreibung der verwendeten Wörter (vgl. Rupietta 1987). Die Überprüfung erfolgt auf der Basis eines Vergleichs mit den Eintragungen in einem Wörterbuch, wobei z.T. sogar fachspezifische Ergänzungen zum Standardwörterbuch angeboten werden. Potentiell fehlerhafte Wörter werden angezeigt und zur Korrektur angeboten. Bei den meisten Produkten wird bei einem Schreibfehler automatisch ein Vorschlag für die Richtigstellung gemacht. Ergänzungen des Wörterbuchs können meist manuell und automatisch (z.B. bei irrtümlich als fehlerhaft markierten Wörtern) vorgenommen werden. Die Fachbezeichnung für die genannten Programme oder Textverarbeitungsfunktionen ist Spell-Checker.

Spell-Check-Programme werden heute für alle gängigen Textverarbeitungsprogramme als Ergänzungsmodule angeboten. Eine Integration in das Textverarbeitungsprogramm wird nicht für sinnvoll erachtet, weil die "Sprache" möglichst einfach austauschbar sein sollte. Die Überprüfung und Korrektur eines Textes sollte allerdings nicht ausschließlich dem Computer überlassen werden. Bestimmte Fehler werden auch durch eine gute, automatische Rechtschreibprüfung nicht erkannt. Da manche Fehler nur im Kontext erkannt werden können, hat es sich in der Praxis als zweckmäßig erwiesen, den Text (Papierversion) zum Schluß nocheinmal von jemandem lesen zu lassen.

3.2.3 RMS - Readability Measuring System

Für die Entwicklung eines neuen Werkzeugs sprachen zunächst die unzureichende Übertragbarkeit und die geringe Bekanntheit der erwähnten Systeme. Ihre Entwicklung war außerdem für Hardware und mit Software-Entwicklungsumgebungen erfolgt, denen heute keine Bedeutung mehr zukommt. Weitere Nachteile sind die begrenzte Anzahl der implementierten Methoden, die Form der Auswertung und die begrenzte Manipulierbarkeit der Texte. Ein Werkzeug sollte möglichst auch zur Evaluierung von Lesbarkeitsmaßen herangezogen werden können. Auch die Analyse der Auswirkungen von Textänderungen, Verbesserungsversuchen u.ä. auf Lesbarkeitsindizes sollte unterstützt werden.

Primäres Ziel war es, ein möglichst breit einsetzbares Werkzeug für die Messung der Textverständlichkeit zu entwickeln. Als Hauptanwendungsgebiet war zunächst nur die Untersuchung der Software-Dokumentation vorgesehen. Die Anforderung an das Werkzeug bestand in einer möglichst vollständigen Unterstützung der operativen Durchführung von Messungen. Eine weitere Anforderung war die weitgehend automatische Ermittlung der Basisdaten, die in den verschiedenen Lesbarkeitsformeln benötigt werden (Anzahl Wörter, Anzahl unterschiedlicher Wörter, Anzahl einsilbiger Wörter, Anzahl langer Wörter, Anzahl Silben, Anzahl Buchstaben, Anzahl Sätze usw.). Dies ist Voraussetzung für die Errechnung möglichst vieler Lesbarkeitsformeln, aber auch für den Einsatz des Werkzeugs zu ihrem systematischen Vergleich. Eine besondere Bedeutung wird noch den Schnittstellen zugemessen. Für den Zugriff auf die zu analysierenden Texte kann davon ausgegangen werden, daß die Texte entweder in maschinenlesbarer Form vorliegen oder mittels Scanner erfaßt und mit geringer Nachbearbeitung übernommen werden können (manuelle Korrektur nicht oder fehlerhaft erkannter Zeichen). Ähnliches gilt für die ermittelten Ergebnisse, die mit möglichst geringem Aufwand für andere Programme (z.B. Textverarbeitung, grafische Aufbereitung, Statistikprogramme) zur Weiterverarbeitung verfügbar gemacht werden sollten.

Als Zielsystem für RMS wurde der Apple Macintosh gewählt. Die Programmierung erfolgte prototypingorientiert mit Hypercard. Die Entwicklung und Weiterentwicklung des Werkzeugs ist in mehreren Phasen geplant. Die ersten beiden Phasen, die bereits abgeschlossen sind, führten zu folgenden Ergebnissen (vgl. Lehner/Kreiner 1991):

- Phase 1: Entwicklung eines Prototyps zur Errechnung bekannter Lesbarkeitsformeln und Sammlung erster Anwendungserfahrungen;

- Phase 2: Verbesserung der Bedienbarkeit und der Funktionalität des Prototyps sowie Ergänzung um weitere Lesbarkeitsformeln.

Die ersten Versuche mit der Prototyp-Version führten zu einigen Veränderungen und Verbesserungen. Es wurden Fehler korrigiert, aber auch der Funktionsumfang ausgeweitet, um den Einsatz von RMS zu erleichtern. Ein wichtiges Anliegen war es, das System in bezug auf seine Bedienung weitgehend selbsterklärend zu gestalten. Die Beschränkung auf unbedingt notwendige Eingaben sollte zur Bedienungssicherheit und Benutzerfreundlichkeit beitragen. RMS unterstützt in der Version 2 folgende Funktionen:

- Eingabe und Verwaltung der Textstichproben;

- Vorbereitung der Textstichproben für die weitere Bearbeitung (Unterstützung der Silbenzählung, Generierung der Wortliste);

- Ermitteln der Basisdaten bzw. Parameter, die für die Berechnung der implementierten Lesbarkeitsindizes benötigt werden (Anzahl Zeichen, Anzahl Buchstaben, Anzahl Wörter, Anzahl Sätze, Anzahl lange Wörter, Anzahl unterschiedliche Wörter, Anzahl einsilbige Wörter usw.);

- Berechnung folgender Lesbarkeitsindizes: Reading Ease von Flesch, Fog-Index von Gunning, Flesch/Kincaid-Index, Readability Formula von Dickes/Steiwer (Shortcut Formula), Automated Readability Index von Smith/Kincaid (ARI), New Reading Ease Index von Farr/Jenkins/Patterson; die genannten Lesbarkeitsindizes sind im Kapitel 3.3 dieses Buches näher beschrieben, bezüglich weiterer Details wird auf die dort angeführte Literatur verwiesen;

- Präsentation der Parameter für jede Textstichprobe und Darstellung der Lesbarkeitsindizes in einer vergleichenden Übersicht;
- Generierung von Lücken-Texten (samt Ersetzungsliste), die als Basis für die Durchführung von Cloze-Tests verwendet werden können.

Die Abbildungen 3-10 bis 3-12 geben einen allgemeinen Eindruck der Funktionalität und Benutzung von RMS. Bezüglich weiterer Details wird auf die angeführte Literatur verwiesen (siehe Lehner/Kreiner 1991). Die Ergebnisse der Untersuchungen, die im nächsten Kapitel dieses Buchs dargestellt werden, wurden mit Hilfe von RMS ermittelt. Dort wird auch über die Erfahrungen beim Werkzeugeinsatz berichtet.

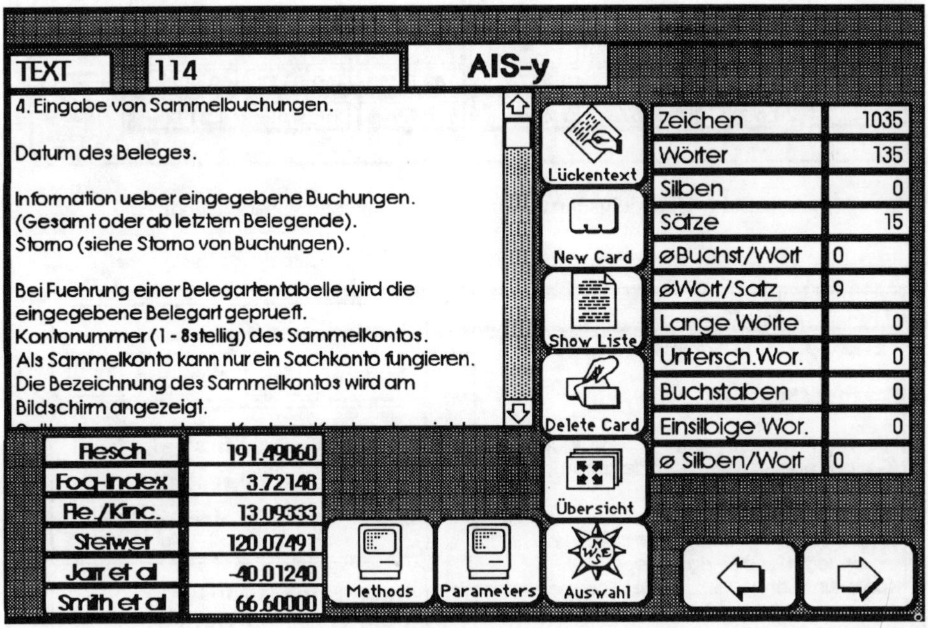

Abb. 3-10: Startkarte RMS

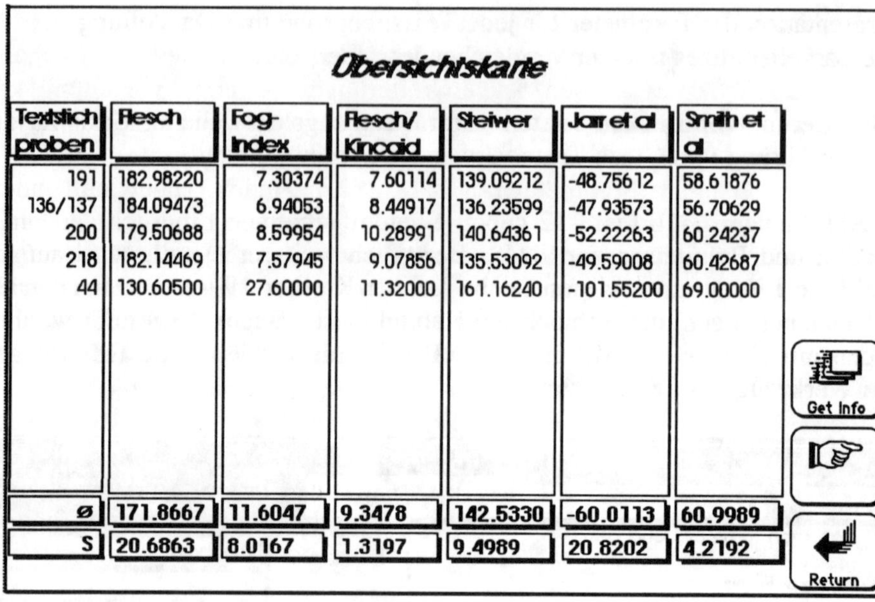

Textstichproben	Flesch	Fog-Index	Flesch/Kincaid	Steiwer	Jarr et al	Smith et al
191	182.98220	7.30374	7.60114	139.09212	-48.75612	58.61876
136/137	184.09473	6.94053	8.44917	136.23599	-47.93573	56.70629
200	179.50688	8.59954	10.28991	140.64361	-52.22263	60.24237
218	182.14469	7.57945	9.07856	135.53092	-49.59008	60.42687
44	130.60500	27.60000	11.32000	161.16240	-101.55200	69.00000
ø	171.8667	11.6047	9.3478	142.5330	-60.0113	60.9989
S	20.6863	8.0167	1.3197	9.4989	20.8202	4.2192

Abb. 3-11: Übersichtsdarstellung der errechneten Lesbarkeitsindizes

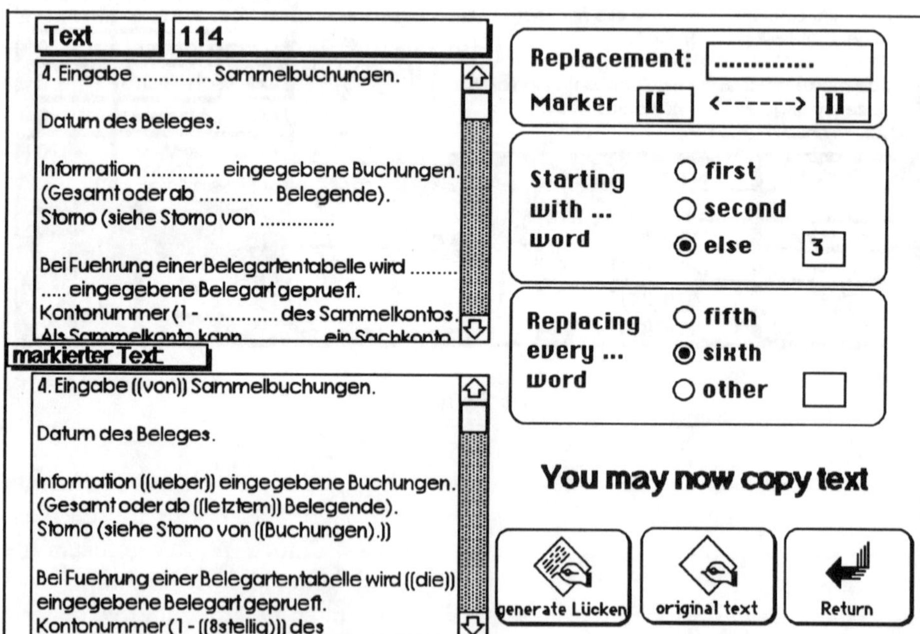

Abb. 3-12: Generierung eines Lückentextes mit RMS

In der vierten Phase sollen die Erfordernisse, die sich aus der Anwendung von RMS ergeben, abgedeckt und das Spektrum der angebotenen Meßmethoden noch einmal erweitert werden. Die Erweiterungen betreffen vor allem "konventionelle" Meßmethoden wie die Readability Formula von Danielson/Bryan.

Wortschatzabhängige Meßmethoden (z.B. Spache-Index, Dale/Chall-Index), welche die Verfügbarkeit eines Wörterbuchs erfordern, sind erst zu einem späteren Zeitpunkt vorgesehen. Zu diesem Zweck wird das gesamte System auf eine andere Programmiersprache umgestellt, die über bessere Dateizugriffs- und Dateiverwaltungsfunktionen als Hypercard verfügt, und auch höheren Performanceansprüchen genügt. Zur Weiterentwicklung der Meßmethoden wird eine interdisziplinäre Zusammenarbeit angestrebt. Für den weiteren Ausbau der Programmfunktionalität sind die Automatisierung von Cloze-Tests, eine Erweiterung der Verwaltungsfunktionen für die Meßergebnisse und eine begrenzte Lernfähigkeit (z.B. Unterstützung bei der Auswahl der Meßmethode, interaktive Erarbeitung von Vorschlägen zur Verbesserung der Lesbarkeit, dynamische Erweiterung des Wörterbuchs, automatische Silbenerkennung) geplant.

3.3 Beschreibung ausgewählter Methoden

Bei der Auswahl der nachfolgend näher erläuterten Maße wurde darauf geachtet, daß für ihre Brauchbarkeit Bestätigungen aus empirischen Untersuchungen vorlagen. Bevorzugt wurden außerdem jene Methoden und Formeln, die bereits einmal im Zusammenhang mit Software-Dokumentation angewendet worden sind, weil in diesem Fall Ergebnisse zum Vergleich herangezogen werden können. Besondere Rücksicht wurde weiters darauf genommen, daß insbesondere Formeln nicht nur computerunterstützt errechnet, sondern auch mit vertretbarem Aufwand manuell bestimmt werden können. Die Auswahl der Methoden stellt aber keine Wertung dar. Bezüglich der Dokumentation weiterer Methoden wird auf die angeführte Literatur verwiesen (siehe z.B. Klare 1963, Klare 1974).

3.3.1 Cloze Procedure

Wie gut ein Leser einen Text verstanden hat, kann mit Hilfe sogenannter Cloze-Tests festgestellt werden (vgl. Hall/Zweben 1986). Bei diesen Tests werden im untersuchten Text in regelmäßigen Abständen Wörter gelöscht und durch Leerräume ersetzt. Cloze-Tests sind auch unter der Bezeichnung 5+5-Tests bekannt, weil in vielen Fällen aus dem gesamten Dokumentationsmaterial fünf Textpassagen nach dem Zufallsprinzip herausgegriffen werden und darin jedes fünfte Wort durch einen Leerraum ersetzt wird (vgl. Brockmann 1990, 181). Die Testperson bzw. der Leser muß nun versuchen, diese Platzhalter mit den richtigen Wörtern aufzufüllen. Die Anzahl der dabei gemachten Fehler ist ein Maß dafür, wie gut der Text verstanden wurde. Ein sehr bekannter Test aus dieser Klasse ist die nachfolgend näher beschriebene Cloze Procedure.

Bei der Cloze Procedure handelt es sich um eine von Taylor entwickelte Methode zur Prüfung der Lesbarkeit, die ursprünglich im Journalismus angewendet wurde (Taylor 1953). Später erwies sich die Cloze Procedure auch in der Übersetzungswissenschaft und in der Literaturwissenschaft als eine effiziente Methode zur Prüfung der Verständlichkeit literarischer Texte (vgl. Markstein 1978, 115). Die Cloze Procedure gehört zu jener Klasse von Methoden, bei der die Botschaft eines Senders "abgefangen" wird, das Sprachmuster durch Weglassen eines Teils bzw. von Wörtern geändert und der Empfänger (z.B. Leser, Zuhörer) aufgefordert wird, die so entstandenen Freiräume seinem Sprachgefühl nach aufzufüllen. Dabei ist es selbstverständlich notwendig, daß die Testpersonen nicht nur die Bedeutung und die Form des einzelnen Worts erkennen, sondern auch den Kontext der Textpassage verstehen, d.h. also die Bedeutung des Ganzen verstehen, da nur aus dem Kontextverständnis heraus die fehlenden Wörter richtig ergänzt werden können.

Die Vorgehensweise bei der Cloze Procedure ist einfach: Man läßt wahllos jedes n-te Wort (nach dem Verfahren von Taylor wird jedes sechste Wort ausgelassen) in einem etwa 250 Worte umfassenden Text aus. Auf die Bedeutung oder Funktion spezifischer Wörter wird dabei keine Rücksicht genommen. Die Auslassungen werden im Text durch gleichgroße Lücken versehen, damit die Länge der Auslassung den Testpersonen keine Hinweise auf die Länge des gesuchten Worts geben kann. Zur Absicherung der Ergebnisse wird der Test mitunter wiederholt, wobei die Auslassung bei einem anderen Start-Wort begonnen wird (gebräuchlich ist eine Verschiebung um ein Wort) (vgl. Tauber et al. 1980).

Die Testpersonen, die im übrigen eine repräsentative Auswahl an Personen darstellen sollten, erhalten vom Versuchsleiter eine Kopie des so vorbereiteten Textes und werden dann aufgefordert, anhand des Kontextes und nach dem eigenen Sprachgefühl die fehlenden Wörter einzusetzen. An sich wird kein Zeitlimit vorgegeben, es sollte der Text dennoch relativ flüssig und ohne allzu langes Nachdenken ergänzt werden. Die Zeit, die von den Testpersonen zum Ausfüllen der Lücken gebraucht wurde, läßt eventuell bereits erste Rückschlüsse auf die Verständlichkeit bzw. Lesbarkeit des Originals zu.

Bei der Auswertung der Ergebnisse wird überprüft, wie oft es wievielen Personen gelungen ist, das richtige Wort einzusetzen. Dabei werden nur die tatsächlich fehlenden Worte als richtig gewertet und Synonyme - laut Empfehlung des Erfinders dieser Testmethode - nicht akzeptiert. Je öfter richtig ergänzt wurde, umso lesbarer ist der Text. Je größer die Anzahl der Testpersonen ist, um so aussagekräftiger und stabiler ist das Ergebnis. Es kann selbstverständlich vorkommen, daß die Versuchspersonen manche Lücken freilassen, weil es ihnen nicht möglich ist, das fehlende Wort zu ergänzen. Solche unausgefüllten Freiräume werden ebenfalls als Fehler gewertet. Die Häufigkeit ihres Auftretens kann wieder als Hinweis dafür dienen, wie leicht oder schwierig der Text zu lesen bzw. zu verstehen ist.

	Zahl der Auslassungen je Text	Gesamtzahl der richtigen Substitutionen	Anzahl Testpersonen	p
Text A	43	225	8	0.654
Text B				
Text C				

Abb. 3-13: Muster für die Ergebnisdarstellung bei der Cloze Procedure

Bei der Auswertung der Ergebnisse wird der sogenannte Verständlichkeitskoeffizient p ermittelt, der sich durch folgende Rechnung ergibt: Man multipliziert die Zahl der Testpersonen mit der Zahl der Leerräume im Text. Anschließend wird p errechnet, indem die Gesamtanzahl aller richtigen Substitutionen durch diesen Wert dividiert wird. Abbildung 3-13 zeigt das Muster einer Ergebnisdarstellung. Der Verständlichkeitskoeffizient p steht für den Prozentsatz des Textes, der vom Leser verstanden wurde.

3.3.2 Reading Ease von Flesch

Von Flesch stammt einer der ersten Ansätze, die Textverständlichkeit durch eine gewichtete Zusammenfassung aus Satzlänge und Wortlänge zu messen (vgl. Flesch 1948, Langer et al. 1974). Die Wortlänge wird dabei als durchschnittliche Silbenanzahl pro Wort definiert, die Satzlänge als durchschnittliche Wortanzahl. In der Regel wird nicht der ganze Text ausgezählt, sondern eine oder mehrere Textpassagen von etwa 100 Wörtern Länge ausgewählt. Die Lesbarkeitsformel lautet:

$$\text{Reading Ease} = 206.85 - 0.846 * WL - 1.105 * SL$$

Wobei

WL = durchschnittliche Anzahl der Silben pro 100 Wörter;

SL = durchschnittliche Satzlänge.

Die Konstanten 0.846 und 1.105 sind die empirisch bestimmten Gewichte für die Zusammenfassung der Satz- und Wortlänge.

3.3.3 Fog-Index

Ein relativ bekanntes Maß zur Bestimmung der Lesbarkeit ist der von Gunning eingeführte Fog-Index (Gunning 1968). Der Fog-Index mißt die "Nebelhaftigkeit" der Sätze in Prosatexten und wird als Indikator für die Verständlichkeit des Textes aufgefaßt. Je niedriger der Index-Wert ist, umso geringer ist die Komplexität des Textes und umso weniger Schwierigkeiten dürfte ein Leser haben, den Text zu lesen und zu verstehen. Für den Autor kann der errechnete Wert als Hinweis für die zukünftige Akzeptanz der von ihm verfaßten Dokumentation dienen.

Der Fog-Index ist wie folgt definiert (vgl. Höcker et al. 1984):

$$\boxed{F = 0.4 * (W + L)}$$

W = Durchschnittliche Satzlänge; sie errechnet sich aus der Gesamtanzahl der Worte in einem etwa 100 bis 200 Worte langen, statistisch ausgewählten Textabschnitt geteilt durch die Anzahl der Sätze.

L = prozentueller Anteil langer Worte an der Gesamtanzahl der Worte; als lange Worte werden hierbei alle Worte mit drei und mehr Silben gezählt; Ausnahmen sind Worte, die im Englischen mit Großbuchstaben beginnen und Verbformen mit den Endungen "-ed" und "-es".

Der Fog-Index kann mit geringem Aufwand auch ohne softwaretechnische Unterstützung ermittelt werden. Zunächst werden Textbeispiele (Umfang ca. 100 Wörter) ausgewählt. Nach dem Zufallsprinzip wird pro Abschnitt von etwa 4 Seiten eine Textpassage herausgegriffen, wobei darauf zu achten ist, daß der ausgewählte Ausschnitt mit einem ganzen Satz beginnt und endet. Gemäß der oben angeführten Formel wird für jeden ausgewählten Textabschnitt W und L ermittelt und daraus das arithmetische Mittel errechnet. Dieser Durchschnittswert ergibt mit dem Faktor 0.4 multipliziert den Fog-Index.

3.3.4 Flesch-Kincaid-Index

Der Flesch-Kincaid-Index ist eine Formel zur Ermittlung der Lesbarkeit auf der Basis der Silbenanzahl. Das Maß unterstützt die Vorhersage und Kontrolle der Komplexität eines Prosatextes in englischer Sprache. Je niedriger der Index-Wert ist, umso leichter kann der Text vom Leser verstanden werden. Abhängig vom Textumfang werden Index-Werte für Textausschnitte von etwa 100 Wörtern errechnet und daraus ein Durchschnittswert gebildet. Der Index kann selbstverständlich auch für das gesamte Dokument ermittelt werden; dies dürfte allerdings nur bei entsprechender maschineller Unterstützung zweckmäßig sein. Für die Auswahl der Textausschnitte wird eine Textpassage pro 10 Seiten empfohlen.

Der Flesch-Kincaid-Index wird nach folgender Formel ermittelt (vgl. Höcker et al. 1984, 98, Kincaid/Aagard 1981, Smith/Kincaid 1970):

$$\text{FK-Index} = 0.39 * (W / S) + 11.8 * (Si / W) - 15.59$$

Wobei

W = Anzahl Wörter im Textausschnitt;
S = Anzahl Sätze im Textausschnitt;
Si = Anzahl Silben im Textausschnitt.

3.3.5 Readability Formula von Dickes/Steiwer

Die von Dickes/Steiwer entwickelten Lesbarkeitsformeln sind speziell für deutschsprachige Texte entwickelt worden. Die Formeln wurden mit der Absicht entwickelt, die Lesbarkeit von Schulbüchern und Lernunterlagen zu überprüfen und zu verbessern. Zwei dieser Formeln, die "computer readability formula" und die sogenannte "shortcut readability formula" (eine vereinfachte Variante, die auch manuell mit vertretbarem Aufwand ermittelt werden kann) scheinen auch für die Anwendung auf Software-Dokumentation geeignet zu sein (vgl. Höcker et al. 1984, 104, Dickes/Steiwer 1977).

computer formula:
$$V^* = 199.53445 - (Var2 * 64.13486) - (Var1 * 11.73916) - (Var15 * 0.89651) - (Var3 * 19.94508) + (Var8 * 0.71915) + (Var9 * 1.85776)$$

shortcut formula:
$$V^* = 235.95993 - (Var2 * 73.021) - (Var1 * 12.56438) - (Var3 * 50.03293)$$

Wobei

Var1	=	ln* ((AWOR / ASAT) + 1);
Var2	=	ln* ((ABUC / AWOR) + 1);
Var3	=	AUWO / AWOR;
Var8	=	(APDR / AWOR) * 100;
Var9	=	ln* (((APEZ / AWOR) * 100) +1);
Var15	=	(APRA / AWOR) * 100;
AWOR	=	Anzahl Wörter;
ASAT	=	Anzahl Sätze;
ABUC	=	Anzahl Buchstaben;
AUWO	=	Anzahl unterschiedlicher Wörter (alle Ableitungen eines Wortes, deklinierte oder konjugierte Wortformen usw. werden dabei als unterschiedlich gewertet);
APDR	=	Anzahl persönlicher Fürwörter in der dritten Person;
APEZ	=	Anzahl persönlicher Fürwörter in der ersten und zweiten Person;
APRA	=	Anzahl Präpositionen bzw. Verhältniswörter.

In einer neueren Studie fielen einige Abweichungen zu den von Steiwer angegebenen Werten auf (vgl. Ley 1990). Dies führte zu einer Überprüfung der Formel-Parameter und zu einer Rückfrage bei Steiwer. Dabei stellte sich heraus, daß Steiwer die Auszählung manuell durchgeführt hatte, wodurch es zu Rechenfehlern gekommen war. In der Literatur wurde nie eine Korrektur dieser Formel vorgenommen und sie wurde auch bei zahlreichen Messungen (einschließlich der in diesem Buch publizierten Daten) eingesetzt. Die durchschnittliche Differenz zwischen der fehlerhaften Formel und der korrigierten Formel, die nachfolgend angeführt ist, wird aber als relativ gering angegeben. Der Wert beträgt bei dem von Steiwer verwendeten Untersuchungsmaterial lediglich 0.061 bei einer Standardabweichung von 0.511 (vgl. Ley 1990). Eine hohe Korrelation zwischen der fehlerhaften und der korrigierten Formel ist daher sehr wahrscheinlich.

$$\text{shortcut formula}_{korr}\text{:}\quad V^* = 240.49629 - (Var2 * 73.77752) - (Var1 * 11.89371) - (Var3 * 57.59622)$$

* In der Literatur wird in der Formel unrichtigerweise die Schreibweise **log** (dekadischer Logarithmus) statt **ln** (natürlicher Logarithmus) verwendet. Dies trifft auch auf die Primärquelle (Dickes/Steiwer 1977) zu, in der aber zumindest im Text darauf hingewiesen wird, daß es sich um den natürlichen Logarithmus handelt.

3.3.6 New Reading Ease Index von Farr/Jenkins/Patterson

Auf der Grundlage des Reading Ease entwickelten FARR et al. eine vereinfachte Formel. Dieser New Reading Ease Index erfordert lediglich die Ermittlung der einsilbigen Wörter und wird nach folgender Formel berechnet (vgl. Farr et al. 1951, Barry 1980):

$$\text{New Reading Ease Index} = 1.599 * \text{NOSW} - 1.015\ \text{SL} - 31.517$$

Wobei:

NOSW	=	Durchschnittliche Anzahl der Wörter mit einer Silbe pro hundert Wörter;
SL	=	Durchschnittliche Satzlänge in Worten.

Der New Reading Ease Index wurde für englischsprachige Texte entwickelt. Untersuchungen belegen jedoch, daß dieser Index auch für deutschsprachige Texte tauglich ist (siehe z.B. Teigeler 1968).

3.3.7 Automated Readability Index (ARI) von Smith/Kincaid

Der Automated Readability Index (ARI) wird aus dem Verhältnis von Merkmalen, welche den Schwierigkeitsgrad von Wörtern (Anzahl Buchstaben pro Wort) sowie von Sätzen (Anzahl Wörter pro Satz) repräsentieren, abgeleitet. Der ARI ist ein quantitatives Lesbarkeitsmaß, dessen Bestimmung einfach ist. Subjektive Einflüsse auf das Meßergebnis sind insbesondere bei der automatischen Berechnung ausgeschlossen. Untersuchungen über die Reliabilität und Validität erbrachten ein positives Ergebnis und auch im Vergleich mit anderen Lesbarkeitsmaßen (z.B. Reading Ease, Fog-Index) wurde die Brauchbarkeit bestätigt (vgl. Smith/Kincaid 1970).

Aus der Regressionsgleichung zur Bestimmung von Rangstufen im amerikanischen Schulsystem (Junior High School, Senior High School usw.) wurde folgende Formel für den Grade Level (GL) abgeleitet (vgl. Smith/Kincaid 1970, 459):

$$GL = 0.5 * (WS) + 4.71 * (SW) - 21.43$$

Diese Formel wurde weiter vereinfacht. Die Gewichtungsfaktoren und die normierende Konstante wurden weggelassen. Die nachfolgend wiedergegebene vereinfachte Formel korreliert mit der Lesbarkeit des Textes, gibt aber keinen Hinweis mehr auf den Grade Level (vgl. Smith/Kincaid 1970, 459):

$$ARI = WS + 9 * SW$$

Wobei:

WS = Durchschnittliche Anzahl der Wörter pro Satz (Satzlänge);
SW = Durchschnittliche Anzahl der Buchstaben pro Wort (Wortlänge).

3.3.8 Readability Formula von Danielson/Bryan

Danielson und Bryan setzten sich zum Ziel, eine Lesbarkeitsformel zu entwickeln, die mit dem Computer einfacher als bisher bekannte Formeln berechnet werden kann. Als Meßgrößen verwendeten sie die durchschnittliche Anzahl der Zeichen pro Satz (ausgeschlossen sind Interpunktionszeichen) und die durchschnittliche Anzahl der Zeichen pro Blank. Beide Größen können mit geringem Aufwand automatisch bestimmt werden. Die neue Formel wurde in zwei Formen präsentiert, die folgendermaßen berechnet werden (vgl. Danielson/Bryan 1963):

$$DB\text{-}1 = 1.0364\ CPSp + 0.0194\ CPSt - 0.6059$$
$$DB\text{-}2 = 131.059 - 10.364\ CPSp - 0.194\ CPSt$$

Wobei:

CPSp = Durchschnittliche Anzahl Zeichen pro Blank (Leerzeichen zwischen zwei Wörtern);
CPSt = Durchschnittliche Anzahl Zeichen pro Satz.

Die Formeln weisen eine Ähnlichkeit zu anderen bekannten Lesbarkeitsformeln auf. Als Meßgröße für den Wortschatz dient die Anzahl der Zeichen pro Blank. Dieser Wert nimmt zu, wenn die Wörter länger und damit voraussichtlich abstrakter und schwieriger werden. Als Maß für die grammatikalische Schwierigkeit dient die Anzahl der Zeichen pro Satz. Längere und komplexe Sätze weisen hier gewöhnlich einen höheren Wert auf.

Die erste Formel (DB-1) ist eine reine Regressionsgleichung zur Vorhersage des Lesbarkeitsgrads. Der Wertebereich der Formel DB-2 liegt zwischen 0 und 100, d.h. ungefähr im gleichen Bereich, in dem sich auch der Reading Ease von Flesch bewegt. Den einzelnen Ausprägungen des DB-2 entspricht etwa folgende Textcharakteristik (vgl. Danielson/Bryan 1963, 206):

90 - 100	sehr leicht (grade level 3)
80 - 89	relativ leicht (grade level 4)
70 - 79	leicht (grade level 5)
60 - 69	"Standard" (grade level 6)
50 - 59	mittlerer Schwierigkeitsgrad (junior high school level)
30 - 49	schwierig (high school level)
0 - 29	sehr schwierig (college level)

3.3.9 SMOG-Index

McLaughlin´s Ansatz unterscheidet sich von den übrigen Formeln in drei grundsätzlichen Punkten. Nach seiner Auffassung besteht zwischen den Variablen zur Messung von Wortschatz und Satzstruktur eine Interaktion. Er stellte ferner fest, daß mit einer größeren Stichprobe (10 Sätze aus jedem Drittel des Textes statt der "traditionellen" 100 Worte) ein genaueres Ergebnis erzielt wurde. Außerdem ging er bei der Entwicklung der Formel davon aus, daß der "grade level" jener Personen, die den Text vollständig verstanden, ein aussagefähigeres Kriterium als das traditionell verwendete 50 %- bzw. 75 %-Kriterium ist (vgl. Guillemette 1987, 43, nach McLaughlin 1969).

Die Bezeichnung SMOG erinnert an den FOG-Index. Gemeinsam ist beiden Formeln die Zählung der mehrsilbigen Wörter für die Index-Berechnung. Eine andere Erklärung für die Bezeichnung SMOG sind die atmosphärischen Bedingungen in McLaughlin´s Heimatstadt London. Es gibt mehrere Versionen zur Berechnung des SMOG-Werts. Nachfolgend wird nicht die bekannteste Version wiedergegeben, sondern jene, welche die höchste Korrelation und die geringste Standardabweichung gegenüber den ursprünglich von McCall/Crabbs veröffentlichten Kriterien aufweist. Der Grade Level gr wird nach folgender Formel berechnet, in welcher der nachgewiesene nichtlineare Anstieg bei zunehmendem Schwierigkeitsgrad des Textes berücksichtigt ist (vgl. McLaughlin 1969, 643, Guillemette 1987, 43):

$$gr = 2.8795 + 0.9986 * SQRT(NP3 + 5)$$

Wobei:

SQRT	=	Quadratwurzel;
NP3	=	Anzahl mehrsilbiger Wörter in 3 zufällig ausgewählten Textpassagen zu je 10 Sätzen.

3.3.10 Hamburger Verständlichkeitskonzept

Die Verständlichkeit von Texten wird im Verfahren von Langer et al. in vier Qualitätsdimensionen gemessen. Jede Dimension wird separat mit Hilfe einer vorgegebenen Meßskala durch subjektive Einschätzung ermittelt. Die einzelnen Dimensionen, die auf statistischem Weg mittels Faktorenanalyse bestimmt wurden, sind (vgl. Höcker et al. 1984, 102, Tauber et al. 1980, Steinbach et al. 1972, Langer et al. 1974):

- *Einfachheit (Gegenteil: Kompliziertheit).* Diese bezieht sich vor allem auf Sprachmerkmale und spiegelt sich in der Wortwahl, im Satzbau usw. wider.

- *Gliederung-Ordnung (Gegenteil: Ungegliedertheit, Zusammenhangslosigkeit).* Diese Dimension beschreibt die Klarheit der Textstruktur, den Textaufbau usw.

- *Kürze-Prägnanz (Gegenteil: Weitschweifigkeit).* Hierunter fallen Merkmale der (Lehr-)Zielkonzentriertheit und der Straffung.

- *Zusätzliche Stimulanz (Gegenteil: Keine zusätzliche Stimulanz).* Ausmaß, in dem belebende und anregende Textelemente vorhanden sind (z.B. Stil).

Jede Dimension wird mit einem separaten Polaritätenprofil von Personen erfaßt, die vorher in der Beurteilung dieser Dimensionen geschult wurden. Die Erfassung erfolgt auf einer 5-stufigen Skala, deren Wertebereich von +2 bis -2 reicht. Die Abbildungen 3-14 bis 3-17 zeigen die Meßprofile, die als Basis für den Evaluationsvorgang dienen (vgl. Langer et al. 1974).

Einfachheit	+2	+1	0	-1	-2	Kompliziertheit
einfache Darstellung						komplizierte Darstellung
kurze, einfache Sätze						lange, verschachtelte Sätze
geläufige Wörter						ungeläufige Wörter
Fachwörter erklärt						Fachwörter nicht erklärt
konkret						abstrakt
anschaulich						unanschaulich

Abb. 3-14: Polaritätenprofil für die Dimension "Einfachheit" (Quelle: Langer et al. 1974)

Bei der Dimension "Gliederung-Ordnung" lassen sich zwei Aspekte unterscheiden (vgl. Langer et al. 1974, 14): Innere Ordnung (sinnvolle Reihenfolge der Sätze, folgerichtiger Bezug) und äußere Ordnung (Aufbau des Textes wird sichtbar gemacht, Überschriften, Hervorhebungen usw.). Bei der Dimension "Zusätzliche Stimulanz" wird die motivierende Wirkung des Textes erfaßt, d.h. Eigenschaften, die das Interesse des Lesers wecken, zum Mitdenken anregen usw. Diese motivierende Wirkung kann auf sehr verschiedene Weisen erreicht werden. Beispiele sind rethorische Fragen, lebensnahe Beispiele, witzige Formulierungen und die Verwendung von Reizworten (vgl. Langer et al. 1974, 16).

Gliederung-Ordnung	+2 +1 0 -1 -2	Ungegliedertheit Zusammenhangs-losigkeit
gegliedert		ungegliedert
folgerichtig		zusammenhangslos, wirr
übersichtlich		unübersichtlich
gute Unterscheidung von Wesentlichem und Unwesentlichem		schlechte Unterscheidung von Wesentlichem und Unwesentlichem
der rote Faden bleibt sichtbar		man verliert oft den roten Faden
alles kommt schön der Reihe nach		alles geht durcheinander

Abb. 3-15: Polaritätenprofil für die Dimension "Gliederung-Ordnung" (Quelle: Langer et al. 1974)

Kürze-Prägnanz	+2 +1 0 -1 -2	Weitschweifigkeit
zu kurz		zu lang
aufs Wesentliche beschränkt		viel Unwesentliches
gedrängt		breit
aufs Lehrziel konzentriert		abschweifend
knapp		ausführlich
jedes Wort ist notwendig		vieles hätte man weglassen können

Abb. 3-16: Polaritätenprofil für die Dimension "Kürze-Prägnanz" (Quelle: Langer et al. 1974)

Zusätzliche Stimulanz	+2 +1 0 -1 -2	Keine zusätzliche Stimulanz
anregend		nüchtern
interessant		farblos
abwechslungsreich		gleichbleibend neutral
persönlich		unpersönlich

Abb. 3-17: Polaritätenprofil für die Dimension "Zusätzliche Stimulanz" (Quelle: Langer et al. 1974)

Beim Meßvorgang wird jede Dimension separat gemessen. Die Einstufung beruht auf Gesamteindruck der Ausprägung aller Attribute dieser Dimension. Die Einstufung erfolgt auf der Grundlage folgender 5-stufigen Skala (vgl. Langer et al. 1974, 18):

+2 Alle oder fast alle Einzelaspekte einer Dimension sind in hohem Maße verwirklicht.
+1 Die Beurteilungskriterien werden nur teilweise oder zum Teil erfüllt.
0 Es besteht ein ausgewogenenes Verhältnis zwischen den Aspekten auf der bipolaren Skala.
-1 Es überwiegen eher die Aspekte der rechten Seite des Dimensionsbilds.
-2 Alle oder fast alle Aspekte der rechten Seite des Polaritätsprofils sind in einem höheren Ausmaß verwirklicht.

Für jede Dimension wird die Einschätzung unabhängig und durch mehrere Personen durchgeführt. Die Ergebnisse werden in einem Mittelwert zusammengefaßt. Eine größere Anzahl von Personen wirkt sich positiv auf die Aussagefähigkeit aus. Die Verständlichkeit eines Textes wird in diesem Konzept nicht durch einen Einzelwert ausgedrückt, sondern wird definiert durch die Ausprägung von vier Punktewerten. Für die Merkmale "Einfachheit" und "Gliederung-Ordnung" wird ein Toleranzbereich von +0.5 bis +2 angegeben, für das Merkmal "Kürze-Prägnanz" von -0.5 bis +1.5. Die Dimensionen sind weitgehend unabhängig voneinander. Zusätzliche Stimulationen unterstützen die Verständlichkeit allerdings nur, wenn gleichzeitig ein hoher Grad an Gliederung bzw. Ordnung gegeben ist, andernfalls wird möglicherweise sogar der gegenteilige Effekt erzielt (vgl. Langer et al. 1974).

Der starke subjektive Einfluß bei dieser Methode wird durch zwei Maßnahmen reduziert: (a) Jene Personen, welche die Einschätzung vornehmen, müssen sich einem speziellen "Diskriminationstraining" für die Beurteilung von Texten anhand der vorgestellten Kriterien unterziehen. (b) Die Einschätzung sollte durch mehrere Personen vorgenommen werden (sinnvollerweise etwa fünf Personen). Da diese Maßnahmen mit einem größeren Aufwand verbunden sein können, aber auch weil die Textbeurteilung weitgehend zu objektiviert werden sollte, wurde ein Programm zum Selbst-Training entwickelt. Eine vollständige Wiedergabe dieses Trainingsmaterials findet sich bei Langer et al. (siehe Langer et al. 1974, 103-172). Nach dem Durcharbeiten von einführenden Anleitungen sind vier Schritte vorgesehen:

- Wahrnehmungstraining für die vier Dimensionen (ca. 90 Min.),
- Training im Verbessern einzelner Dimensionen (ca. 90 Min.),
- komplexes Optimierungstraining (ca. 180 Min.) und
- Training in freier Gestaltung von Texten (ca. 90 Min.).

Das Verfahren von Langer et al. wurde für deutschsprachige Texte entwickelt. Die Anwendung bei nicht deutschsprachigen Texten scheint unproblematisch zu sein. Ein weiterer Vorteil ist, daß nicht nur der Text selbst, sondern auch grafische Darstellungen und andere Ausdrucksformen in die Beurteilung einbezogen werden. Die Methode wurde bereits mit Erfolg angewendet (z.B. bei Bedienungsanleitungen und Vertragstexten). Erfahrungen auf dem Gebiet der Software-Dokumentation liegen bisher nicht vor. Ein Vergleich mit der Readability Formula von Steiwer ergab, daß sich die beiden Konzepte ergänzen, da jeweils andere Dimensionen gemessen werden (vgl. Höcker et al. 1984, Langer et al. 1974).

3.3.11 Checklisten-Verfahren

Checklisten sind die einfachsten Verfahren zur Überprüfung der Dokumentationsqualität. Sie beruhen im allgemeinen nicht auf empirisch gesicherten Sachverhalten, sondern werden aufgrund von Erfahrungswerten erstellt. Dennoch können sie brauchbare Anhaltspunkte bei der Beurteilung der Software-Dokumentation sowie für deren Überarbeitung liefern. Als Beispiele für Checklisten werden nachfolgend die Checkliste von Boedicker und das tekom-Handbuch etwas näher erläutert. Weitere Checklisten finden sich in der einschlägigen Fachliteratur (siehe z.B. Rupietta 1987, Baumann 1982).

Die **Checkliste von Boedicker** (1990) besteht aus einer Sammlung von Fragen. Eine Frage, die mit "ja" beantwortet wird, wird durch ein Zeichen in der linken Spalte markiert. Die rechte Spalte dient als Nein-Spalte. Je mehr Markierungen in der linken Spalte sind, umso besser ist das Handbuch.

Äußerliche Merkmale

Einband		
• Ist er solide?	O	O
• Ist er ansprechend gestaltet?	O	O
Buchrücken		
• Steht dort genau, um was für ein Handbuch es sich handelt?	O	O
Heftung		
• Können Sie das Buch aufklappen, ohne daß es wieder zufällt?	O	O
• Hat das Buch eine Fadenheftung?	O	O
• Ist es ein Ordner?	O	O
Schrift		
• Ist sie groß genug?	O	O
• Hat sie ausreichende Schärfe und Kontrast?	O	O
• Sind die Kolumnentitel aussagefähig?	O	O

Text-Merkmale (Prüfen Sie einen abgeschlossenen Einzelvorgang)

• Wirkt die Anleitung dazu verständlich?	O	O

• Erfolgen die Anweisungen hintereinander, ohne zu springen?	O	O
• Gibt es Beispiele?	O	O
• Gibt es Abbildungen?	O	O

Sonstiges

Inhaltsverzeichnis

• Ist ein Index vorhanden?	O	O
• Ist ein Glossar vorhanden?	O	O
• Ist ein Leitfaden durch das Handbuch vorhanden?	O	O
• Sind die Überschriften verständlich?	O	O

Index

• Finden Sie die Stichwörter, die Sie sich überlegt haben?	O	O
• Sieht man auf den Seiten des Handbuchs die Seitenzahl gut?	O	O
• Gibt es einen gesonderten Nachschlagteil?	O	O

Ein weiteres Beispiel für das Checklisten-Verfahren zur Beurteilung der Dokumentation ist die **tekom-Richtlinie** "Technische Dokumentation beurteilen" (tekom 1991). Gleich am Anfang der Richtlinie wird darauf hingewiesen, daß sich das Verfahren nicht dafür eignet, zu prüfen, ob das Produkt vollständig oder korrekt beschrieben ist. Es eignet sich außerdem nicht für Bereiche, in welchen eine streng normierte Dokumentation verlangt wird (z.B. Luftfahrt, Militär). Sie gilt aber ansonsten für alle deutschsprachigen, technischen Dokumentationen, die produktbegleitend herausgegeben werden, also im speziellen auch für die Software-Dokumentation. Als wichtigste Grundlage für die Erstellung der Richtlinie wurden die in Deutschland gültigen gesetzlichen Grundlagen, Normen und Regeln für die technische Dokumentation herangezogen (vgl. tekom 1991).

Die Checkliste gliedert sich in zehn Bereiche, deren Einzelbeurteilung in einer abschließenden Beurteilung zusammengefaßt wird. Für die einzelnen Bereiche oder Komponenten ist keine Punktewertung und auch keine Gewichtung vorgesehen, da eine Wertung immer vom Zweck der Prüfung abhängt. Die einzelnen Bereiche der Überprüfung werden nachfolgend kurz dargestellt (vgl. tekom 1991):

- *Äußere Form und Ausführung*: Dabei ist insbesondere zu berücksichtigen, wer die Dokumentation benutzt, sowie wo, wie und wozu sie eingesetzt wird.

- *Gestaltung*: Von der Gestaltung hängen Lesbarkeit und Akzeptanz ab. Beurteilt werden Typografie, Layout und Satzspiegel.

- *Orientierungshilfen und Verzeichnisse*: Sie helfen dem Leser, sich in der Dokumentation besser und schneller zurechtzufinden (Inhaltsverzeichnis,

- *Gliederung*: Die Gliederung ist auf den verschiedenen Ebenen von der Aufteilung in Bände bis zu Absätzen zu untersuchen.
- *Text*: Formulierungen, Verständlichkeit, Zielgruppengerechtigkeit.
- *Abbildungen*: Untersucht wird u.a. das Verhältnis von Texten und Bildern sowie die Einheitlichkeit und Aussagekraft der Abbildungen.
- *Gesetze, Normen, Regeln, Richtlinien*: Produktbezogene Relevanz und Einhaltung.
- *Sicherheitsbestimmungen*: Hinweise auf Produkthaftpflicht. Warnungen müssen außerdem vor den Handlungen stehen, bei denen diese Gefahren auftreten können.
- *Entsorgungsmaßnahmen*: (bei Software meist ohne Bedeutung).
- *Zielgruppe*: Neben der Produktbeschreibung müssen auch zielgruppenspezifische Kriterien erfüllt sein.

Die Gesamtbeurteilungen aus den 10 Bereichen werden abschließend zusammengefaßt, sodaß davon Schlußfolgerungen abgeleitet werden können. Zur Verdeutlichung des Vorgehens bei der Überprüfung von Dokumentation werden nachfolgend zwei Checklisten zum Bereich "Orientierungshilfen und Verzeichnisse" wiedergegeben (vgl. tekom 1991). Die vollständige Richtlinie umfaßt ca. 25 Seiten ähnlich strukturierter Prüflisten und kann direkt bei der Gesellschaft für technische Kommunikation, Stuttgart, bestellt werden.

Verzeichnisse (Übersicht)

Verzeichnis	**erforderlich**	**vorhanden**	
Inhaltsverzeichnis	o Ja	o Ja = Gut	o Nein = Schlecht
Stichwortverzeichnis (=Index)	o Ja	o Ja = Gut	o Nein = Schlecht
Fachwortverzeichnis	o Ja	o Ja = Gut	o Nein = Schlecht
Abkürzungsverzeichnis	o Ja	o Ja = Gut	o Nein = Schlecht
Abkürzungsverzeichnis der verwendeten Einheiten und Symbole	o Ja	o Ja = Gut	o Nein = Schlecht
Abbildungsverzeichnis	o Ja	o Ja = Gut	o Nein = Schlecht
Tabellenverzeichnis	o Ja	o Ja = Gut	o Nein = Schlecht
Literaturverzeichnis	o Ja	o Ja = Gut	o Nein = Schlecht
Wegweiser	o Ja	o Ja = Gut	o Nein = Schlecht

Inhaltsverzeichnis

Überschriften identisch mit Überschriften im Textteil	o ja = gut o Nein = Schlecht	Stichproben!
übersichtlich strukturiert	o Ja o Nein = Schlecht	
Hierarchiestufen zu erkennen	o Ja o Nein = Schlecht	z.B. Hauptüberschriften durch Fettdruck hervorgehoben
Seitenumbruch abschnittsbezogen	o Ja o Nein = Schlecht	z.B. Wiederholung der übergeordneten Überschrift auf der Fortsetzungsseite
Zuordnung von Überschrift zu Seitenzahl eindeutig	o Ja o Nein = Schlecht	z.B. Hilfslinien
Vorhandene Verzeichnisse vollständig aufgeführt Vorhandene Anhänge vollständig aufgeführt	o Ja o Nein = Schlecht o Ja o Nein = Schlecht	

4 Messung von Textverständnis und Textverständlichkeit

Bereits in der Einführung wurde darauf hingewiesen, daß Qualitätsmerkmale für die Software-Dokumentation und damit zusammenhängende Phänomene bisher noch unzureichend untersucht wurden. Dieses Defizit wurde zum Anlaß genommen, die verfügbaren Methoden zur Prüfung der Dokumentationsqualität in diesem Buch etwas ausführlicher vorzustellen. Konkret werden dabei folgende Ziele verfolgt:

- Darstellung existierender Methoden zur Überprüfung der Dokumentationsqualität;
- Durchführung einer Untersuchung zur Anwendung und Überprüfung der Meßverfahren und des entwickelten Werkzeugs (RMS) in bezug auf die Software-Dokumentation;
- Vergleich der Ergebnisse mit den Anwendungserfahrungen, die in der Literatur dokumentiert sind.

Für die vorgenommenen Untersuchungen wurde eine Einschränkung auf jene Merkmale vorgenommen, welche die Lesbarkeit und Verständlichkeit des Textes betreffen. Entsprechende Meßformeln und Meßverfahren zur Bestimmung der Verständlichkeit werden von Lernpsychologie, Linguistik usw. seit langer Zeit entwickelt und auf ihre Tauglichkeit untersucht. Die vorgestellten Methoden und Lesbarkeitsformeln wurden von Informatik und Wirtschaftsinformatik bisher kaum beachtet und wurden vom Autor im Rahmen einer explorativen Feldstudie zur Qualitätsprüfung von Software-Dokumentation eingesetzt.

Das nachfolgende Kapitel gliedert sich in zwei Teile. Im ersten Teil wird über die Vorgehensweise und die Anwendungserfahrungen berichtet, die im Rahmen einer Feldstudie gesammelt wurden. Im zweiten Teil erfolgt eine Bewertung der Erfahrungen in einer Gegenüberstellung mit Literaturberichten.

4.1 Feldstudie zur Untersuchung der Dokumentationsqualität

Primäres Ziel der Untersuchung, die in Form einer explorativen Feldstudie durchgeführt wurde, war die Analyse der Methodenanwendung im Hinblick auf ihre Brauchbarkeit für die Qualitätsprüfung der Software-Dokumentation. Bedingt durch die angewendeten Methoden beschränkte sich die Untersuchung auf die Beurteilung der textuellen Dokumentationsqualität. Die nachfolgenden Ausführungen gliedern sich logisch in drei Teile: Erläuterungen zum methodischen Vorgehen, Darstellung der Untersuchungsergebnisse und Schlußfolgerungen.

4.1.1 Vorgehensweise und Auswahl der Dokumente

Bei den untersuchten Dokumentationen handelt es sich ausschließlich um Benutzerhandbücher. Für die Ziele und die Ergebnisse der Untersuchung ergeben sich daraus keine Einschränkungen. Der Grund für diese Wahl war die leichte Zugänglichkeit zu diesen Dokumenten im Vergleich zur technischen Dokumentation (z.B. Programmiererdokumentation, Systemdokumentation).

Unter den acht ausgewählten Benutzerhandbüchern befinden sich das deutsche und das englische Handbuch zum Textprogramm Word. Mit der englischsprachigen Version war ein Vergleich der sprachspezifischen Formeleigenschaften beabsichtigt. Da sich aber herausstellte, daß die deutschsprachige Version keine Übersetzung des englischen Handbuchs ist, mußte von einem direkten Vergleich abgesehen werden. Zwei weitere Benutzerhandbücher wurden von Fachleuten eines großen österreichischen Softwarehauses als Beispiele für eine gut lesbare (AIS-Sachbuchhaltung) und für eine schlecht lesbare Dokumentation (HP-Finanzbuchhaltung) zur Verfügung gestellt. An dieser Einschätzung der "Experten" wurde allerdings wieder einmal der subjektive Charakter solcher Urteile offenbar. Vom Autor werden nämlich beide Handbücher als "typisch für die DV-Branche" angesehen, d.h. einheitlich als nicht gut lesbar eingestuft (dies wurde übrigens auch in den nachfolgend dargestellten Untersuchungen bestätigt). Vier weitere Handbücher (Materialwirtschaft MAT, Textverarbeitung T400, integrierte Personalabrechnung IPA, Bestellerfassung BEST) wurden schließlich noch von der DV-Abteilung einer Magistratsverwaltung zur Verfügung gestellt.

Für alle Untersuchungen und Messungen wurden die gleichen Textstichproben aus den Dokumentationen verwendet, um die Vergleichbarkeit der Ergebnisse sicherzustellen. Die Auswahl dieser Textstichproben aus den Handbüchern erfolgte nach dem Zufallsprinzip. Die ausgewählten Textpassagen wurden mit einem Scanner erfaßt und Erfassungsfehler in einer manuellen Nachbearbeitungsphase mit einem Textverarbeitungsprogramm korrigiert. Die Weiterbearbeitung und Auswertung erfolgte werkzeugunterstützt mit RMS, nachdem die Textdateien über eine Schnittstelle übernommen wurden.

4.1.2 Ergebnisse zur Messung des Textverständnisses

Bei der Auswahl der Cloze Procedure als Methode der Lesbarkeitsprüfung war man sich selbstverständlich darüber klar, daß diese Methode lediglich empirische Hinweise liefern kann, um die leserbezogenen Intentionen des Autors an der Leseerwartung von Lesern zu überprüfen. Die Methode wurde in der von Taylor vorgeschlagenen Form durchgeführt (d.h. Auslassung jedes sechsten Worts). Zur Absicherung der Ergebnisse wurden die Tests zweimal durchgeführt (Testreihe A und B), wobei bei der zweiten Testreihe mit den Auslassungen bei einem anderen Wort begonnen wurde. Damit sollte vor allem verhindert werden, daß zufällig jene Wörter ausgelassen werden, die besonders schwer zu erraten sind.

Als Testpersonen standen einerseits Studenten der Wirtschaftsinformatik im zweiten Studienabschnitt zur Verfügung, andererseits Anwender, die mit den untersuchten Handbüchern arbeiten. Bei dieser Personengruppe konnte angenommen werden, daß ein hinreichendes fachliches Verständnis vorhanden ist, um die Lücken im Text zu ergänzen. Die Ergebnisse werden in der Abbildung 4-1 zusammengefaßt. Die vollständige Dokumentation der Ergebnisse wird in der angeführten Literatur wiedergegeben (siehe Lehner 1992).

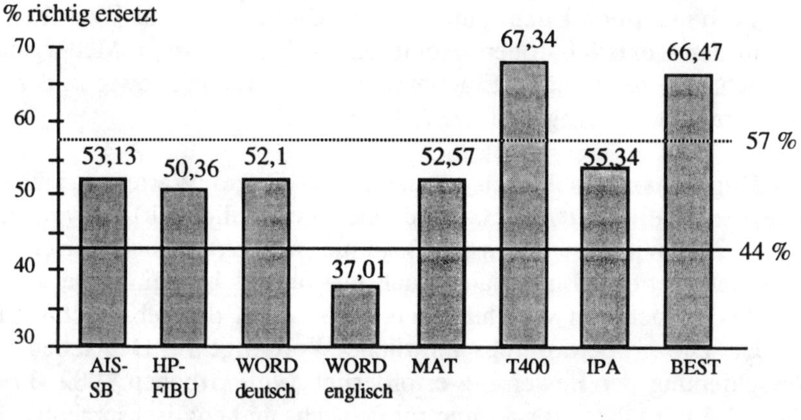

Abb. 4-1: Ergebnisse der Cloze Procedure

Bei der Beurteilung der Ergebnisse erhebt sich die Frage, wie hoch der Prozentsatz der richtig eingesetzten Wörter anzusetzen ist. Üblicherweise wird zwischen Texten zur eigenständigen Verwendung und Texten, die unter Anleitung verwendet werden, unterschieden. Im ersten Fall wird meist die 57 %-Schranke, im zweiten Fall 44 % empfohlen (vgl. Groeben 1982, 68, Guillemette 1989, 150). Da ein Benutzerhandbuch üblicherweise ohne Anleitung verwendbar sein soll, müßte im vorliegenden Fall das 57%-Kriterium angelegt werden. Dieser Level wurde in der vorliegenden Untersuchung nur bei zwei Handbüchern erreicht. Ein gewisser Einfluß auf dieses Ergebnis durch die Vertrautheit der Anwender mit den Handbüchern ist allerdings in diesen beiden Fällen nicht ganz auszuschließen (die Lückentexte wurden nämlich von Anwendern ausgefüllt, die häufig damit arbeiten). Deutlich unterschritten wird hingegen der Wert beim englischen Wordhandbuch (37 %), was vermutlich auf die Sprachkenntnisse der Probanden zurückzuführen ist. Aus verschiedenen Gründen wird von Guillemette im Rahmen einer Untersuchung von Cobol-Handbüchern das niedrigere 44 %-Kriterium angewendet (vgl. Guillemette 1989). Unter diesen Voraussetzungen kann man bei den vom Autor untersuchten Texten zumindest von einem ausreichenden Verständnis sprechen. Dies entspricht auch der persönlichen Einschätzung des Autors, wenn man das allgemein übliche Niveau der DV-Branche als Basis verwendet. Die Texte sind zwar verwendbar, die Testergebnisse deuten aber auf ein entsprechendes Potential sprachlicher Verbesserungsmöglichkeiten hin.

4.1.3 Ergebnisse zur Messung der Textverständlichkeit

Zu den hier verwendeten Lesbarkeitsformeln sind vor allem im anglo-amerikanischen Raum eine große Zahl von Untersuchungen durchgeführt worden - allerdings bisher nicht für Software-Dokumentation. Die Berechnung der Indizes erfolgte ohne Berücksichtigung von Überschriften und Zwischenüberschriften in den Textstichproben. Abbildung 4-2 zeigt einige Meßergebnisse im Vergleich. Die detaillierten Ergebnisse sind im Anhang sowie in der angeführten Literatur wiedergegeben (siehe Lehner 1992).

Der **Reading Ease** von Flesch nimmt in der Regel Werte zwischen 100 (optimale Verständlichkeit) und 0 (minimale Verständlichkeit) an (vgl. Langer et al. 1974, 28). Wie bereits erwähnt sind die meisten Formeln für englische Texte entwickelt worden und daher auch nur für solche gültig. Der Reading Ease wurde dennoch von verschiedenen Autoren auf deutschsprachige Texte angewendet. Die größere durchschnittliche Wortlänge im Deutschen macht eine Verschiebung der Bewertung erforderlich (vgl. Groeben 1982, 179). In Abbildung 4-3 wird diese Bewertung für deutsch- und englischsprachige Texte gegenübergestellt (vgl. Groeben 1982, 179, Guillemette 1987, 44, Lemos 1983, 379). Eine weitere Übertragung der Meß-Skala zum Reading Ease auf die deutsche Sprache stammt von Mihm (1977).

In der hier vorgestellten Untersuchung wurde der Reading Ease zunächst unverändert auf die deutschsprachigen Texte angewendet. Unter Zuhilfenahme der Bewertungstabelle wären alle untersuchten deutschsprachigen Texte als schwierig bis sehr schwierig einzustufen. Berücksichtigt man die Varianzen, die z.T. einen sehr hohen Wert annehmen, so ändert dies an der Einstufung kaum etwas. Dies kann als Hinweis aufgefaßt werden, daß der Reading Ease für deutschsprachige Texte kein sehr brauchbarer Indikator ist. Es ist allerdings bemerkenswert, daß auch die spezifisch für deutsche Texte entwickelte Formel von Dickes/Steiwer auf einen hohen Schwierigkeitsgrad hindeutet. Das englische Word-Handbuch weist hingegen mit einem Indexwert von 64 einen normalen Schwierigkeitsgrad auf. Dies entspricht auch der subjektiven Experteneinschätzung.

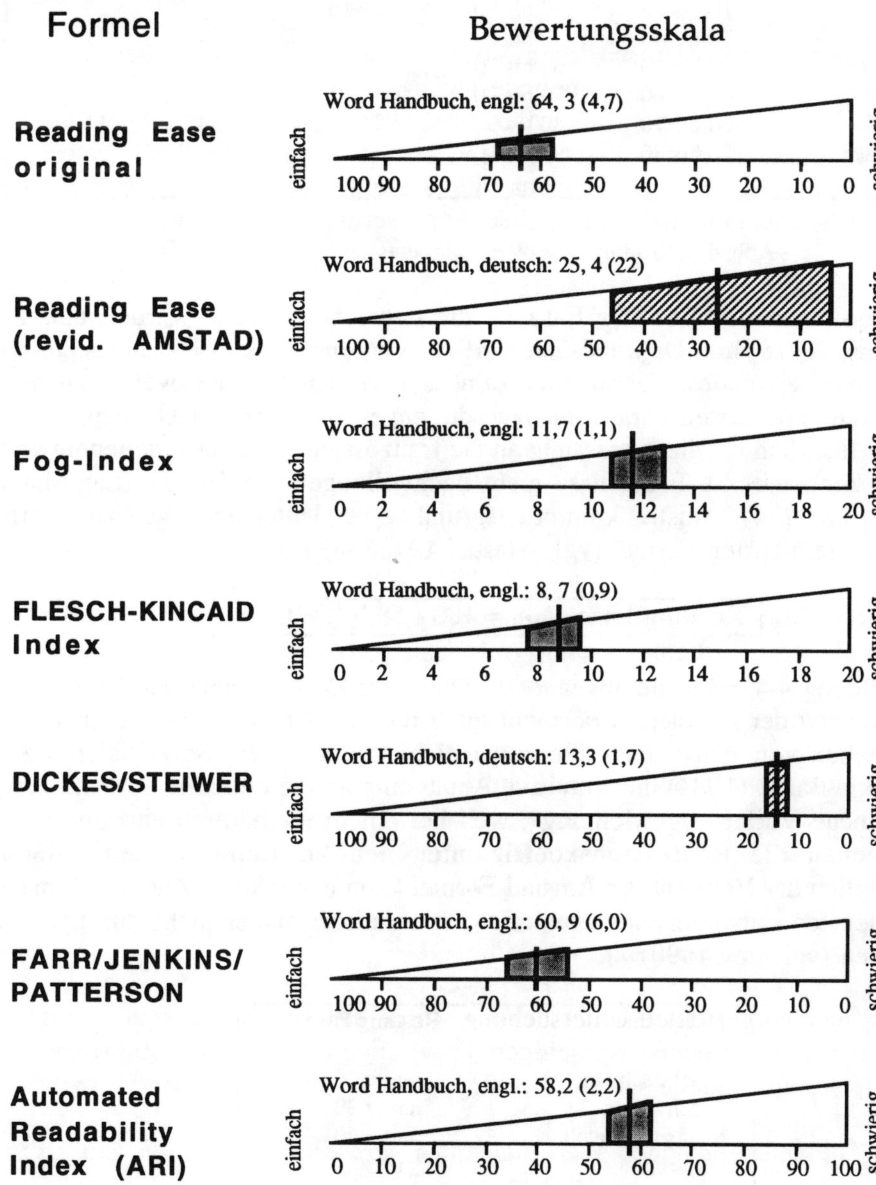

Abb. 4-2: Beispiele für Ergebnisse zur Textverständlichkeit

Textcharakteristik	deutsche Texte	englische Texte	grade level	Wortlänge	Satzlänge
sehr schwer	-20 bis +10	0 bis 30	17+	> 2,2	>30
schwierig	10 bis 30	30 bis 50	13-16	1,9	25
anspruchsvoll	30 bis 40	50 bis 60	10-12	1,78	21
normal	40 bis 50	60 bis 70		1,7	17
einfach	50 bis 60	70 bis 80		1,62	14
leicht	60 bis 70	80 bis 90		1,54	11
sehr leicht	70 bis 80	90 bis 100		unter 1,45	unter 9

Abb. 4-3: Reading Ease-Werte für deutsche und englische Texte

Anpassungen des Reading Ease an die deutsche Sprache wurden u.a. von Amstad (1978) und De Landsheere (1971) vorgenommen. De Landsheere gibt zwar das verwendete Textmaterial samt den errechneten Indexwerten an, stellt aber die veränderten Parameter bzw. die angepaßte Formel nicht explizit dar. Da er lediglich für die Anpassung an die französische Sprache Quellenhinweise gibt, können seine Ergebnisse nicht nachvollzogen werden (De Landsheere 1971, 225-234). Amstad kommt aufgrund seiner Untersuchungen zu der folgenden revidierten Formel (vgl. Amstad 1978, 80):

$$\text{Reading Ease}_{\text{revid.}} = 180 - 58.5 * \text{WL} - \text{SL}$$

Abbildung 4-4 zeigt die abgeänderte Skala zur Einschätzung der Textcharakteristik mit der revidierten Formel (vgl. Amstad 1978, 153). Das methodische Vorgehen von Amstad ist allerdings nicht unumstritten. So kritisieren z.B. Tränkle/Bailer (1984) die "intuitive Anpassung an die deutsche Sprache durch eine neue Variablengewichtung", weil bei einem methodisch einwandfreiem Vorgehen die Regressionskoeffizienten neu bestimmt werden müßten. Bezüglich der Validität der Amstad-Formel kann daher keine Aussage gemacht werden, da entsprechende empirische Vergleiche bisher nicht durchgeführt wurden (vgl. Ley 1990).

Textcharakteristik	Reading Ease
sehr schwer	unter 20
schwierig	unter 30
anspruchsvoll	unter 40
normal	um 50
einfach	über 60
leicht	über 70
sehr leicht	über 80

Abb. 4-4: Reading Ease-Werte für deutsche Texte nach der revidierten Formel von Amstad

Wenn man den revidierten Reading Ease von Amstad heranzieht, so ergeben sich zwar noch immer relativ hohe Varianzen, die Texte können aber dennoch recht einheitlich den Klassen "anspruchsvoll" bis "schwierig" zugeordnet werden. Die Varianzen, die zu einer Verzerrung der Gesamtbewertung führen, sind mit einigen "Ausreißern" in den Textstichproben zu erklären. Besonderheiten, wie z.B. Aufzählungen, führten bei einzelnen Stichproben sogar zu negativen Indexwerten und damit zu hohen Varianzen. Läßt man diese Stichproben, die einen geringeren Anteil an Fließtext enthalten, weg, so erhält man ein stabiles Ergebnis. Zu überprüfen bleibt, ob eventuell bereits mit einer Verbesserung des Algorithmus zur Satzabgrenzung solche Stichproben erkannt und übergangen werden könnten.

Für den **Fog-Index** ist nach Boehm et al. bei Spezifikationen und technischen Berichten ein Index-Wert zwischen 12 und 16 akzeptabel (zit. nach Höcker et al. 1984). Gunning selbst empfiehlt den Fog-Index nicht als starre Formel, sondern als Warnsystem, wobei er Werte über 12 als "Gefahrenzone" ansieht. Budde weist darauf hin, daß der Fog-Index erst an die deutsche Sprache angepaßt werden müßte, bevor er zur Überprüfung oder Bewertung der Softwaredokumentation im Deutschen verwendet werden kann (vgl. Budde et al. 1980). Die Übertragung auf deutschsprachige Texte könnte entweder durch eine Veränderung der Bewertungsskala (unveränderte Formel) oder durch eine Anpassung der Formel erreicht werden. Auf eine solche Anpassung, die ohne interdisziplinäre Zusammenarbeit kaum zweckmäßig ist, wurde auch im Hinblick auf die Zielsetzung der Untersuchung verzichtet.

Nimmt man den von Gunning angegebenen Grenzwert als Grundlage für die Interpretation der Meßergebnisse, so deutet der für das englische Word-Handbuch errechnete Wert (Index 11.7, Varianz 1.1) auf einen noch akzeptablen Schwierigkeitsgrad hin. Der Index liegt knapp unter dem von Gunning angegebenen Grenzwert. Er stimmt auch mit den Ergebnissen der anderen Formeln überein, die ebenfalls einen mittleren Schwierigkeitsgrad feststellten. In der vorliegenden Untersuchung ist zwischen den deutschen Texten und dem englischen Text wieder ein relativ konstanter Unterschied im Indexwert erkennbar. Die deutschen Texte weisen einen ziemlich einheitlichen Wert mit niedriger Varianz auf. Dies kann als Hinweis aufgefaßt werden, daß möglicherweise nur die Bewertungsskala, nicht aber die Formel anzupassen ist. Weitere Untersuchungen sind dazu erforderlich. Für eine Interpretation der Ergebnisse bei den deutschen Textbeispielen fehlen jedoch Vergleichswerte. Zur näheren Klärung sind Untersuchungen an umfangreicheren Stichproben notwendig.

Der **Flesch-Kincaid-Index** bewegt sich im allgemeinen in einem Wertebereich, der von 1 (sehr einfach und leicht verständlich) bis ungefähr 20 (sehr schwierig) reicht (vgl. Höcker et al. 1984, 99). Es wurden in der Literatur keine generellen Empfehlungen gefunden, welcher Index-Wert für ein Dokument erreicht werden sollte, vielmehr dürfte dies abhängig von der Zielgruppe sein. Beispielsweise durfte der Index-Wert für Trainingsunterlagen, die für die Saudiarabischen Marineeinheiten erstellt wurden, den Wert 7 nicht überschreiten (Höcker et al. 1984, 99). Der ermittelte Index-Wert ist Kincaid et al. zufolge lediglich ein sehr allgemeiner Indikator für den Schwierigkeitsgrad eines Textes. Er kann jedoch dem Autor helfen, seinen Text auf die Zielgruppe abzustimmen (vgl. Kincaid/Aagard 1981). Der errechnete Durchschnittswert für das englische Word-Handbuch beträgt in der vorliegenden Untersuchung 8.65 bei einer Varianz von 0.9 und steht im Einklang mit den bereits dargestellten Ergebnissen.

In der einschlägigen Literatur wird die Anwendung des Flesch-Kincaid-Index nur für englische Texte empfohlen. Es gibt bisher weder eine adaptierte Version noch Erfahrungen mit der Anwendung auf deutschsprachige Texte. Die vom Autor errechneten Werte liegen zwischen 15 und 20 und weisen eine relativ niedrige Varianz auf. Dies kann ähnlich wie beim Fog-Index als Hinweis aufgefaßt werden, daß eine Anpassung des Wertebereichs der Formel möglicherweise ausreicht. Eine Interpretation für die deutschsprachigen Texte wird aber im vorliegenden Fall aufgrund des kleinen Stichprobenumfangs nicht für sinnvoll erachtet.

Die **Readability Formula von Dickes/Steiwer**, die speziell für deutschsprachige Texte entwickelt wurde, bildet die Verständlichkeit V* auf einer ordinalen Skala ab. Der errechnete Wert liegt gewöhnlich zwischen 1 und 100. Je höher dieser Wert ist, umso verständlicher ist der Text (vgl. Dickes/Steiwer 1977). Unter Berücksichtigung der Varianzen streuen die Werte bei den deutschsprachigen Stichproben zwischen 3 und 20. Da diese Formel speziell für deutsche Texte entwickelt wurde, wird dem Ergebnis, das auf eine geringe Verständlichkeit hinweist, eine besondere Bedeutung zugemessen. Für eine nähere Interpretation fehlen allerdings Vergleichswerte. Weitere Untersuchungen unter Einbeziehung umfangreicherer Stichproben sind dazu erforderlich. Eine Interpretation des Indexwerts für den englischen Text scheint nicht sinnvoll.

Der **New Reading Ease Index** von Farr/Jenkins/Patterson stellt eine Vereinfachung des Reading Ease von Flesch dar und wird analog zu diesem interpretiert: Je höher der errechnete Wert ist, umso verständlicher ist der Text, je niedriger der Wert ist, umso unverständlicher ist er. Die errechneten Indexwerte weisen eine hohe Übereinstimmung mit dem Reading Ease auf.

Der **Automated Readability Index von Smith/Kincaid** (ARI) zeigt einen hohen Schwierigkeitsgrad mit einem hohen Index-Wert an. In einer von Smith/Kincaid durchgeführten Studie nimmt der Index bei einfachen Texten einen Wert im Bereich um 50 an, bei mittlerem Schwierigkeitsgrad um 60, bei schwierigen Texten liegt er über 70 (vgl. Smith/Kincaid 1970, 461). In der vorliegenden Untersuchung wurde für das englische Word-Handbuch der Indexwert 58 errechnet. Dies entspricht einem mittleren Schwierigkeitsgrad und steht auch in Übereinstimmung mit den Ergebnissen der anderen hier verwendeten Formeln.

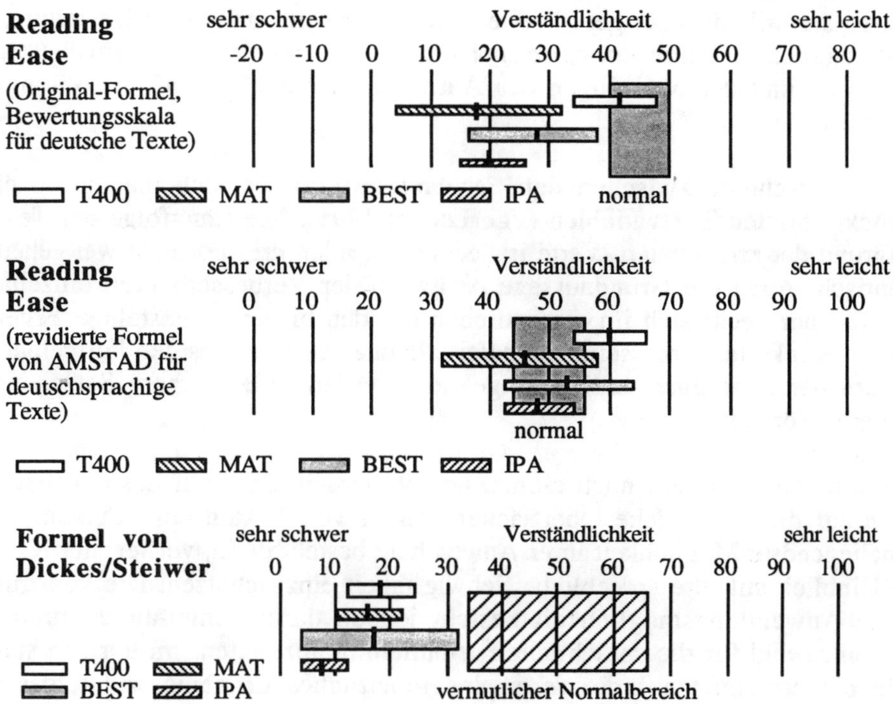

Abb. 4-5: Ergebnisse der Anwendung von Lesbarkeitsformeln

Die Silbenanzahl, die einem starken sprachspezifischen Einfluß unterliegt, wird zur Berechnung des ARI nicht verwendet, sodaß dieses Maß als weitgehend sprachunabhängig angesehen werden kann. Dies zeigt sich auch in den Ergebnissen bei den deutschsprachigen Textstichproben, die eine Übereinstimmung zwischen dem ARI und der (für deutschsprachige Texte entwickelten) Readability Formula von Dickes/Steiwer erkennen lassen. Der errechnete Indexwert ist allerdings bei den deutschen Texten um durchschnittlich 15 Punkte höher (ca. 75). Die Übereinstimmung mit dem niedrigen Wert der Dickes/-

Steiwer-Formel fällt auf, weitere Untersuchungen sind jedoch zur Klärung erforderlich.

Da sprachspezifische Eigenheiten einen wesentlichen Einfluß auf die Ergebnisse haben, werden nachfolgend an vier Handbüchern jene Formeln (bzw. die damit errechneten Meßergebnisse) gegenübergestellt, die entweder speziell für deutschsprachige Texte entwickelt worden sind oder für die entsprechende Richtwerte vorliegen. Abbildung 4-5 zeigt die Resultate dieser Gegenüberstellung (gezeigt werden die errechneten Mittelwerte für die Textstichproben sowie die Streuungsbereiche). Die Formel von Dickes/Steiwer liefert bei allen Texten signifikant niedrigere Werte. Vergleichswerte bzw. eine Bewertungsskala wurden für diese Formel bisher nicht veröffentlicht; der Normalbereich wird aufgrund der Messungen des Autors im Bereich von 35 bis 65 angenommen.

Die Unterschiede zwischen den Ergebnissen erklären sich u.a. durch die berücksichtigten Textvariablen (vgl. Lehner 1991). Die Rangfolge der Texte aufgrund der errechneten Werte ist jedoch bei allen drei Formeln weitgehend identisch. Auch die Grundaussage bezüglich der Verbesserbarkeit einzelner Handbücher deckt sich im wesentlichen mit den bisher vorgestellten Ergebnissen. Konkrete Verbesserungshinweise können indirekt aus den Formelparametern der jeweiligen Indizes abgeleitet werden (z.B. kürzere Sätze, einfachere Wörter).

Zusammenfassend soll noch einmal betont werden, daß sich Lesbarkeitsformeln auf die sprachliche Oberflächenstruktur von Texten beschränken. Die naheliegendste Möglichkeit ihrer Anwendung besteht darin, vorliegende Texte im Hinblick auf ihre sprachliche Schwierigkeit einzuschätzen. Die konstruktivste Anwendungsmöglichkeit besteht jedoch darin, Anleitungen für das Schreiben und für die sprachliche Formulierung abzuleiten. Im übrigen spiegeln die errechneten Indexwerte ein einheitliches Ergebnis wider, das in keinem Widerspruch zur Expertenbeurteilung steht. Zur Klärung offener Fragen sind weitere Untersuchungen an umfangreicheren Stichproben notwendig. Insbesondere gilt dies für die Untersuchung der sprachspezifischen Unterschiede.

4.1.4 Ergebnisse nach dem Hamburger Verständlichkeitskonzept

Die Beurteilung nach dem Hamburger Verständlichkeitskonzept wurde unabhängig von mehreren verschiedenen Personen, nach erfolgtem Studium des vorgesehenen Trainingsmaterials, durchgeführt. Die Abbildungen 4-6 bis 4-9 zeigen die Ergebnisse der Beurteilung (Mittelwert der Einzelbeurteilungen) von vier Handbüchern. Weitere Details finden sich im Anhang. Die Beurteilungsprofile stehen in den beiden Fällen, die in den Abbildungen 4-6 und 4-7 gezeigt werden, in Übereinstimmung mit den Ergebnissen der Cloze Procedure (vgl. Abbildung 4-1).

Das Handbuch BEST (Abbildung 4-6) zeigt ein nahezu ideales Profil. Lediglich die Merkmalsausprägung "Zusätzliche Stimulanz" liegt außerhalb des Toleranzbereiches. Es handelt sich dabei aber um ein Merkmal, das bei Texten mit Mitteilungscharakter keine primäre Bedeutung hat (vgl. Langer et al. 1974).

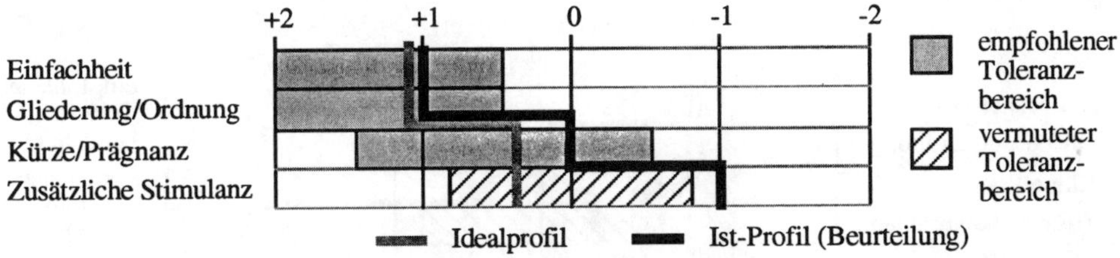

Abb. 4-6: Bestellerfassung BEST

Abbildung 4-7 zeigt das Beurteilungs-Profil für das Handbuch zur Personalabrechnung. Das Handbuch wurde von den Benutzern selbst als besonders schwer verständlich bezeichnet, was auch in der methodischen Beurteilung sehr deutlich zum Ausdruck kommt.

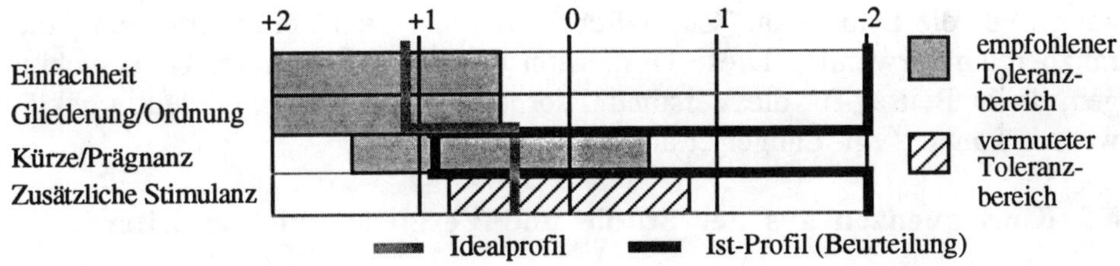

Abb. 4-7: Integrierte Personalabrechnung IPA

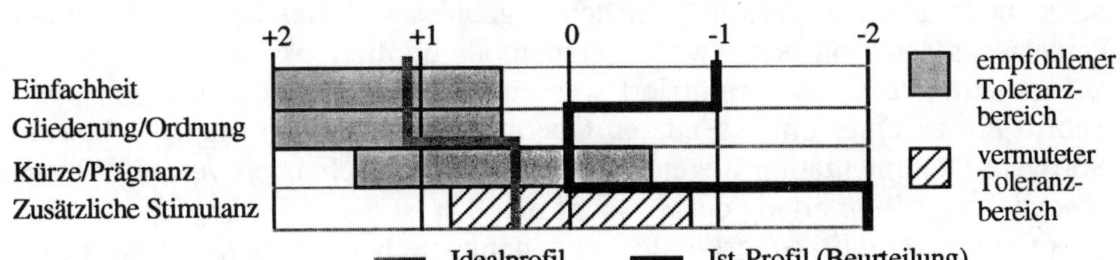

Abb. 4-8: Textverarbeitung T400

Die Übereinstimmung zwischen Cloze Procedure und Hamburger Verständlichkeitskonzept ist aber nicht in allen Fällen nachweisbar. Abbildung 4-8 zeigt das Beurteilungsprofil zum Handbuch der Textverarbeitung T400. Dieses Handbuch hatte beim Cloze-Test sehr gute Ergebnisse erzielt, erhielt jedoch hier nur beim Merkmal "Kürze/Prägnanz" eine Beurteilung innerhalb des Toleranzbereichs. Ähnlich ist die Situation bei Abbildung 4-9, wenn man die Ergebnisse der unterschiedlichen Methoden vergleicht. Die unterschiedlichen Bewertungen können allerdings nicht als Widersprüche zwischen den Methoden interpretiert werden, da sie lediglich Unterschiede in den erfaßten Qualitätsdimensionen wiederspiegeln.

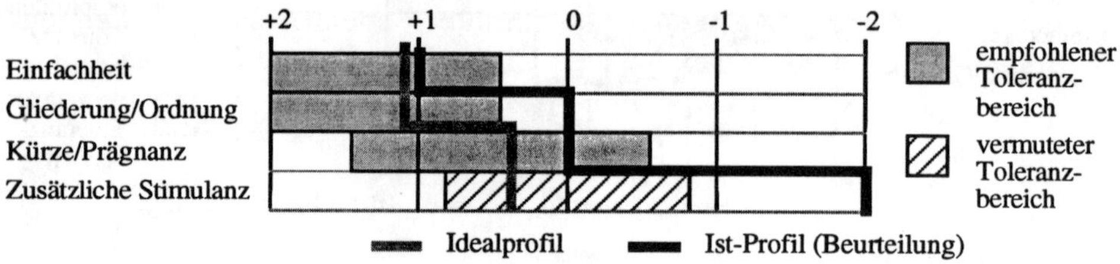

Abb. 4-9: Materialwirtschaft MAT

Die Beurteilungsergebnisse nach dem Hamburger Verständlichkeitskonzept wurden hier in verdichteter Form wiedergegeben. Die Stärken und Schwächen, welche die Grundlage für die Beurteilung bildeten, wurden zusammengefaßt und können als Überarbeitungshinweise verwendet werden (siehe Anhang). Für die Dimension "Zusätzliche Stimulanz" wird ein vermuteter Toleranzbereich verwendet. Diese Dimension bedarf noch weiterer Untersuchungen, da ihr Beitrag für die Verständnisförderung bisher nicht eindeutig geklärt werden konnte (vgl. Langer et al. 1974, 24).

4.2 Konsequenzen aus der Studie und Vergleich mit der Literatur

Die aus Mängeln der Software-Dokumentation resultierenden Probleme sind heute allgemein bekannt und die Bedeutung einer guten Dokumentation wird nicht mehr in Frage gestellt. Mit den Ergebnissen dieser Untersuchung soll keineswegs der Eindruck erweckt werden, als ob die Dokumentationsqualität auf quantitative Größen reduziert werden könne. Es ist vielmehr ein erster Schritt hin zu einer umfassenderen Operationalisierung. Auf dem Gebiet der Software-Dokumentation liegen erst wenige Untersuchungen vor, sodaß eine abschließende Beurteilung derzeit nicht möglich ist. Die Messung und Analyse quantitativer Qualitätsmerkmale kann dennoch bereits jetzt als wichtiges Instrument zur Erreichung eines angemessenen Qualitätsniveaus angesehen werden. Verständlicherweise existieren noch weniger Berichte über die Werkzeugunterstützung bei der Messung der Dokumentationsqualität.

4.2.1 Anmerkungen zur Cloze Procedure

In manchen Veröffenlichungen wird vorgeschlagen, nicht mechanisch jedes n-te (z.B. jedes sechste Wort bei Taylor) Wort auszulassen, sondern die Auslassungen auf die sogenannten Inhaltsworte zu beschränken (vgl. Groeben 1982, 70). Die Trefferquote der Testpersonen ist bei Funktionsworten (Artikel, Konjunktionen, Präpositionen usw.) verständlicherweise viel höher. Abgesehen davon, daß die Testvorbereitung in diesem Fall nicht mehr automatisch erfolgen könnte, würde auch die Wiedererkennungsrate wesentlich sinken. Ansatzpunkte für Taylors Entgegnung auf diese Kritik sind u.a. die teilweise erforderlichen Fachkenntnisse oder Vorkenntnisse der Testpersonen, weiters die Auslassung genau bestimmter, spezifischer Wörter oder Wortklassen. Er betont, daß bei der Cloze Procedure die einzusetzenden Wörter meist aus dem Kontext erkannt werden können. Es werden also keine spezifischen Bedeutungen von Wörtern untersucht, sondern lediglich inwieweit die vom Autor verwendeten Sprachmuster mit den von den Lesern vermuteten Lösungen übereinstimmen. Taylor verteidigt die Cloze Procedure auch gegen andere gängige Lesbarkeitsmaße, wie z.B. die von Flesch oder Dale/Chall (vgl. Taylor 1953). Bei der Entwicklung seiner Methode stützte sich Taylor auf folgende drei Voraussetzungen:

- *Total Language Approach.* Darunter ist alles zu verstehen, was einen Leser leitet, motiviert, bei der Wahl seiner Lösungen unterstützt aber auch hindert. Auch Ängste, Wünsche, frühere Erfahrungen und die Intelligenz zählen dazu.

- *Vervollständigung nach dem Sprachgefühl bzw. Sprachgewohnheiten.* Der Empfänger einer Botschaft (mündlich oder schriftlich) neigt dazu, einen Satz, der mit einem ihm bekannten Sprachmuster beginnt, seinem Sprachgefühl nach zu vervollständigen.

- *Auslassungen nach dem Zufallsprinzip.* Damit ist gewährleistet, daß keine spezifischen Wörter oder einzelne Wortklassen ausgelassen werden. Der Allgemeincharakter der Messung bleibt somit erhalten. Den Vorwurf, daß bei Auslassungen nach dem Zufallsprinzip einzelne Wörter leichter als andere zu erraten sind, wird von Taylor entkräftet Wichtig ist, daß genügend viele Leerräume in einer ausreichend langen Textpassage vorkommen, da dadurch alle Wortarten im gleichen Verhältnis repräsentiert werden.

Die Cloze-Tests gehören in der Zwischenzeit zu den wohl am besten untersuchten Methoden auf dem Gebiet der Verständlichkeitsprüfung. Die Vermutung, daß eine hohe Wiedererkennungsrate bei der Cloze Procedure auf einen niedrigen Informationsgehalt des Textes hindeutet, konnte ebensowenig erhärtet werden wie andere Kritikpunkte. Zu anderen Lesbarkeitsmaßen konnte eine hohe Korrelation nachgewiesen werden (vgl. Guillemette 1989, 146, Groeben 1982). Seit Ende der 60er Jahre sind Cloze-Tests allgemein als aussagefähiges Maß für die Lesbarkeit von Prosatexten anerkannt (vgl. Robinson 1981, Groeben 1982). Besondere Vorteile sind die Einfachheit des Verfahrens und der geringe Aufwand bei der Testdurchführung. Da die Cloze-Items selbst Bestandteil des Textes sind, wird ein Einfluß durch die Meßformel oder den Meßvorgang vermieden.

4.2.2 Anmerkungen zu den Lesbarkeitsformeln

Lesbarkeitsformeln sind meist Regressionsgleichungen, deren Variable bestimmte linguistische oder stilistische Textmerkmale erfassen (die sogenannte "Oberflächenstruktur" eines Textes). Mehrere dieser Variablen korrelieren gut mit der Schwierigkeit beim Textverständnis (vgl. Guillemette 1989, 144, Groeben 1982, 175-183). Als bester Einzelindikator wird allgemein der verwendete Wortschatz angesehen (der üblicherweise durch Seltenheit oder Schwierigkeit von Wörtern, Wortvielfalt oder Wortlänge gemessen wird). Ein zweiter bedeutender Indikator ist die Satzstruktur, wobei hier wieder die Satzlänge am häufigsten für die Messung herangezogen wird.

Lesbarkeitsindizes können allerdings nicht messen, wie gut ein Text wirklich verstanden wird. Von manchen Autoren wird daher generell bezweifelt, ob solchen Werten eine hinreichende Aussagefähigkeit über die Verständlichkeit eines Textes zukommt (vgl. Redish et al. 1981). Zu den häufig erwähnten Kritikpunkten zählen u.a. (vgl. Guillemette 1989, 145):

- Die Formel berücksichtigen keine der nachweisbaren, leser-abhängigen Faktoren wie Intelligenz, Motivation, Fähigkeiten, Erwartungen, Reife, Erfahrungshintergrund usw. Der Nutzen des Formeleinsatzes hängt damit stark von den zugrundegelegten Annahmen über die Zielgruppe bzw. den Verwendungszweck der Texte ab.

- Formeln konzentrieren sich auf leicht quantifizierbare stilistische Textmerkmale. Andere wichtige Faktoren wie Inhalt, Organisation und Textaufbereitung, Format, Umfang, Dichte, Erklärungen usw. werden vernachlässigt.

- Die Schwierigkeit eines Textes hängt nicht nur von einfachen stilistischen Variablen ab, sodaß der Korrelation zwischen den errechneten Werten und der Textverständlichkeit nur eine begrenzte Aussagenfähigkeit zukommt.

- In den traditionellen Formeln werden Modelle verwendet, die keine Wechselwirkungen zwischen syntaktischen und semantischen Variablen berücksichtigen.

- Die Validierung der Formeln erfolgte nicht aufgabenbezogen, sondern personenbezogen.

Die einzelnen Methoden erfassen z.T. sehr unterschiedliche Eigenschaften und Merkmale von Texten (vgl. Groeben 1982, 175-178). In manchen Fällen ergänzen sich die ermittelten Werte, zur wechselseitigen Überprüfung der Ergebnisse können sie aber kaum herangezogen werden, was auch an den Ergebnissen der vorliegenden Studie wieder bestätigt werden kann. Dennoch wird heute als erwiesen angesehen, daß die gemessenen Werte mit Verständlichkeitsproblemen in den betreffenden Texten korrelieren.

4.2.3 Sprachliche Besonderheiten und Zusammenfassung

Spezielle Aufmerksamkeit verdienen auch noch sprachspezifische Besonderheiten. Das Angebot an Formeln für deutschsprachige Texte ist gering. Die Formeln von Dickes/Steiwer und die Anpassungen des Reading Ease von Amstad und De Landsheere wurden bereits erläutert. Darüber hinaus sind dem Autor noch Formeln von Walters bekannt, die aber speziell für theologische Texte entwickelt wurden (vgl. Klare 1974, 93-94), sowie von Mihm (1973). Aus diesem Grund werden vermutlich auch in Zukunft immer wieder Formeln herangezogen werden, die eigentlich für englische Texte entwickelt wurden. Die Empfindlichkeit dieser Formeln bei der Anwendung auf deutsche Texte ist recht unterschiedlich, worauf insbesondere bei weiteren Untersuchungen geachtet werden muß.

Die Untersuchungsergebnisse lassen, trotz des relativ geringen Umfangs der Studie, den Schluß zu, daß der Einsatz der vorgestellten Methoden zur Qualitätsprüfung der Software-Dokumentation sinnvoll ist. Mögliche Einsatzbereiche sind:

- Überprüfung der Dokumentationsqualität in Unternehmen mit umfangreicher Eigenentwicklung als Teil der internen Qualitätssicherung;

- Überprüfung der Dokumentation von Standard-Software vor der Marktfreigabe durch Softwarehäuser;

- Überprüfung der Dokumentation als Bestandteil des Auswahlprozesses bei der externen Beschaffung von Software.

Die Erfahrung mit dem Einsatz von RMS ist überwiegend positiv. Bei der Auswertung der Lesbarkeitsformeln ergibt sich eine wesentliche Zeitersparnis gegenüber der manuellen Testdurchführung. Wesentliche Vorteile des Einsatzes von RMS bestehen ferner darin, daß die Textstichproben nur einmal erfaßt werden müssen, daß die Tests jederzeit wiederholt werden können (z.B. zur Überprüfung der Auswirkung von Anpassungen) und daß Synergieeffekte genutzt werden können, weil alle Lesbarkeitsmaße auf Basis der gleichen Textstichproben ermittelt werden. Verbesserungen sind vor allem noch bei den Algorithmen zur Wort- und Satzabgrenzung erforderlich. Die Identifikation von Wörtern, Silben und Sätzen ist derzeit noch mit erheblicher manueller Nacharbeit verbunden. Eine vollständige algorithmische Lösung der Abgrenzungsprobleme ist allerdings auch in Zukunft nicht zu erwarten.

Das im Rahmen der Feldstudie verwendete Werkzeug RMS kann leicht erweitert werden und verfügt über ausreichende Schnittstellen für die Texteingabe und die Weiterbearbeitung der Ergebnisse. Die Untersuchungsergebnisse ermutigen, den eingeschlagenen Weg weiter zu verfolgen. Es ist daher geplant, RMS weiterzuentwickeln und in weiteren Fallstudien in der Wirtschaft und in der öffentlichen Verwaltung einzusetzen. In diesen Folgeuntersuchungen sollen auch weitere Qualitätsmerkmale und Meßmethoden einbezogen werden.

Nicht fehlen darf schließlich noch der Hinweis, daß es viele andere Qualitätsmerkmale gibt, die in der vorliegenden Untersuchung nicht berücksichtigt werden konnten. Die Lesbarkeit hat aber gegenüber anderen Qualitätsmerkmalen den Vorteil, daß quantifizierbare Meßgrößen dafür verfügbar sind. Der Nutzen von Werkzeugen bei der Messung der Lesbarkeit von Texten ist damit unmittelbar evident. Sie können allerdings weder dem Autor die Arbeit bei der Erstellung der Dokumentation abnehmen, noch geben sie konkrete Hinweise zur Verbesserung der Lesbarkeit. In vielen Veröffentlichungen wird auch darauf hingewiesen, daß niedrige oder hohe Lesbarkeits-Indizes nicht gleichbedeutend mit einer guten oder schlechten Dokumentation sein müssen. Dies spricht aber nicht gegen den Einsatz von Lesbarkeitsmaßen sondern ist als Hinweis auf die richtige Verwendung und die sorgfältige Interpretation der errechneten Indizes zu verstehen. Sie können z.B. als grobes Maß für den Schwierigkeitsgrad eines Textes angesehen werden und sollten daher auch entsprechend verwendet werden. Die Möglichkeit der automationsunterstützten Auswertung dieser Formeln und die Bedeutung der Software-Dokumentation sprechen jedoch klar für ihre Verwendung.

5 Schlußbemerkung

Der Softwareeinsatz in den Unternehmen nimmt immer weiter zu, aber auch das Qualitätsbewußtsein der Benutzer ist gestiegen. Dazu kommt, daß die Software-Dokumentation verstärkt zum kaufentscheidenden Erfolgsfaktor im Softwarehandel wird. Vor diesem Hintergrund wird der Dokumentation und der Dokumentations-Qualität in Zukunft verstärktes Augenmerk zu schenken sein. Dies erfordert insbesondere den Einsatz eines systematischen Vorgehens und formalisierter Methoden bei der Überprüfung der Dokumentations-Qualität. Ein umfassendes Qualitätsmodell für die Software-Dokumentation existiert bisher allerdings nicht. Dafür sind Klagen über eine mangelhafte oder schlecht lesbare Dokumentation umso häufiger.

Die festgestellten Defizite sind insofern nicht weiter verwunderlich, als Literatur und Weiterbildungsmöglichkeiten zum Thema Software-Dokumentation dünn gesät sind. Neuere, deutschsprachige Veröffentlichungen setzen sich eher mit technischen Entwicklungen (z.B. Einsatz von Hypertextsystemen, Erweiterung von Programmierwerkzeugen) auseinander. Von einem breiten Verständnis für die Problematik und vom Aufbau einer systematischen Dokumentation kann daher noch nicht gesprochen werden. Diesem Aspekt wurde im vorliegenden Buch besonderes Augenmerk geschenkt. Der Automatisierung des Prüfvorgangs sind allerdings klare Grenzen gesetzt. Es ist daher sinnvoll, die vorgestellten Methoden in die Software-Qualitätssicherung einzubinden oder sie im Rahmen von anderen Aktivitäten zur Qualitätssicherung (z.B. Reviews der Software-Dokumentation) anzuwenden.

Eine gute Software-Dokumentation ist das Ergebnis vieler Einflußfaktoren und Aktivitäten. Die Qualitätsdiskussion kann daher nicht ausschließlich produktorientiert geführt werden. Maßnahmen zur Verbesserung der Dokumentationssituation müssen vielmehr den gesamten Dokumentationsprozeß beachten. Ein wesentlicher Teil der Ausführungen befaßte sich daher mit dem Aufbau und der Struktur der Dokumentation, mit dem organisatorischen und dem personellen Umfeld, mit rechtlichen Rahmenbedingungen u.a.m. Da die Beschreibung einer idealen Dokumentation weder in der Theorie noch in der Praxis möglich scheint, hat das vorliegende Handbuch den Charakter eines Leitfadens. Es sollte dem Praktiker bei der unternehmensspezifischen Aufgabenwahrnehmung helfen und dem Studierenden einen Überblick über den aktuellen Stand des Wissens und der Technik geben.

Anhang

A.1 Textstichproben und Lückentext-Beispiele

Nachfolgend werden einige Textstichproben wiedergegeben, welche im Rahmen der Untersuchung verwendet wurden und welche die Grundlage für die Messungen bildeten. Die Auswahl der Textstichproben aus dem Dokumentationsmaterial erfolgte nach dem Zufallsprinzip. Die Formatierung und das Layout entsprechen nicht dem Original (Ursache ist die Erfassung der Texte mit Hilfe eines Scanners); die äußere Form ist jedoch für die vorgenommenen Messungen ohne Einfluß auf die Ergebnisse.

Seite 2-3 (Benutzerhandbuch HP-Finanzbuchhaltung)

Die HP Sachbuchhaltung verwendet die folgenden Begriffe zur Kennzeichnung von unterschiedlichen Hierarchie-Stufen Ihrer Organisation:
- Firma (Konzernmutter),
- Firma,
- Kostenstelle.

Diese - im deutschen Sprachgebrauch mit einer Bedeutung belegten - Begriffe stehen dabei lediglich sinnentleert für gewisse Organisationseinheiten, deren Bedeutung Sie entsprechend Ihrer Organisationsstruktur vergeben.
Die Begriffe "Firma" und "Kostenstelle" besagen nur, daß zwischen der Organisationseinheit "Firma" und der Organisationseinheit "Kostenstelle" eine dreistufige Beziehung besteht.
Darüberhinaus kann eine "Firma" eine, den anderen "Firmen" übergeordnete Stufe einnehmen.
Die Begriffe "Firma" und "Kostenstelle" zur Bezeichnung der Organisationseinheiten wurden lediglich wegen ihrer Allgemeingültigkeit und ihrer besseren Verständlichkeit als die Begriffe "Erste Stufe", "Zweite Stufe" oder "Organisationseinheit" o.ä. verwendet.
Sie entsprechen auch der wohl häufigsten Anwendung der einzelnen Stufen.
(Sie besagen jedoch nichts anderes, als daß eine Firma als Konzernmutter einer übergeordneten Hierarchie-Stufe, die Firmen einer zweiten und die Kostenstellen einer dritten Stufe entsprechen.).

Die Stufe der "Kostenstelle" kann wiederum weiter untergliedert werden.
Dabei ist die Anzahl der Stufen nicht begrenzt.

Somit ist mit diesem Organisationseinheiten eine exakte Abbildung jeder existierenden Organisationsstruktur möglich.
Zur vollen Ausnutzung der Flexibilität der HP Sachbuchhaltung könnten Sie jedoch diese Gelegenheit der Installation dazu nutzen, Ihre Organisationsstruktur (Firmen-, Kostenstellen- und Berichtsstruktur) auf ihre Effektivität hin zu überprüfen.

Als Entscheidungshilfe für eventuelle Änderungen innerhalb Ihrer Organisationsstruktur werden in den nächsten Abschnitten die Stufen "Firma" und "Kostenstelle" weitergehend erläutert und dann einige Anwendungsbeispiele dargestellt.

Seite 3-3 (Benutzerhandbuch HP-Finanzbuchhaltung)

Bei der Beschreibung jeder Funktion wird unter gesonderten Überschriften auf die einzelnen, speziellen Aufgaben eingegangen, die mit dieser Funktion durchgeführt werden können.
Die zur Durchführung der Aufgabe auszufüllenden Felder werden dabei in der Regel gesondert beschrieben.

Die Feldnamen werden in der Form verwendet, wie sie auf dem Bildschirm abgebildet sind, damit Ihnen der Bezug zur Bildschirmmaske leichter fällt.

So umfaßt beispielsweise die Beschreibung der Funktion DEFINITION EINES KONTOS eine Aufgabe mit der Überschrift KONTROLLE DER KONTOANWAHL.
Dabei wird unter anderem in einem gesonderten Absatz das Feld 'Direktes Buchen' angesprochen, in dem auf der Maske festgelegt wird, ob das jeweilige Konto direkt bebucht werden darf oder nicht.

Im System der HP Sachbuchhaltung gibt es drei grundsätzliche Typen einer Funktion zur Durchführung der meisten Installations- und Verwaltungsaufgaben: eine ANLEGEN-Funktion, eine AENDERNFunktion und eine LOESCHEN-Funktion.
Da die einzugebenden bzw. angezeigten Daten auf den Masken für die einzelnen Funktionstypen gewöhnlich gleich sind, ist auf eine gesonderte Beschreibung jedes einzelnen Funktionstyps verzichtet worden.
Aus Gründen der Übersichtlichkeit wird nur der ANLEGEN-Typus einer Funktion ausführlich beschrieben.
Falls in Einzelfällen abweichende Felder für die einzelnen Funktionstypen auftreten, wird in besonderen Abschnitten darauf verwiesen.

Sie sollten zunächst den Abschnitt ALLGEMEINER ÜBERBLICK durcharbeiten, bevor Sie mit der Installation Ihrer Sachbuchhaltung beginnen.
Lesen Sie dann die Beschreibung der Funktionen, die Sie durchführen wollen.

Bei der Anwendung der einzelnen Funktionen können Sie zur Lösung von auftretenden Problemen die HILFE-Masken heranziehen.
Die dort zur Verfügung gestellten Informationen sind zur Lösung einfacher Probleme ausreichend.
(Sie können die zu einer Funktion gehörende HILFE-Maske aufrufen, indem Sie die f7 Taste drücken).

Sollte Ihnen diese Information nicht ausreichen, sollten Sie sich noch einmal dieses Kapitel anschauen und die entsprechende Funktionsbeschreibung durchlesen.

Seite 2-3 (Benutzerhandbuch HP-Finanzbuchhaltung)

Die HP .... verwendet die folgenden Begriffe zur .... von unterschiedlichen Hierarchie-Stufen Ihrer Organisation:
- .... (Konzernmutter),
- Firma,
- Kostenstelle.

Diese - im .... Sprachgebrauch mit einer Bedeutung belegten - .... stehen dabei lediglich sinnentleert für .... Organisationseinheiten, deren Bedeutung Sie entsprechend .... Organisationsstruktur vergeben.
Die Begriffe "Firma" .... "Kostenstelle" besagen nur, daß zwischen .... Organisationseinheit "Firma" und der Organisationseinheit .... eine dreistufige Beziehung besteht.
Darüberhinaus .... eine "Firma" eine, den anderen .... übergeordnete Stufe einnehmen.
Die Begriffe .... und "Kostenstelle" zur Bezeichnung der .... wurden lediglich wegen ihrer Allgemeingültigkeit .... ihrer besseren Verständlichkeit als die .... "Erste Stufe", "Zweite Stufe" oder "Organisationseinheit" o.ä. ....
Sie entsprechen auch der wohl .... Anwendung der einzelnen Stufen.
(Sie .... jedoch nichts anderes, als daß .... Firma als Konzernmutter einer übergeordneten .... die Firmen einer zweiten und .... Kostenstellen einer dritten Stufe entsprechen.).

.... Stufe der "Kostenstelle" kann wiederum .... untergliedert werden. Dabei ist die .... der Stufen nicht begrenzt.

Somit .... mit diesern Organisationseinheiten eine exakte .... jeder existierenden Organisationsstruktur möglich.
Zur .... Ausnutzung der Flexibilität der HP .... könnten Sie jedoch diese Gelegenheit .... Installation dazu nutzen, Ihre Organisationsstruktur .... Kostenstellen- und Berichtsstruktur) auf ihre .... hin zu überprüfen.

Als Entscheidungshilfe .... eventuelle Änderungen innerhalb Ihrer Organisationsstruktur .... in den nächsten Abschnitten die .... "Firma" und "Kostenstelle" weitergehend erläutert .... dann einige Anwendungsbeispiele dargestellt.

Seite 3-3 (Benutzerhandbuch HP-Finanzbuchhaltung)

Bei der .... jeder Funktion wird unter gesonderten .... auf die einzelnen, speziellen Aufgaben .... die mit dieser Funktion durchgeführt .... können.
Die zur Durchführung der .... auszufüllenden Felder werden dabei in .... Regel gesondert beschrieben.
Die Feldnamen .... in der Form verwendet, wie .... auf dem Bildschirm abgebildet sind, ... Ihnen der Bezug zur Bildschirmmaske .... fällt.

So umfaßt beispielsweise die .... der Funktion DEFINITION EINES KONTOS .... Aufgabe mit der Überschrift KONTROLLE .... KONTOANWAHL.
Dabei wird unter anderem .... einem gesonderten Absatz das Feld .... Buchen' angesprochen, in dem auf .... Maske festgelegt wird, ob das .... Konto direkt bebucht werden darf .... nicht.

Im System der HP .... gibt es drei grundsätzliche Typen .... Funktion zur Durchführung der meisten .... und Verwaltungsaufgaben: eine ANLEGEN-Funktion, eine .... und eine LOESCHEN-Funktion.
Da die .... bzw. angezeigten Daten auf den .... für die einzelnen Funktionstypen gewöhnlich .... sind, ist auf eine gesonderte .... jedes einzelnen Funktionstyps verzichtet worden.
.... Gründen der Übersichtlichkeit wird nur .... ANLEGEN-Typus einer Funktion ausführlich beschrieben.
.... in Einzelfällen abweichende Felder für .... einzelnen Funktionstypen auftreten, wird in .... Abschnitten darauf verwiesen.

ANWENDUNG DES ....

Sie sollten zunächst den Abschnitt .... ÜBERBLICK durcharbeiten, bevor Sie mit .... Installation Ihrer Sachbuchhaltung beginnen.
Lesen .... dann die Beschreibung der Funktionen, ... Sie durchführen wollen.

Bei der .... der einzelnen Funktionen können Sie .... Lösung von auftretenden Problemen die .... heranziehen.
Die dort zur Verfügung .... Informationen sind zur Lösung einfacher .... ausreichend.
(Sie können die zu .... Funktion gehörende HILFE-Maske aufrufen, indem .... die f7 Taste drücken).

Sollte .... diese Information nicht ausreichen, sollten .... sich noch einmal dieses Kapitel .... und die entsprechende Funktionsbeschreibung durchlesen.

A.2 Beurteilung nach dem Hamburger Verständlichkeitskonzept

Die nachfolgend angeführten Einschätzungen durch die Testpersonen werden im Originalwortlaut wiedergegeben. Ein sprachliche Überarbeitung wurde nicht vorgenommen.

Benutzerhandbuch AIS Sachbuchhaltung

Einfachheit

- deutsch/englisch vermischt
- unerklärte Abkürzungen (z.B.: Dir, Dev.)
- undefinierte Fachtermini (z.B.: Ausdruckterminals)
- keine Umlaute
- keine ausformulierten Sätze, abgehackt, unvollständig
+ kurze Sätze
+ wenig Nebensätze und Verschachtelungen
- man kann sich den Bezug zur realen Software schwer vorstellen, da keine Beispiele, keine Abbildungen, keine Masken gezeigt werden
- es ist manchmal nicht ganz offensichtlich, was nun ein Kommentar, was eine Software-Meldung sein soll

Gliederung-Ordnung

+ gut gegliedert
- unübersichtlich wegen der Gliederungstiefe
- dennoch fehlt der Überblick; das Layout unterstützt dies kaum
- es fehlt der rote Faden, da es keine ganzen Sätze gibt und auch keine, die die Überleitung und Einleitung bilden würden
- alles steht eher nebeneinander; insofern fehlt der innere Zusammenhang
+ jeder Abschnitt weist eine einheitliche Gliederung in Zweck, Zeitpunkt, Beschreibung und Fehlermeldungen auf
- Inhaltsangabe oft unklar
- keine Einführung zu Beginn
- kein Index
+ Orientierungshilfe durch die Kopfzeile
- Für Hervorhebungen im Text wird nur das Mittel der Unterstreichung eingesetzt

Kürze-Prägnanz

+ extrem knapp formuliert
- manchmal werden hochredundant gleiche Textblöcke verwendet, um ein und denselben Sachverhalt zu erklären, der mehrfach im Handbuch vorkommt

- der Punkt Zweck zeigt leider oft genug eben nicht diesen auf, sondern gibt lediglich eine Kurzbeschreibung mit wenig Informationsgehalt
- durch die Kürze oft inhaltlich unklar

Stimulanz

- wenige Beispiele
- keine direkte Anrede
- sehr nüchtern, kein Adressantenbezug
- keine Auflockerung irgendwelcher Art
- sehr eintöniger, unkreativer Stil

Gesamtbewertung

	Bewert.1	Bewert.2	Gesamt
Einfachheit	-	-	-
Gliederung-Ordnung	-	-	-
Kürze-Prägnanz	+	-	O
Stimulanz	- -	--	- -

Benutzerhandbuch HP Finanzbuchhaltung

Einfachheit

+ ganze Sätze, kurz
+ einfache Wortwahl
+ kein deutsch/englisch Mix
+ Graphiken, die die genauen Bildschirmmasken darstellen
+ Umlaute
- machmal Verwendung sinnloser Kürzel (z.B. Seite 3-49)
+ Erläuterung zu den Abkürzungen

Gliederung-Ordnung

+ übersichtliche Inhaltsangabe
+ generelle Einführung zu Beginn
+ Abbildungen
+ Organisierende Einführungen zu Beginn der Kapitel
+ ein die Gliederung unterstützendes Layout
- die innere Ordnung innerhalb einzelner Absätze könnte manchmal besser sein (häufige Unterbrechung durch Kurzbeispiele)
- kein Index oder Stichwortverzeichnis

Kürze-Prägnanz

+ zusätzliche Informationen finden sich meist bei den Punkten: Bitte beachten Sie:...
- die vielen Kleinstbeispiele sind nicht zwingend erforderlich
- manche Beispiele sind absolut redundant, siehe etwa Seite 3-40
+ die Erklärungen sind ausreichend kurz formuliert
- es werden absolut idente Textbausteine mehrfach verwendet
- Texte sind oft länger als die Sache erfordert, es wird um den Brei herumgeredet

Stimulanz

+ manchmal direkte Anrede: Beachten Sie:...
- Verwendung von Textbausteinen
+ Beispiele

Gesamteindruck

Folgende Punkte fallen auf:

- gut durchdachtes Layout, roter Faden, Suche im Text wird gut unterstützt
- ganze Sätze, flüssig lesbar
- Verwendung von Graphiken und Abbildungen
- wenige Kürzel, kein deutsch/englischer Kauderwelsch

	Bewert.1	Bewert.2	Bewert.3	Gesamt
Einfachheit	+	+	+	+
Gliederung-Ordnung	+	++	O	+
Kürze-Prägnanz	O	+	O	O
Stimulanz	O	-	O	O

Textverarbeitung AS 400 (T400)

Dieses Handbuch wurde für die flächendeckende Verwendung der Textverarbeitung auf der IBM AS 400 im Magistrat erstellt. Das von der Herstellerfirma gelieferte Original-Handbuch entsprach nicht den Erwartungen und den Anforderungen. Im neuen Handbuch wird beschrieben, wie Schriftstücke mittels T400 erstellt und bearbeitet werden können.

Einfachheit

Satzbau und Wortwahl

- für Neuanwender unklare Begriffe, zuwenig erklärt (z.B. Seite 1-1: EDIT, Pitch, Steuerzeichen, Statuszeile; 2-1: Zeilenschaltung
- keine anschauliche Beschreibung, keine Masken oder Bilder
- stilistisch manchmal nicht gut
- mangelhafte Beistrichsetzung
+ kurze Sätze
+ nur deutsch (abgesehen von Systemmeldungen)

Gliederung-Ordnung

- ungegliederte Aneinanderreihung von einzelnen Aussagesätzen, kein roter Faden im Text
- Beginn, der nicht vermitteln kann, wie man das System in Betrieb nimmt
- eignet sich vom Aufbau her nicht zum Lernen und nicht zum Einstieg

Kürze-Prägnanz

Sprachaufwand im Verhältnis zum Lernziel

+ kurz und knapp
+ es wird nur erklärt, wie etwas geht, nicht wieso und warum

Stimulanz

- wenige Beispiele
- keine direkte Anrede
- sehr nüchtern, kein Personenbezug
- keine Auflockerung irgendwelcher Art
- sehr eintöniger, unkreativer Stil

Gesamteindruck

Hauptfehler sind:

• zugunsten der Kürze leiden alle anderen Dimensionen,
• es wird zuwenig Bezug zur realen Software hergestellt,
• der Benutzer wird nicht als Mensch wahrgenommen.

	Bewert.1	Bewert.2	Gesamt
Einfachheit	-	-	-
Gliederung-Ordnung	-	+	O
Kürze-Prägnanz	+	-	O
Stimulanz	--	-	--

Materialwirtschaft (MAT)

Das Handbuch beschreibt die Anwendung des Materialwirtschafts-Systems, mit dessen Hilfe über Bildschirm in den Lagern die Bestellungen der Fachdienststellen bearbeitet werden können. Wenn die bestellten Artikel lagernd sind, wird der Lagerbestand abgebucht, ein Lieferschein erstellt und die Zustellung des Artikels veranlaßt. Andernfalls wird die Bestellung beim Lieferanten veranlaßt.

Einfachheit

Satzbau

+ Satzbau erscheint angemessen: nicht zu lang, nicht zu kompliziert, durchschnittlich

Wortwahl

- Verwendung nichterklärter Kürzel (ZEST AWB, FDSt, FIS, FIFO-Prinzip; alles auf der Seite 1)
+ nur Deutsch
+ relativ geläufige Worte
- manchmal fließt EDV-Jargon ein (z.B. Netmaster-Schirm)

Symbolik

+ grafische Darstellung der besprochenen Masken
- komplizierter Maskenaufbau, erschwert z.T. das Verständnis

Gliederung-Ordnung

äußere Gliederung

+ Inhaltsverzeichnis
+ sinnvolle Kopf- und Fußzeilen
+ man versucht ein Vorwort anzubieten, un den Einstieg zu erleichtern
- leider erfüllt es nicht den Zweck eines Vorworts
+ Grundlagen der Benutzung werden erklärt
+ Aufbau der Masken wird erklärt (auch Systemeinstieg)
+ System von gestaffelten Überschriften
+ Blockung des Textes
- keine Hervorhebungen

Innere Ordnung

- die einzelnen Sätze könnten sich besser aufeinander beziehen

+ organisierende Vorspanne existieren in mehreren Formen
- es fehlt an der Organisation des Textes

Symbolik

+ die Masken erleichtern den Überblick und stellen einen konkreten Bezug zu den Erläuterungen dar

Kürze-Prägnanz

Sprachaufwand im Verhältnis zum Lernziel

+ sicher keine langatmige Dokumentation
+ keine redundanten (wiederkehrenden) Satzkonstruktionen und Formulierungen

Stimulanz

- keine stimulierenden Elemente
+ die Masken stimulieren vielleicht ein wenig

Gesamteindruck

Man hat sich bereits einige Mühe gemacht, eine benutzerfreundliche Dokumentation zu erarbeiten; viele Faktoren wurden beachtet. Sprachlich könnte einiges verbessert werden.

	Bewert.1	Bewert.2	Bewert.3	Gesamt
Einfachheit	+	+	+	+
Gliederung-Ordnung	+	+	-	O
Kürze-Prägnanz	+	O	-	O
Stimulanz	--	-	--	--

Bestellerfassung (BEST)

Mit dem Anwendungssystem BEST werden in den einzelnen Fachdienststellen des Magistrats Bestellungen durchgeführt. Die Bestellung der Artikel wird über Bildschirm erfaßt und automationsunterstützt weiterbearbeitet.

Einfachheit

Satzbau

+ grammatikalisch richtige Sätze
+ meist klarer Satzbau

+ keine langen oder komplizierten Strukturen
+ Fachausdrücke erklärt

Wortwahl

+ großteils geläufige und bekannte Worte
+ nur Deutsch
+ abgestimmt auf die Sprache der Zielgruppe
- manchmal Fachjargon und unerklärte Abkürzungen: FDSt, VASt, ANWR, KZ, AWB, ADV, RZL, AL, FIS
- EDV-Kürzel sollten erklärt werden (ENTER, PF1, Cursor)

Symbolik

+ Masken fördern grundsätzlich das Verständnis, da sie das konkretisieren worum es geht und eine zusätzliche Beschreibung darstellen
- die ergonomische Gestaltung der Masken ist allerdings mangelhaft und trägt z.T. zur Verwirrung bei.

Giederung-Ordnung

äußere Gliederung

+ gutes Titelblatt (wer, was, wann)
+ Existenz eines Inhaltsverzeichnisses (aber nicht immer übersichtlich)
+ ordnender Rahmen: Fuß- und Kopfzeilen
+ organisierender Vorspann: Vorwort
+ organisierende Einführung in die Bedienung; Grundlagen für die Benutzung
+ hierarchische Darstellung der Funktionalität
+ sinnhafte Verwendung von Überschriften in verschiedene Ausprägungen
+ Blockung des Textes

Innere Ordnung

+ grundsätzlich folgerichtige Ausführungen
- manchmal allerdings treten Unklarheiten auf, die durch fehlende Informationen oder diffuse Erklärungen entstehen (etwa Seiten 3 & 4: Kapitel Preis und Sonderartikel)
+ richtige Verwendung der Verbindungs- und Übergangsworte (denn, dies, weil, dennoch, obwohl)
- zum unfassenden Verständnis fehlt hie und da zusätzliche Hintergrundinformation

Symbolik

+ da meist zuerst eine Maske dargestellt wird und im Anschluß die einzelnen Felder erklärt werden, erfüllen die Masken eine durchaus gliedernde Funktion und erhöhen die Übersichtlichkeit

Kürze-Prägnanz

Sprachaufwand im Verhältnis zum Lernziel

+ grundsätzlich sehr knappe Beschreibung des Aufbaus und der Anwendung des Systems
+ wenig Redundanz

Stimulanz

+ gleich zu Beginn wird versucht, die Bedeutung des Inhaltes für den Leser aufzuzeigen (insbes. Verringerung des administrativen Aufwandes, Arbeitsvereinfachung)
+ Herstellung eines gewissen Bezugs zur Welt des Lesers (Darstellung der Masken)
- ansonsten keine Verwendung üblicher Stimuli: keine Beispiele, keine rhetorischen Spielereien, keine Anrede, keine Fragen, etc.
- keine Anwendung graphischer Elemente

Gesamteindruck

	Bewert.1	Bewert.2	Bewert.3	Gesamt
Einfachheit	+	++	O	+
Gliederung-Ordnung	++	+	-	+
Kürze-Prägnanz	+	+	-	O
Stimulanz	-	O	--	-

Integrierte Personalabrechnung (IPA)

Einfachheit

- Verwendung wenig geläufiger Worte
- nichtsprechende oder nicht definierte Worte/Symbole wie <TEB>, Pfad <5.1.4>, etc.
+ deutsch ohne Anglizismen
+ meist kurze Sätze
- hin und wieder Sätze über viele Zeilen
- schlechte Abkürzungen wie: "Ugl.waagr.: <VWGR M>"
- Bildschirmmasken sind ergonomisch so schlecht gestaltet, daß sie nichts zur Anschaulichkeit beitragen
+ Erklärung diverser Fachausdrücke in einem Vorspann

Gliederung-Ordnung

innere Gliederung

- die Einleitung steht im falschen Handbuch; gehört ins Projekt-Logbuch, bzw. in die Systembeschreibung
- eine Einleitung fehlt also. Man weiß nicht, worum es generell geht
- man weiß auch in den unteren Gliederungsstufen nicht, wie die einzelnen Teile zusammenhängen
- selbst innerhalb eines Kapitels fehlt oft der rote Faden

äußere Ordnung

- man hat versucht, eine Struktur aufzuzeigen
- aber man ist letztlich gescheitert, da keine innere Gliederung existiert und unzulängliche Mittel angewandt wurden (Spielereien mit einem Textverarbeitungssystem)
- man erkennt vor allem nicht, was zusammengehört; der Text wirkt oft zerpflückt und nicht kompakt

Kürze-Prägnanz

+ keine sprachlichen Redundanzen
- man geht oft zu weit und bildet gar keine ordentlichen Sätze mehr
+ keine inhaltliche Redundanz (wegen der Unverständlichkeit aber nicht immer mit Sicherheit beurteilbar)

Stimulanz

- keine Beispiele
- keine direkte Anrede
- sehr nüchtern, kein Personenbezug
- keine Auflockerung irgendwelcher Art
- sehr eintöniger, unkreativer Stil
- man weiß als Benutzer nicht, was einem die Sache eigentlich bringt; wozu die einzelnen Programmfunktionen dienen

Gesamteindruck

Folgende Punkte fallen auf:

• die Software scheint ein "Krampf" zu sein; zumindest was die Benutzeroberfläche betrifft. Die Entwickler haben scheinbar aufgegeben, mit den Benutzern ordentlich zu kommunizieren
• unzureichende Verwendung der Darstellungsmittel

- man scheint davon auszugehen, da. die Benutzer das gesamte System bereits vollständig kennen, auch die Struktur, die Terminologie und das Konzept
- viel zu knapp beschrieben, offensichtlich nur aus der Sicht des Entwicklers, der die Sache schnell hinter sich bringen wollte
- Keine Beschreibung der Ziele, des Zweckes oder der unterstützten Aufgaben; Zielgruppe, Systemkonfiguration ... unklar

	Bewert.1	Bewert.2	Bewert.3	Bewert.4	Gesamt
Einfachheit	-	--	--	-	--
Gliederung-Ordnung	--	--	--	-	--
Kürze-Prägnanz	+	O	+	+	+
Stimulanz	--	--	--	--	--

A.3 Implementierung der Lesbarkeitsformeln in RMS

Gegenüber der Version 2 [vgl. LEHN-91a] wurden noch Programmierfehler bei den implementierten Lesbarkeitsformeln ausgebessert und die Berechnung des Reading Ease von FLESCH nach der revidierten Formel von AMSTAD (deutschsprachige Version) ergänzt. Alle Ergebnisse dieser Untersuchung wurden mit der korrigierten und aktuellen Version errechnet. Nachfolgend werden jene Programme wiedergegeben, die sich gegenüber der Version 2 unterscheiden:

Taste "Methods"

```
on mouseUp
  set the numberFormat to "0.00000"

  put field "tb" into tb
  put field "tw" into tw
  put field "tsil" into tsil
  put field "ts" into ts
  put field "øb_w" into øb_w
  put field "øw_s" into øw_s
  put field "lw" into lw
  put field "uw" into uw
  put field "tb2" into tb2
  put field "tes" into tes

  -- Flesch englisch
  put (206.85 - (84.6 * (tsil/tw)) - 1.105 * øw_s) into field "Flesch"
  -- Flesch Deutsch (rev. Formel nach Amstad)
  -- put (180 - (58.5 * (tsil/tw)) - øw_s) into field "Flesch"

  -- Fog-Index
  put (0.4 * (øw_s + lw/tw*100)) into field "Fog-Index"

  -- Readability Formula von Flesch/Kincaid
  put (0.39 * øw_s + 11.8 * (tsil/tw) - 15.59) into field "Flesch/Kincaid"

  -- Readability Formula von Dickes/Steiwer
  put (ln((tw/ts) + 1)) into Var1
  put (ln((tb/tw) + 1)) into Var2
  put (uw/tw) into Var3
  put (235.95993 - (Var2*73.021) - (Var1*12.56438) - (Var3*50.03293)) into field "Steiwer"

  -- neue Formel von Jarr/Jenkins/Patterson
  put (159.9*(tes/tw) - 1.015*øw_s - 31.517) into field "Jarr"

  -- neue Formel Smith et al
  put (øw_s + 9*øb_w) into field "Smith"
end mouseUp
```

Taste "Parameter"

```
on mouseUp
  --
  -- init
  put 0 into field "tb"
  put 0 into field "tw"
  put 0 into field "tsil"
  put 0 into field "ts"
  put 0 into field "øb_w"
  put 0 into field "øw_s"
  put 0 into field "lw"
  put 0 into field "uw"
  put 0 into field "tb2"
  put 0 into field "tes"
  put 0 into field "øs_w"
  -- Anzahl buchstaben
  get number of characters of field "TEXT"
  put it into field "tb"
  -- Anzahl Wörter
  get number of words of field "TEXT"
  put it into field "tw"
  -- Anzahl Sätze
  -- Die einzelnen Sätze müssen unbedingt durch ".;!?" und return
  -- voneinander getrennt sein !!!!
  put 0 into it
  repeat with i= 1 to the number of lines in field "TEXT"
    put line i of field "TEXT" into Satz
    if number of words in Satz > 0 then
      if last char of Satz is in ".;?!" then
        put it + 1 into it
      else
        if char (length(Satz) - 1) of Satz is in ".;?!" then
          put it + 1 into it
        end if
      end if
    end if
  end repeat
  put it into field "ts"
  -- average words pro Satz
  put (field "tw"/ field "ts") into field "øw_s"
  --
  show field "Anderes Feld"
  show background button "OKAY"
  show background button "CANCEL"
  hide field "Liste"
  hide background button "Methods"
  hide background button "Parameters"
  hide background button "Next"
  hide background button "Prev"
  hide message
end mouseUp
```

Literatur

Alexa, S.: Der technische Redakteur. München 1989

Amstad, T.: Wie verständlich sind unsere Zeitungen. Dissertation, Universität Zürich, 1978

Antos, G.: Grundlagen einer Theorie des Formulierens. Tübingen 1982

Arbeitskreis für wirtschaftliche Verwaltung e.V. - AWV (Hrsg.): Leitfaden zur Erstellung von Verfahrensdokumentationen für EDV-Buchführungen. AWV-Fachinformation, Frankfurt 1979

Arbeitskreis für wirtschaftliche Verwaltung e.V. - AWV (Hrsg.): Aufbewahrungspflichten und -fristen nach Handels- und Steuerrecht. Schriftgut - Mikrofilm - EDV-Dokumentation. AWV-Schrift Nr. 155, 5. Aufl., Berlin 1989

Arthur, J. D., Nance, R. E., Stevens, K. T.: Prospects for Automated Documentation Analysis in Support of Software Quality Assurance. Technical Report SRC-88-002, Systems Research Center, Virginia Tech, 1988

Arthur, J. D., Stevens, K. T.: Assessing the Adequacy of Documentation Through Document Quality Indicators. In: Proceedings of the Conference on Software Maintenance, Miami 16. - 19. Okt. 1989, IEEE Computer Society Press, Washington 1989, 40-49

Arthur, J. D., Stevens, K. T.: Document Quality Indicators: A Framework for Assessing Documentation Adequacy. In: Software Maintenance: Research and Practice, Vol. 4, 1992, 129-142

Asam, R., Drenkard, N., Maier, H.-H.: Qualitätsprüfung von Softwareprodukten, München 1986

Ausubel, D. P.: The use of advance organizers in the learning and retention of meaningful verbal material. In: Journal of Educational Psychology, Vol. 51, 1960, 267-272

Baker, L.: How Do We know When We Don´t Understand? Standards for Evaluating Text Comprehension. In: Forrest-Pressley, D. L., MacKinnon G. E., Waller, T. G. (Hrsg.): Metacognition, Cognition and Human Performance. Academic Press, Orlando et al. 1985, 155-205

Barker, Th. T. (Hrsg.): Perspectives on Software Documentation. Amityville NY, Baywood Publ. Comp., 1991

Barry, J. G.: Computerized Readability Levels. In: IEEE Transactions on Professional Communication. Vol. PC-23, 2/1980, 88-90

Barth, M.: Übersetzungsprogramme - Man spricht Deutsch. In: Computer, 20.2.1991, 46 - 62

Baumann, E.: Dokumentation - eine lästige Angelegenheit? 7teilige Artikelserie, In: Computerwoche, ab 7.5.1982

Baumann, E.: Schlechte Noten für die Systemdokumentation. Mit Checkliste "Benutzerfreundlihkeit prüfen". In: Computerwoche, 16.4.1982, 70-71

Beier, B. et al.: Anforderungen an Dokumentationssysteme. In: Recht in der Datenverarbeitung RDV 5/6 1987, 234 - 253

Bell, P., Evans, C.: Mastering Documentation. New York et al. 1989

Berlyne, D. E.: Conflict, arousal and curiosity. New York 1960

Bethke, F. J. et al.: Improving the usability of programming publications. In: IBM System Journal, Vol. 20, No 3, 1981

Biere, B. U.: Textverstehen und Textverständlichkeit. Heidelberg 1991

Bock, G.: Technikautoren im Maschinenbau und in der Computerindustrie. In: Bock, G. (Hrsg.): Weiterbildung zum Technikautor. Frankfurt 1994, 63 - 76

Bock. G. H (Hrsg.): Weiterbildung zum Technikautor. Frankfurt 1994

Boedicker, D.: Handbuch-Knigge. Software-Handbücher schreiben und beurteilen. Mannheim/Wien/Zürich 1990

Briest, W.: Kann man Verständlichkeit messen? In: Zeitschrift für Phonetik, Sprachwissenschaft und Kommunikation, Vol. 27, 1974, 543-563

Brockmann, J. R..: Writing Better Computer User Documentation. From Paper to Online. New York et al. 1986

Brockmann, J. R.: Writing Better Computer User Documentation. From Paper to Hypertext. New York et al. 1990

Budde, R. et al.: Untersuchungen über Maßnahmen zur Verbesserung der Softwareproduktion. GMD Bericht Nr. 130, Teil 1, München/Wien 1980

Carroll, J. B.: Defining language comprehension: some speculations. In: Freedle, R. O., Carroll, J. B. (Hrsg.): Language comprehension and the akquisition of knowledge. Washington 1972, 1-29

Chall, J. S.: Readability. An Appraisal of Research and Application. Bureau of Educational Research, Ohio State University 1958

Conklin, J.: Hypertext: An Introduction and Survey. In: Computer, 9/1987, 17-41

Dale, E., Chall, J. S.: A Formula for Predicting Readability. In: Educational Research Bulletin, Vol. 27, Februar 1948, 221-233

Danielson, W. A., Bryan, S. D.: Computer automation of two readability formulas. In: Journalism Quarterly, Vol. 40, 1963, 201-206

Dathe, G., Mie, F.: Zukunft und Stellenwert von online verfügbaren Handbüchern. Deutscher Dokumentartag 1983. München 1984

Davis, F. B.: The role of testing in reading instruction. In: Supplementary Educational Monographs, Vol. 96, 1966, 179-189

De Landsheere, G.: Einführung in die Pädagogische Forschung. 2. Aufl., Weinheim 1971

Deutsche Gesellschaft für Qualität (Hrsg.): Software-Qualitätssicherung. Berlin 1986

Dickes, P., Steiwer, L.: Ausarbeitung von Lesbarkeitsformeln für die deutsche Sprache. In: Zeitschrift für Entwicklungspsychologie und Pädagogische Psychologie. Band IX, 1/1977, 20-28

Doheni-Farina, S. (Hrsg.): Effective Documentation: What we have learned from research. Cambridge, MA, MIT-Press, 1988

Admundson, H. P.: Statistical inference in mathematical and computational linguistics. In: International Journal of Computer and Information Sciences, 6/1977, 95-129

Eglowstein, H.: Can a Grammar and Style Checker Improve Your Writing? In: BYTE, August 1991, 238-242

Farr, J. N., Jenkins, J. J., Patterson, D. G.: Simplification of Flesch Reading Ease Formula. In: Journal of Applied Psychology, Vol. 35, 1951, 333-337

Fey, W. E. H.: Verständlichkeitsformeln im Vergleich. In: Sprachwissenschaft und Psycholinguistik, 4/1990, 151-160

Fischer, G., Gunzenhäuser, R.: Methoden und Werkzeuge zur Gestaltung benutzergerechter Computersysteme. Berlin/New York 1986 (insbesondere Kapitel "Software-Dokumentationssysteme")

Flesch, R. A.: A new readability yardstick. In: Journal for applied Psychology, Vol. 32, 1948, 221-223

Foster, J. R.: A Documentation Method Based on Cross-referencing. In: IEEE Proceedings, Conference on Software Maintenance, 1987, 181-185

Frese, M., Brodbeck, F.: Computer in Büro und Verwaltung. Berlin et al. 1989

Gebhardt, F.: Dokumentationssysteme. Berlin et al. 1991

Gingrich, P. S. et al.: Writers´s Workbench Trials: Final Report. Bell Laboratories, Piscataway, N.J., 1981

Girill, T. R.: DOCUMENT: An Interactive, On-Line Solution to four Documentation Problems. In: CACM, Vol. 26, 5/1983, 328-337

Groeben, N., Christmann, U.: Textoptimierung unter Verständlichkeitsperspektive. In: Antos, G., Krings, H. P. (Hrsg.): Textproduktion. Ein interdisziplinärer Forschungsüberblick, Tübingen 1989, 165 - 196

Groeben, N.: Die Verständlichkeit von Unterrichtstexten. 2. Aufl., Aschendorff/Münster 1974

Groeben, N.: Leserpsychologie: Textverständnis - Textverständlichkeit. Aschendorff/Münster 1982

Grupp, B.: EDV-Projekte richtig dokumentieren, Köln 1991

Guillemette, R. A.: Development and validation of a reader-based documentation measure. In: Int. Journal of Man-Machine Studies, Vol. 30, 1989, 551-574

Guillemette, R. A.: Predicting Readability of Data Processing Written Materials. In: DATA BASE, Summer 1987, 40-47

Guillemette, R. A.: The Cloze Procedure: An Assessment of the Understandability of Data Processing Texts. In: Information & Management 17, 1989, 143-155

Gunning, R.: The Technique of Clear Writing. New York 1968 (1st Ed. 1952)

Haag, W.: Dokumentation von Anwendungssystemen aus der Sicht der Benutzer. Darmstadt 1981

Hall, W. E., Zweben, S. H.: The Cloze Procedure and Software Comprehensibility Measurement. In: IEEE Transaction on Software Engineering, Vol. SE-12, 5/1986, 608-623

Hattemer, M.: Struktur von Software-Dokumentation. In: tekom-Nachrichten 2/1992, 17 - 19

Hauch, W.: Dokumentation von Softwaresystemen. Überblick und Vergleich von Dokumentationstechniken und Werkzeugen. Diplomarbeit, Universität Linz 1990

Heinrich, L. J., Burgholzer, P.: Systemplanung. Band I, 5. Aufl. (1991), Band II, 4. Aufl. (1990), München/Wien 1990/1991

Heinrich, L. J., Lehner, F., Roithmayr, F.: Informations- und Kommunikationstechnik. 4. Aufl., München/Wien 1994

Heinrich, L. J., Roithmayr, F.: Wirtschaftsinformatik-Lexikon. 3. Aufl., München/Wien 1989

Hershey, W. R.: Idea Processors. In: Byte 6/1985, 337-350

Herzke, H. et al.: Das Berufsbild des Technischen Autors/Redakteurs. In: Antos, G., Krings, H. P. (Hrsg.): Textproduktion. Ein interdisziplinärer Forschungsüberblick. Tübingen 1988, 502 - 522

Höcker, H. et al.: Comparative Descriptions of Software Quality Measures. GMD-Studien Nr. 81, St. Augustin 1984

Hoffmann, W., Schlummer, W.: Erfolgreich beschreiben - Praxis des Technischen Redakteurs. München/Berlin 1990

Hofmann, U., Heino, H.: Maschinelles Übersetzen - Vorteile und Grenzen. In: tekom Nachrichten 3/1992, 30 - 33

Holt, P., Williams, N.: Software Documentation. McGraw Hill, New York et al. 1990

Holz, D., Domenig, M.: GoMan. Ein anwendungsunabhängiges Online Manual, oder: wieviel Hilfe braucht ein Mensch? In: Zimmermann, H. H. et al. (Hrsg.): Mensch und Maschine - Informationelle Schnittstellen der Kommunikation. Konstanz 1992, 139 - 151

Horton, W.: Designing & Writing Online Documentation. Help Files to Hypertext. New York et al. 1990

Horton, W.: Illustrating Computer Documentation. New York et al. 1991

Huke, Th.: Gut organisiert ist halb gewonnen: Mehrsprachige Übersetzung von Software und Handbüchern. In: tekom Nachrichten 3/1992, 28 - 29

Hügler, G. L.: Controlling in Projektorganisationen. München 1988

Jacob, R. J. K.: The Use of Eye Movements in Human-Computer Interaction Techniques: What You Look At is What You Get. In: ACM Transactions on Information Systems, Vol. 9, 3/1991, 152 - 169

James, G.: Document Databases. New York 1985

John, G., Klein-Magar, M.: Von "Erster Hilfe" bis zum Lehrwerk - Software Dokumentation heute. In: Zimmermann, H. H., Luckhardt, H.-D., Schulz, A. (Hrsg): Mensch und Maschine - Informationelle Schnittstellen der Kommunikation, Konstanz 1992, 152 - 165

Kapr, A.: Buchgestaltung. Dresden 1963

Kapr, A., Schiller: Gestalt und Funktion der Typographie. Leipzig 1980

Kincaid, J. P., Aagard, J. A., O'Hara, J. W., Cottrell, L. K.: Computer Readability Editing System. In: IEEE Transactions on Professional Communication, Vol. PC-24, 1/1981, 38-41

Kintsch, W.: On Modeling Comprehension. In: Educational Psychologist, Vol. 14, 1/1979, 3-14

Klare, G.: Assessing Readability. Reading Research Quarterly, Vol. 10, 1/1974-1975, 62-102

Klare, G.: The Measurement of Readability. Iowa State University Press, Ames, Iowa 1963

Kleinau, U.: Vorgehensmodell zur Anwendungsentwicklung. In: IBM-Nachrichten 38, Heft 295, 1988, 53-55

Krause, M.: Die Berufsausbildung des Technikautors in Deutschland: aktueller Stand mit Kommentar. In: Bock, G. (Hrsg.): Weiterbildung zum Technikautor. Frankfurt et al. 1994, 103 - 123

Kuba, R. W.: Computergestützte Projektorganisation. Köln 1987

Langer, I., Schulz von Thun, F., Tausch, R.: Sich verständlich ausdrücken. 4. Aufl., München 1990

Langer, I., Schulz von Thun, F., Tausch, R.: Verständlichkeit in Schule, Verwaltung, Politik, Wissenschaft. München/Basel 1974

Lauesen, S.: Bessere Benutzer-Manuale. In: W.-M. Lippe (Hrsg.): Software-Entwicklung. Informatik Fachberichte Nr. 212, Berlin et al. 1989, 251-257

Lauesen, S.: Better User Manuals. Proceedings Norddata 88, Helsingfors 1988, 77-82

Lehner, F.: Das Quellprogramm als Bestandteil des Software-Überlassungsvertrags. In: EDV & Recht 4/1988, 2 - 6

Lehner, F.: Methoden zur Messung der Qualität bei der Software-Dokumentation. Institutsbericht 91.03, Institut für Wirtschaftsinformatik, Universität Linz, Oktober 1991

Lehner, F.: Software für Organisations- und Managementaufgaben. In: Informationstechnologie (it), 4/1990, 241-254

Lehner, F.: Softwarewartung. München 1991

Lehner, F.: Verständlichkeit und Lesbarkeit der Software-Dokumentation. Ergebnisse einer explorativen Studie über die Anwendung von Methoden zur Messung der Lesbarkeit von Texten. Institutsbericht 91.05, Institut für Wirtschaftsinformatik, Universität Linz, Dezember 1991

Lehner, F.: Automationsunterstützte Prüfung der Dokumentationsqualität. In: Zimmermann, H. et al. (Hrsg.): Proceedings ISI'92, Konstanz 1992, 102-118

Lehner, F.: Messung der Software-Dokumentationsqualität. Forschungspapier Nr. 10, WHU Koblenz, D-56179, Vallendar, August 1992

Lehner, F. et al.: Organisationslehre für Wirtschaftsinformatiker. München/Wien 1991

Lehner, F., Kreiner, A.: RMS - Readability Measuring System. Ein Werkzeug zur Messung der Lesbarkeit von Texten. Institutsbericht 91.04, Institut für Wirtschaftsinformatik, Universität Linz, Dezember 1991

Lehner, F., Röckelein, W.: Werkzeuge für die Softwarewartung. Forschungsbericht Nr. 8, WHU Koblenz, Lehrstuhl für Wirtschaftsinformatik, Vallendar, April 1994

Lehner, F., Maier, R.: Information in Betriebswirtschaftslehre, Informatik und Wirtschaftsinformatik. Forschungsbericht Nr. 11, WHU Koblenz, Lehrstuhl für Wirtschaftsinformatik, Vallendar, Mai 1994

Lemos, R. S.: On the readability of COBOL manuals. In: International Journal of Man-Machine Studies, Vol. 19, 1983, 377-389

Lins, Ch.: A First Look at Literate Programming. In: Structured Programming, Vol. 10, 1/1989, 65-67

Lins, Ch.: An Introduction to Literate Programming. In: Structured Programming, Vol. 10, 2/1989, 107-112

Luhn, H. P.: The Automatic Creation of Literature Abstracts. In: IBM Journal, April 1958, 159-165

Madauss, B. J.: Projektmanagement. Stuttgart 1984

Mandl, H. (Hrsg.): Zur Psychologie der Textverarbeitung. Ansätze, Befunde, Probleme. München/Wien/Baltimore 1981

Markstein, E.: Der Stil des "Unstils": Andrej Platonov. In: Wiener Slawistischer Almanach, 1978/2, 115-144

McLaughlin, G.: SMOG Grading - A New Readability Formula. Journal of Reading, Vol. 12, May 1969, 639-646

Mihm, A.: Sprachstatistische Kriterien zur Tauglichkeit von Lesebüchern. In: Linguistik und Didaktik, Vol. 4, 1973, 117-127

Nastansky, L.: Flexibles Informationsmanagement für Organisatoren mit Werkzeugumgebungen für persönliches Informationsmanagement (PIM). In: Proceedings der 19. GI-Jahrestagung, Bd. 2, Berlin et al. 1989, 232-244

Niederhauser, J.: Wie aussagekräftig sind Verständlichkeitsformeln? Zum praktischen Nutzen der Verständlichkeitsforschung. Universität Bern, Abteilung für Deutsche Sprache, Manuskript zur tekom-Herbsttagung 1992, Dortmund 1992

Noack, C.: Der Technische Redakteur und die wichtigsten Normen, Richtlinien und Gesetze. In: Bock, G. (Hrsg.): Weiterbildung zum Technikautor, Frankfurt et al. 1994, 77 - 102

Nomina (Hrsg.): ISIS Personal Computer Report. 9. Jg., 1.2/1991, Fa. Nomina, Hansastraße 28, München 21, 1991

Nomina (Hrsg.): ISIS UNIX Report. 3. Jg., 1.2/1991, Fa. Nomina, Hansastr. 28, München 21, 1991

Nomina (Hrsg.): ISIS Software Report. Ausgabe 2/1993, Fa. Nomina, Hansastraße 28, München 21, 1993

Piller, Ch.: Are grammar and style checkers worth the trouble? In: MacWorld, August 1991, 138-144

Pomberger, G.: Softwaretechnik und Modula-2. München/Wien 1987

Ragan, R. R.: CONTEXT: An On-Line Documentation System. In: Software - Practice and Experience, 1986, 217-224

Rausch, H.: Grundsätze ordnungsmäßiger EDV-Dokumentation. Dissertation, Universität Hamburg 1983

Rautenberg, K.-U., Sova, O.: Dokumentation benutzergestützter Informationssysteme. München et al. 1983

Redish, J. C., Felker, D. B., Rose, A. M.: Evaluating the Effects of Document Design Principles. In: Information Design Journal, Vol. 2, No 3 und 4, 1981, 236-243

Reference Software (Hrsg.): Grammatik Mac 2.0 User's Guide. 2. Aufl., Reference Software International, 330 Townsend Street, Suite 123, San Francisco, CA 94107, 1990

Rehe, R. F.: Typographie: Wege zur besseren Lesbarkeit. St. Gallen 1981

Reiners, L.: Stilfibel. 6. Aufl., München 1967

Robinson, C.: Cloze Procedure: A Review. In: Educational Research, Vol. 23, 2/1981, 128-133

Rupietta, W.: Benutzerdokumentation für Softwareprodukte. Mannheim 1987

Sametinger, J., Stritzinger, A.: Ein Hypertext-Editor zur Software-Wartung. In: Maurer, H. (Hrsg.): Hypertext/Hypermedia '91, Informatik-Fachberichte, Berlin et al. 1991, 249-256

Sametinger, J.: A Tool for the Maintenance of C++ Programs. In: Proceedings of the Conference on Software Maintenance, 26.-29. Nov. 1990, San Diego, USA, 54-59

Saynisch, M.: Konfigurationsmanagement. Köln 1984

Scheibl, H.-J.: Wie dokumentiere ich ein DV-Projekt? Sindelfingen 1985

Schneider, Th.: Sisyphus läßt grüßen: Maschinelle Übersetzung. In: Informationstechnik und Technische Informatik, it+ti, 2/1994, 27-30

Schuppenhauer, R.: Grundsätze für eine ordnungsmäßige Datenverarbeitung. 3. Aufl., Düsseldorf 1989

Schwanke, M.: Maschinelle Übersetzung. Berlin et al. 1991

Schweizerische Vereinigung für Datenverarbeitung - SVD (Hrsg.): Berufe in der Datenverarbeitung. Stuttgart 1988

Shannon, C. E.: Predication and entropy of printed English. In: Bell System Technical Journal, Vol. 30, 1951, 50-64

Siemoneit, M.: Typographisches Gestalten. Regeln und Tips für die richtige Gestaltung von Drucksachen. 2. Aufl., Frankfurt 1989

Simpson, H., McCasey, S. M.: Developing Effective User Documentation. A Human Factors Approach. McGraw Hill, New York et al. 1988

Smith, E., Kincaid, J.: Derivation and Validation of the Automated Readability Index for Use with Technical Materials. In: Human Factors, 5/1970, 457-464

Sneed, H. M.: Software Renewal: A Case Study. In: IEEE Software, Vol. 1, 3/1984, 56-63

Spiel, Ch.: Zum Einfluß von Textinhalt, Titel und Vorwissen auf das Textverstehen. In: Zeitschrift für experimentelle und angewandte Psychologie, Band 37, 3/1990, 505 - 518

Steinbach, I., Langer, I., Tausch. R.: Merkmale von Wissens- und Informationstexten im Zusammenhang mit der Lerneffektivität. In: Zeitschrift für Entwicklungspsychologie und Pädagogische Psychologie, Band IV, 2/1972, 130-139

Stevens, K. T., Arthur, J. D., Nance, R. E.: A Taxonomy for the Evaluation of Computer Documentation. Technical Report SRC-88-008, Systems Research Center, Virginia Tech, January 1988

Tauber, M., Stoll, F., Drewek, R.: Erfassen Lesbarkeitsformeln und Textbeurteilung verschiedene Dimensionen der Textverständlichkeit? In: Zeitschrift für experimentelle und angewandte Psychologie, Vol. XXVII, 1/1980, 135-146

Taylor, W. L.: "Cloze Procedure": A New Tool For Measuring Readability. In: Journalism Quarterly, Fall 1953, 415-433

Teigeler, P.: Verständlichkeit und Wirksamkeit von Sprache und Text. Stuttgart 1968

tekom (Hrsg.): Technische Dokumentation beurteilen. tekom-Richtlinie. Gesellschaft für technische Kommunkation e.V., Markelstr. 34, Stuttgart, November 1991

Tergan, S. O., Mandl, H.: Neuere Ansätze zur Textverständlichkeit. In: Unterrichtswissenschaft, 1/1983, 56-72

Tränkle, U., Bailer, H.: Kreuzvalidierung und Neuberechnung von Lesbarkeitsformeln für die deutsche Sprache. In: Zeitschrift für Entwicklungspsychologie und Pädagogische Psychologie, Vol. 16, 1984, 231-244

Tuinman, J. J.: The removal of information procedure. In: Journal of Reading Behavior, Vol. 3, 2/1971, 44-50

Tung, Sho-Huan: A Structured Method for Literate Programming. In: Structured Programming, Vol. 10, 2/1989, 113-120

Votteler, G.: Die ordnungsgemäße Dokumentation von Datenverarbeitungsprogrammen. Schwarzenbeck-Verlag 1982

Wallmüller, E.: Software-Qualitätssicherung in der Praxis. München/Wien 1990

Weintraub, S. et al.: Summary of investigations relating to reading: July 1, 1969 to June 30, 1970. In: Reading Research Quarterly, 2/1971, 206-211

Weiss, E. H.: How to Write a Usable User Manual. Philadelphia, PA, 1985

Weiss, E. H.: How to Write a Usable User Documentation. 2. Aufl., Oryx-Press, Phoenix 1991

Werlen, I., Werlen, E., Wymann, A.: Verständlichkeitsforschung. Forschungsbericht Nr. 127, Institut für Sprachwissenschaft, Universität Bern, 1992

Wilss, W.: Kognition und Übersetzen: zu Theorie und Praxis der menschlichen und der maschinellen Übersetzung. Tübingen 1988

Winand, U.: Dokumentation, Organisation, Stichwort in Frese, E. (Hrsg.): Handwörterbuch der Organisation. 3. Aufl., Stuttgart 1992, 522 - 532

Wix, B., Balzert, H. (Hrsg.): Softwarewartung. Mannheim/Wien/Zürich 1987

Zvegintzov, N., Bradley, P. (Hrsg.): Software Maintenance Tools. Releas 2.0, 1 March 1989, Software Maintenance News, 56 Bay Street, Suite 400, Staten Island NY 10301, 1989

Stichwortverzeichnis

5+5-Test 145

A

Abgabenordnung 98; 103
Ablauforganisation 73
Absatz 50
Abschnitt 46
AD-Cycle 32
advance organizer 48; 96; 126
Agenda-System 25; 37
Aktiengesetz 98; 103
aktive Hilfe 56
Aktivierung der Hilfeleistung 56
Aktualität 119
Änderbarkeit 119
Änderung 63
Änderung in den Handbüchern 81
Änderungshistorie 13
Anwender 39; 42
Anwendung von Lesbarkeitsformel 169
Arbeitsanweisung 60
Archivierung 10
Archivierungsdauer 115
ARDI 19
ARI 151; 169
Art des Lesens 46
Art der Software-Dokumentation 6
audiovisuelle Medien 21
Audit 132
Aufbau von Handbüchern 46
Aufbewahrungsfrist 113
Aufbewahrungsfrist für die Dokumentation 112; 113
Aufbewahrungsort 113
aufbewahrungspflichtige Dokumentation 115
Auffinden von Informationen 46
Aufgaben des Benutzers 42
Aus- und Weiterbildung 76
Ausbildungsangebot 77
Ausbildungsform für Technikautoren 78
Austauschblatt 13
Automated Readability Index von Smith/Kincaid 169; 151
automatische Übersetzung 26; 71

B

BDL 19
Bedeutung der Dokumentation 11
Bedeutung der Software-Dokumentation 96
Bedeutung für den Produktanwender 12
Bedeutung für den Vertrieb 12
Bedeutungsebene 4
Bedienungsfehler 98
Behaltensleistung 51; 95
Benutzerbezogenheit 56
Benutzercharakterisierung 42
Benutzerdokumentation 2; 7; 10; 18; 79
Benutzerfehler 71
Benutzergruppe 39
Benutzergruppierung 38
Benutzerklasse 40
Benutzermodell 41; 57
Benutzeroberfläche 90
Benutzerorientierung 69
Benutzerprofil 40
Benutzertyp 40
Berichterstattung 61
Berichtsart 61
Berichtsinhalt 61; 62
Berichtssystem 61; 63
Betrachtung der Dokumentation 96
Betreiber 42
Beurteilung der Online-Dokumentation 56
Beurteilung nach dem Hamburger Verständlichkeitskonzept 170
Bewertung für deutsch- und englischsprachige Texte 164
Bildschirmteilung 54
BISAD 19
Blocksatz 50
Bundesdatenschutzgesetz 96; 98

C

CASE-System 33
CASE-Tool 18; 31; 32
Checkliste 31; 110; 157; 159
Checkliste von Boedicker 157
Checklisten-Verfahren 157; 158
Cloze Procedure 95; 145; 146; 147; 162; 172
Cloze-Test 125; 145; 173
Computer als Dokumentationsmedium. 22
Cross Reference 35

D

Darstellungsart 16
Darstellungsmedium 54
Darstellungsmethode 49
Darstellungstechnik 16; 17
Data-Dictionary 18; 31; 32
Datenbank 25

Datenbanksystem 32
Davis Reading Test 126
Design- und Entwurfsdokumentation 10
Desktop-Publishing 25
deutschsprachiger Text 164; 168; 175
DIN 66230 100
DIN 66231 101
DIN 66232, 66233 101
DIN 69901 101
DIN V 8418 101
DIN V 66055 101
DIN-Norm 66230 102
direkte Dokumentation 6
Document Quality Indicators 130
Dokument 3; 4
Dokumentation 31; 61; 117
Dokumentation der Entwurfsergebnisse 33
Dokumentation und Softwarewartung 12
Dokumentation von Standardsoftware 109
Dokumentationsabteilung 84
Dokumentationsanforderung an Standardsoftware 111
Dokumentationsart 6
Dokumentationsaufgabe 31
Dokumentationsbegriff 2; 3; 99; 122
Dokumentationsbereich 7; 8
Dokumentationserzeugung 36
Dokumentationsfunktion 3
dokumentationsintegrierendes Programmierkonzept 34
Dokumentationskrise 68
Dokumentationsmanagement 63
Dokumentationsmedien 21; 22
Dokumentationsprinzip 14; 120
Dokumentationsprozeß 14; 15
Dokumentationsqualität 1; 121
Dokumentationssoftware 24
Dokumentationssystem 4; 59
Dokumentationswesen 4; 63
Domain Software Engineering Environment 31
DSEE 31
dynamische Hilfeleistung 56

E

Educated-Observation-and-Debriefing-Method 133
EG-Richtlinie Maschinen 101
Eignung von Prüfmethoden 134
Eindeutigkeit 119
Eindrucksmethode 127
Einfachheit 95; 153
Einheitlichkeit 119
Einkommensteuerrecht 97
einleitende Worte 44
Einsatzbereich für Data-Dictionaries 32
Elemente der Benutzerdokumentation 43
empirischer Befund 83
Entwicklungs- und Dokumentationswerkzeug 33
Entwicklungs- und Wartungspersonal 39
Entwicklungsphase 74
Entwurfs- und Systemdokumentation 18
Epistle 135
ereignisorientierte Dokumentation 9
Erfahrungsbericht 34
Erfassung von Projektaktivität 63
Erfolgsfaktor 109
Ergebnis zur Textverständlichkeit 165
Erklärungstext 53
Erstellung einer Benutzerdokumentation 74
Europanorm EN 292 101
Europanorm EN 29004 101
explizites Gliederungsmerkmal 50
externe Softwareentwicklung 112
externe Vorschrift 122
externer Partner 39

F

Fachausbildung 69
Fachseite 41
Fehlervermeidung 72
Feldtest 133
Feldstudie 161
Fenster-Technik 54
Flattersatz 50
Flesch-Kincaid-Index 148; 167
Fog-Index 148; 153; 167
FOMM-Technik 19
Form der Aufbewahrung 113
Format 48
Formatgüte 120
Formel für englische Texte 164
Formel für deutsche Texte 168
Fremdsoftware 109
fremdsprachige Dokumentation 70
Funktion eines Handbuchs 45
Funktionalität eines Data-Dictionaries 32
Fußnote 49

G

Gedächtnis 51
Genossenschaftsgesetz 99; 103
Gesellschaft für technische Kommunikation 77
gesetzliche Grundlage 96
Gestaltung des Handbuchs 48
Gestaltung des Software-Handbuchs 96
Gestaltungselement 43; 48
Gliederung 46; 154
GmbH-Gesetz 103

Grafik 25
grafische Darstellung 44
Grammar- und Style-Checker 137
Grammatik Mac 137
Grundregeln des Schreibens 51
Grundsatz der Ordnungsmäßigkeit 103; 122; 134
Grundsatz einer ordnungsmäßigen EDV-Dokumentation 107
Grundsatz ordnungsgemäßer Datenverarbeitung 96
Grundsatz ordnungsgemäßer Speicherbuchführung 96; 98; 103
Grundschrift 49

H

Haftung 97
Haftungsbestimmung 97
Hamburger Verständlichkeitskonzept 153; 170; 172
Handelsgesetzbuch 98
Handelsrecht 96
Handlungsbezogenheit 52
Help-Funktion 53
Hervorhebung 50
Hilfefunktion 22; 93
Hilfesystem 53; 54; 56
Hilfsmittel 22
HIPO 18
Hypercard 145
Hypermedia-System 22; 36
Hypertext-System 37

I

idealtypische Dokumentation 11
Ideenprozessor 25; 37
Identifizierbarkeit 119
IFA-PASS 19
Image 46
Index 44; 48
indirekte Dokumentation 6
individuelle Hilfeleistung 56
individuelles Textverständnis 128
Information Resource Dictionary System 32
Informationsaufgabe 2
Informationsbegriff 2
Informationsgehalt 55
Inhalt des Projekthandbuchs 60
inhaltliche Güte 120
inhaltliche Strukturierung 96
Inhaltsverzeichnis 43; 48; 70
inneres Modell 69
Inspektion 132
Instruktionspflicht 97; 98
interaktive Textanalyse 138
interkulturelle Textverständlichkeit 128
IRDS 32
ISO 9000 101

K

Kapitel 46
Kaufvertrag 97; 98
Kenntnis des Benutzers 43
KIM 19
kognitive Strukturierung 95; 128
kognitiver Konflikt 129
Kolumnentitel 49
Kommunikation 65
Konfiguration 30
Konfigurations- und Versionsverwaltung 81
Konfigurationsmanagement 31
Konsistenz 31; 118
Kontext 45
Kontextebene 46
Kontextebene bei Software-Handbüchern 45
kontextsensitive Hilfe 56
Kontextsensitivität 56
Kontrollinstanz 42
Korrektheit 117
Korrekturblatt 82
Kürze-Prägnanz 154

L

Layout 48
Leistungsverzeichnis 66
Lesbarkeit 51; 118; 123; 146; 161; 176
Lesbarkeit am Bildschirm 54
Lesbarkeitsformel 170; 174
Lesbarkeitsforschung 53
Lesbarkeitsindex 135; 142; 174
Lese-Strategie 43
Lesegeschwindigkeit 52
Leser 52
Lesermerkmal 128
Lifecycle-Management 31
LIFESPAN, LCS/CMF 31
Literate Programming 34
Lückentext 144; 163

M

Mac Project 28
MAKE 31
Management 39; 42
Mangel 67; 71; 89; 103; 172
Mangel der Software-Dokumentation 67; 71; 172
Mangel in Handbüchern 89

Marktangebot 24
maschinelles Übersetzungssystem 27
mentales Modell 69; 70; 72
Merkmale eines guten Handbuchs 88
Merkmale von Texten 175
Messung der Lesbarkeit 176
Messung der Textverständlichkeit 125; 141; 164
Messung des Textverständnisses 162
Meta-Daten 32
METAL 27
METAL-Übersetzungssystem 27
METEO 26
Methode 18
Micro Planner 29
Mindestanforderung 97
minimales Handbuch 44
MMC 31
modularer Aufbau 44
Motivation 43
Multimedia-System 22
Multiple-Choice-Test 126

N

Nachdokumentation 15
Need to Know 106
negativer Einfluß auf die Verständlichkeit 94
Nelson-Denny Reading Test 126
New Reading Ease Index 151; 168
Norm 99
Normenkonformität 119
Normierung 17
Nutzen von Werkzeugen 176

O

objektbezogene Dokumentation 9
Online-Dokumentation 22; 45; 53; 55; 57; 58; 91
Online-Hilfe 90
Online-Zugriff 55
Ordnungsmäßigkeit 39; 103
Ordnungsmäßigkeit der Dokumentation 102
Ordnungsstruktur 45; 46
Organisation des Änderungsdienstes 81
Organisations- oder Systemdokumentation 7
Organisationsanweisung 60
Organisationsgüte 120
Organisationshandbuch 59
organisatorische Eingliederung der Dokumentationsfunktion 85
organisatorische Verantwortlichkeit 92
organisatorische Zuständigkeit 90
ORGWARE 19

P

passive Hilfe 56
Patensystem 79
PC-gestützte Dokumentationssoftware 24
PC-Übersetzungsprogramm 27
Pflichtenheft 109
Phasen- oder Lebenszyklus-Konzept 9
Phasenkonzept 14; 74; 109
Playback-Technique 133
Playscript 21
Polaritätenprofil 154
PREDICT 31
Print-Medien 21
Prinzip der begleitenden Dokumentation 77
Prinzip der integrierten Dokumentation 14
Prinzip der Prüfbarkeit 113
Problemfeld 67
Produkt 3
Produkt-Dokumentation 38
Produkthaftungsgesetz 97
produktorientierte Begriffsdimension 4
Produktspezifikation 66
Programmdokumentation 7
Programmierer 79
Programmierung 33; 34
programminterne Dokumentation 13
Programmverwalwung 31
Projekt-Dokumentation 9
Projektabschlußbericht 61
Projektbericht 61
Projektbibliothek 65
Projektdokumentation 2; 63; 64; 65; 109
Projekthandbuch 7; 59; 63
Projektkontrolle 61
Projektmanagement-Dokumentation 58
Projektmanagement-Programme für PCs 27
Projektmanagement-Software 27
Projektmanagementdokumentation 7
Projektorganisation 59; 73
Projektphase 61
Projektplanung 27
Projektsonderbericht 62
Projektstatusbericht 61
Projektsteuerung 65
Projekttagebuch 63
Projektträger 62
Projektüberwachung 9; 27
Prototyp-Dokument 16
Prototyping 16
Prozeß 3
Prozeßschritt 16
Prüfung 134
Prüfung der Dokumentationsqualität 130; 161
Prüfung der Lesbarkeit 146

PSL/PSA 18

Q

Qualität einer Online-Dokumentation 55
Qualitätsbegriff 117
Qualitätsdimension 153
Qualitätseigenschaft 118
Qualitätsmerkmal der Dokumentation 117
Qualitätsprüfung 134
Qualitätsprüfung der Software-Dokumentation 161
Qualitätssicherung 1; 71
quantitatives Qualitätsmerkmal 172
Quellprogrammliste 114

R

Rateverfahren 95
Re-Dokumentation 35
Re-Dokumentations-Werkzeug 34
Readability 135; 141; 149; 152; 157; 168
Readability Formula von Danielson/Bryan 152
Readability Formula von Dickes/Steiwer 149; 168
Readability Formula von Steiwer 157
Readability Measuring System 141
Reading Ease 147; 151; 164
Reading Ease deutsche Sprache 166
Reading Ease-Werte 166
Reading Ease-Werte für deutsche Texte 166
Reading to Do 43; 52
Reading to Learn 43
Reading-Protocol 133
Realisierung von Online-Hilfen 92
Rechenzentrumsdokumentation 7
rechtliche Bedeutung 12
Rechtsbeziehung 97
Rechtschreibprüfung 141
Redundanz 55; 129
Removal of Information Procedure 125
Repository 32
Review 132
Revision 132; 133
Richtlinie 99
RMS 141; 143; 176

S

SA 18
SADT 18
SAP R/3 11
Satzart 50
Satzbau 123
Satzlänge 94; 174
Satzspiegel 48
Satzstruktur 174
Schreibstil 38
Schriftgröße 49
schriftliche Dokumentation. 21
Schwierigkeitsgrad 52
Screen-Splitting 54
SEDOM 19
Seitennumerierung 49; 82
Seitenstruktur 48
selbsterklärend 45
selbsterklärende Software 109
semantische Redundanz 95
semantische Kürze 128
Simultandokumentation 15
Situation von Technik-Redakteuren 84
SMOG-Index 153
Software-Dokumentation 2; 119; 145
Software-Dokumentationsqualität 117
Software-Dokumente in Hypertext-Darstellung 36
Software-Entwicklung 9; 14; 19
Software-Entwicklungsprojekt 132
Software-Handbuch 37
Software-Lebenszyklus 10; 18
Software-Qualitätsmessung 1
Softwarewartung 1; 12; 121
SOP 19
Spell-Check-Programm 141
Spell-Checker 137; 141
Spezifikation 18
Sprache 52
Sprachgefühl 173
Sprachgewohnheit 173
sprachliche Analyse 138
sprachliche Analyse von Texten 135
sprachliche Einfachheit 128
Sprachstatistik 94
Sprachwissenschaft 51; 94
Standard 99
standardisierte Benutzeroberfläche 45
standardisierte Hilfeleistung 56
Standardsoftware 109
statische Hilfeleistung 56
Status von Technikautoren 87
Stellenwert der Dokumentation 83
Stellung von Technik-Autoren 83
Stichwortverzeichnis 48; 54; 70
Stil 50
stilistisches Textmerkmal 174
Stilregeln und Stilverbote Reiners 126
Stimulanz 154
STOP 21
STOP-Technik 20
Storyboard 25
Structured Writing 20; 21
subjektive Informationsmessung 95
Syntax-Check-Programm 140
Syntax-Checker 137

System-Dokumentation 2; 10; 105
System-Orientierung 69
Systemanalyse 18
SYSTRAN 26

T

Tabellenkalkulation 25
Tätigkeitsbericht 62
Tätigkeitsspektrum 85
Technik 18
Technik der Vorstrukturierung 48
Technikautor 76
Technikredakteur 78; 79
technische Dokumentation 5; 96; 99
technischer Autor 79
tekom 99
tekom-Richtlinie 158
Test-Dokumentation 10
Text-externe Zugriffsmöglichkeit 47
Text-Faktor 125
Text-interne Zugriffsmöglichkeit 47
Textanalyse mit Grammatik Mac 139
Texteigenschaft 123
Textqualität 134
Textstichprobe 162
Textverarbeitung 24
Textverständlichkeit 125
Textverständnis 124; 125
TITUS 26
Total Language Approach 173
Training on the Job 79; 87
Typografie 48; 49

U

Überarbeitungshinweis 172
Überprüfung der Dokumentationsqualität 175
Überschrift 50
Übersetzungsprogramm 26
Übersetzungssystem 27
Umfang der Benutzerdokumentation 110
Umfang der Dokumentation 110
Umfeld der Software-Dokumentation 67
UNIX-Werkzeug 31
Unternehmensorganisation 73
Untersuchung der Dokumentationsqualität 161

V

VDE-Bestimmung 99
VDI-Richtlinie 99
VDMA-Einheitsblatt 99
Verfahren 18
Verfahren von Langer et al. 153
Verfahren zur Software-Dokumentation 18
Verfahrensdokumentation 105; 106; 114
Verfahrenshandbuch 59
Verfasser von Benutzerhandbüchern 79
Verlaufsprotokoll 63
Verpflichtung zur Dokumentation 112
Versionsprinzip 106
Verständlichkeit 95; 118; 119; 123; 146; 161
Verständlichkeits-Formel 126
Verständlichkeitsdimension 95
Verständlichkeitsforschung 48
Verständlichkeitskoeffizient 147
Verständlichkeitsproblem 175
Verstehen 124
Verteiler 14
Verteilung 35
Verteilung der Dokumentation 73; 81
Vertragsrecht 96
Vervielfältigung der Benutzerdokumentation 83
visuelle Erfaßbarkeit 55
Vollständigkeit 118; 120
Vorgehen bei der Software-Dokumentation 14
Vorstrukturierung 48; 96
Vorwärtsdokumentation 15

W

Walk-Throughs 132
Wartungsdokumentation 10; 13
Was-Wie-Prinzip 14
WEB-System 34
Weiterbildungsangebot 76
Weiterbildungsmöglichkeit 87
Werkzeug 22; 135
Werkzeugunterstützung 134
Wert von Online-Hilfen 93
Widerspruchsfreiheit 120
Wiedererkennen 126
Wiedererkennungsrate 173
Wortlänge 174
Wortschatz 123; 174

Z

Zeilenabstand 49
Zeitpunkt 14
Zielgruppe 6; 20; 38; 51
zielgruppen-orientierte Dokumentation 8
Zielgruppenanalyse 38; 41
Zugriffsmöglichkeit 47; 55